全语言教育理念下
农村地区幼儿园语言教学研究

赵上宁 著

东北大学出版社

·沈 阳·

© 赵上宁 2024

图书在版编目（CIP）数据

全语言教育理念下农村地区幼儿园语言教学研究 /
赵上宁著 . -- 沈阳 : 东北大学出版社 , 2024. 10.

ISBN 978-7-5517-3582-7

Ⅰ. G613.2

中国国家版本馆 CIP 数据核字第 202473NZ43 号

出 版 者：东北大学出版社
　　　　　地址：沈阳市和平区文化路三号巷 11 号
　　　　　邮编：110819
　　　　　电话：024-83683655（总编室）
　　　　　　　　024-83687331（营销部）
　　　　　网址：http://press.neu.edu.cn
印 刷 者：辽宁一诺广告印务有限公司
发 行 者：东北大学出版社
幅面尺寸：185 mm × 260 mm
印　　张：11.5
字　　数：245 千字
出版时间：2024 年 10 月第 1 版
印刷时间：2024 年 10 月第 1 次印刷
责任编辑：王　旭
责任校对：周　朦
封面设计：潘正一
责任出版：初　茗

ISBN 978-7-5517-3582-7　　　　　　　　定　价：58.80 元

前　言

　　语言是人类沟通交流的重要工具，是文明和文化传承的重要工具。推广与普及国家通用语言文字，不仅是宪法规定的责任，也是巩固民族地区脱贫成果的重要途径，还是促进各民族交流、交往、交融，以及民族地区教育发展的长久之策。由于学前幼儿处于语言发展敏感期，正是学习国家通用语言的良好时机，因此，在我国民族地区，3—6岁幼儿已成为推广国家通用语言的重要对象之一。甘南藏族自治州X县BL镇是甘肃省推广普及国家通用语言文字工作的重点地区，幼儿园作为当地3—6岁幼儿国家通用语言推广的主渠道，从2016年BL镇中心幼儿园（BL双语幼儿园）开办之初便开展了国家通用语言教学。但由于在教学中存在缺少国家通用语言教学方法论指导，缺少教学参考用书，且教师专业能力差异较大等现实困境，BL双语幼儿园国家通用语言教学效果仍不理想。本书旨在在全语言教育理念的指导下，针对民族地区幼儿园开展国家通用语言教学研究，为提高当地幼儿国家通用语言水平，促进当地幼儿国家通用语言教学发展做出有益探索。

　　本书采用行动研究方法，以BL双语幼儿园大班幼儿为研究对象，采用质性研究为主、量化研究为辅的方法，透过教学活动观察、教学活动记录、全语言教学小组教师研讨、教学反思及能力考查表等资料的收集，针对行动中发现的问题提出解决策略。每阶段行动方案均建立在前一次方案的反思和修正基础上，以此类推，行动方案之间环环相扣、逐渐完善。最终，根据行动结果与反思探索突破BL双语幼儿园国家通用语言教学困境的有效策略。质性分析将着重描述教师教学观念的转变、教室环境的重塑、语言教学实施的发展及幼儿国家通用语言能力的提高。量化分析将主要通过教师日常观察记录，描述幼儿印刷品概念及交流礼仪等能力的发展情况。

本书主要涵盖以下三个部分的内容。第一部分，通过梳理文献及解构全语言教育理念，确定研究计划及实施步骤。第二部分，从当地幼儿园国家通用语言教学现状出发，开展三轮教学行动并不断总结、反思每轮教学方案。第一阶段教学目标为培养幼儿国家通用语言文字的功能意识。教师通过重塑教室环境为幼儿提供丰富的语言环境，利用显性教学活动激发幼儿语言学习兴趣，引导幼儿尝试语言和文字符号探索；利用隐性教学活动鼓励幼儿尝试使用国家通用语言并体会口头语言的功能性。第二阶段教学目标为培养幼儿国家通用语言文字的理解与表达能力。教师在充实教室环境的同时鼓励幼儿进行多元表达，利用显性教学活动中大量的文学作品扩充幼儿词汇，并通过提问引导幼儿表达；利用宽松自由的隐性教学活动为幼儿提供观察同伴、教师如何表达的机会，促进幼儿在真实情境中尝试表达和讨论。第三阶段教学目标为培养幼儿国家通用语言文字沟通与交流能力。教师在丰富室内语言材料的同时不断提高语言环境与幼儿的相关性，为幼儿沟通交流提供话题，利用显性教学活动中的合作学习促进同伴间讨论交流，利用谈话活动、阅读活动提高幼儿表达的完整性；利用隐性教学活动丰富幼儿社会实践经历，为幼儿自由地交流、交往提供机会和时间，为引导幼儿掌握对话礼仪提供实践机会。第三部分，总结全语言教育理念下国家通用语言教学的效果，同时探索民族地区幼儿园国家通用语言教学的有效策略，并针对教学过程提出具体、可操作建议。

　　研究结果表明，在全语言教育理念下，开展国家通用语言教学能有效改变教师的教学观念，提升教师的专业能力；能有效改变教室环境，充实幼儿语言学习环境；能有效促进幼儿语言能力发展，提高幼儿口头表达能力与交流能力，培养幼儿使用语言的习惯和对阅读的兴趣。本书明确了全语言教育理念下民族地区幼儿园国家通用语言教学的主要因素；厘清了全语言教育理念下民族地区幼儿园国家通用语言教学各主要因素间的关系，建构了全语言教育理念下民族地区幼儿园国家通用语言教学的模式，并且针对全语言教育理念下民族地区幼儿园国家通用语言教学，从教师、教室、课程设置、教学实施和教学评价五个方面提出了具体、可操作建议。

著　者

2024 年 3 月

目　录 |

第一章 绪 论

第一节 研究缘起

一、学前时期是语言学习的关键期

（一）学前时期开展语言学习的重要性

幼儿自出生不久就开始了口语学习，3 岁已可以基本表达自我意愿，4—5 岁已可以与他人进行自由交流，这是语言发展的正常过程。在非正式的语言教学环境中，语言能力也可以得到发展。3—6 岁幼儿具有较强的好奇心及模仿能力，根据班杜拉的社会学习理论，幼儿会对自己观察到的语言、行为进行模仿，其中被强化的部分（如鼓励、奖励的语言和行为），他们的模仿程度会更高。同时，幼儿对于自身所好奇的事物具有探索能力，并具有强烈的表达欲望，愿意与同伴、家人表达个人意愿，分享探索经历。3—6 岁幼儿的个性化需求特征日益明显，即在模仿过程中，他们会对观察到的语言进行选择性模仿，并且根据自己的情况做出一些改变，从而突显自己的个性和与众不同。此外，3—6 岁幼儿具有较强的学习能力和接受能力，可以在短时间内掌握大量新的词汇和语句，并且能够举一反三、学以致用，因此，3—6 岁是幼儿语言学习的良好时机。

事实上，幼儿语言教育不仅能够促进幼儿语言能力的提高，而且与幼儿的认知发展、社会性发展都有着密切关联。早在半个多世纪前，皮亚杰就提出过语言与认知发展相互作用的观点：一方面，幼儿的认知发展水平决定语言发展水平；另一方面，语言一旦被个体理解和掌握，就会作为一种心理表征符号对认知发展起推动和加速作用。[①] 维果茨基也指出，语言对幼儿的思维活动起指导和调节作用，即当幼儿在表达个人需求或在反馈互动活动中遇到困难时，自我中心言语便会突然增强。[②] 可见，幼儿语言从具体名词到抽象语言表达、从单独的字词到完整的语言表达，都依赖于幼儿认知水平的发展。同时，语言作为一种个体间相互交流沟通的特殊符号，是一种心理表征；

---

① 朱曼殊.心理语言学［M］.上海：华东师范大学出版社，1990：127.
② 维果茨基.思维与语言［M］.李维，译.北京：北京大学出版社，2010：156.

个体掌握语言之后，会增加个体注意、记忆和思维的广度、深度和高度等，对认知的发展起着促进作用，没有语言水平的发展，幼儿的认知只能留于内心。因此，幼儿语言发展水平与认知发展水平是相互促进、共同发展的关系，幼儿语言能力的提高可以促进幼儿认知水平的提高，幼儿认知水平的提高亦可以推动幼儿语言能力的发展。

幼儿语言与社会性发展也是相互影响的。幼儿语言能力的发展有利于幼儿的社会化，语言学习可以帮助幼儿获得生活技能，了解行为规范，从而适应社会生活。幼儿在社会性发展的过程中受诸多因素影响，语言因素是重要的影响因素之一。幼儿对他人语言或文本的理解，不仅有赖于语言知识、阅读技能，而且有赖于对社会的认识和理解，如"涉及正义、公平、权威、惩罚以及各种道德规则习俗等社会概念的文章更需要依赖于他们对社会的深刻理解"[①]。同时，语言的发展为幼儿对自己、对他人及对外部世界认识的发展提供了工具和途径，只有幼儿的语言得以发展，其社会性的正常发展才能有所保证。

随着社会的快速发展，幼儿处于双语或多语言的学习环境已成为客观事实。其中，幼儿所处社会环境的通用标准语言是其学习和交流的最重要的交际工具，但对于其他语言的接触、学习和使用，亦是多元文化者和多语言学习者不可回避的现实。对农村地区幼儿实施国家通用语言教学，不仅有利于提高幼儿语言能力，而且有利于促进幼儿认知水平及社会性的提高。伴随年龄的增长，幼儿在课堂中、生活中不断获取知识，其认知水平、社会性得以不断发展，这都有利于培养幼儿乐于沟通、善于交流的能力，有利于幼儿国家通用语言水平的提高，因此，学前阶段是开展国家通用语言学习的有利时期。

众多研究结果表明，幼儿时期是人的语言能力发育的黄金时期，此时幼儿具有最高的学习效率。从理论上看，3—6岁是幼儿语言发展的关键期，此时幼儿已具备语言学习的基本能力。同时，随着幼儿认知水平的提高及社会化程度的加深，幼儿具有强烈表达及与他人沟通的愿望。所以，我国鼓励民族地区幼儿在掌握本民族语言的基础上学习国家通用语言。

在《幼儿园教育指导纲要（试行）》（以下简称《纲要》）语言目标中，针对不同年龄少数民族地区幼儿的倾听与表达目标，提出了国家通用语言使用的具体要求，但由于少数民族地区学前教育水平相对落后，对国家通用语言教学缺乏系统的教学方法及教材，所以多数少数民族聚居地区的幼儿国家通用语言水平还不能达到《纲要》要求。因此，对于少数民族聚居地区的幼儿而言，实施完整、系统的国家通用语言教学，有利于激发他们对国家通用语言学习的兴趣，为其创设良好的语言学习环境，满足不同民族地区幼儿国家通用语言学习的需求，从而提升民族地区幼儿国家通用语言水平。

[①] 王文静，罗良.阅读与儿童发展［M］.上海：华东师范大学出版社，2010：78.

（二）全语言教育理念有助于幼儿语言学习

全语言是一个历经长期孕育、几经检验和辩论，由理论研究和实践教学结合而成的教育哲学观。它的思想可追溯到 17 世纪，涵盖至 20 世纪数位教育思想家的思想，跨越并整合了现代心理学、语言学、人类学、哲学及教育学等理论。它以坚实的有关学习、语言发展、语言学习、阅读和写作过程、课程的研究成果为佐证，并且持续在多元文化的教育情境内进行实践、交流与调整。自 1977 年以来，经过多年发展，全语言的理论内涵和教育实务已渐成熟明确，不论是对教育相关理论的启发，还是在实践场所内，均产生了较大影响。

全语言教育思想传入我国后，对我国幼儿园语言教育产生了较为广泛、积极的影响。在我国当前幼儿园语言教育的基本观念中，强调幼儿语言学习观中的完整性、整体性与整合性，便是借鉴了全语言的教育理念。目前，全语言教育理念在国内学前语言教育领域应用广泛，研究结果普遍显示，该理念对幼儿语言能力的发展具有促进作用。由此可见，全语言教育理念是一套不断发展且较为成熟的语言教育理念。

二、国家大力推行国家通用语言文字

2000 年，我国正式颁布了《中华人民共和国国家通用语言文字法》，以法律形式确定了国家通用语言文字的地位；确定了公民在国家通用语言文字方面的权利，以及党政机关、新闻媒体、教育教学和公共服务四大领域的从业人员学习和使用国家通用语言文字的义务；并对语言文字的社会应用进行管理。自此以后，我国各地也相应出台了本地区文字条例或实施办法，国家通用语言学习受到各地的高度重视。截至 2013 年 5 月，在《中华人民共和国国家通用语言文字法》的基础上，32 个地方相继出台了贯彻落实《中华人民共和国国家通用语言文字法》的地方性法规或规章，3 个地方性法规进行了修订，初步形成了语言文字法律法规体系。[①]

2016 年，教育部、国家语委发布了《国家语言文字事业"十三五"发展规划》（以下简称《规划》），《规划》提出未来 5 年的发展目标，即到 2020 年，在全国范围内基本普及国家通用语言文字，全面提升语言文字信息化水平，全面提升语言文字事业服务国家需求的能力。2017 年，为贯彻落实《规划》，确保"到 2020 年，在全国范围内基本普及国家通用语言文字"目标的实现，推动"国家通用语言文字普及攻坚工程"（以下简称普及攻坚工程）有效实施，教育部、国家语委制定了《国家通用语言文字普及攻坚工程实施方案》（以下简称《方案》）。《方案》指出，要结合国家精准扶贫、精准脱贫基本方略，结合新型城镇化和社会主义新农村建设，以农村地区和民族地区为重点，以劳动力人口为主要对象，摸清攻坚人群基本情况和需求，制定普通话普及攻

---

① 北京市语言文字办公室 . 中国语言文字工作十年发展成就综述 [EB/OL].(2013-05-16)[2023-12-21].https：//jw.beijing.gov.cn/language/gqxx/dcq/201704/t20170428_1101543.html.

坚具体实施方案，大力提高普通话的普及率，为经济发展提供新动力，为文化建设提供强助力，为打赢全面小康攻坚战奠定良好基础。由此可见，推广国家通用语言已被放在国家发展的战略高度；已成为新时代我国中长期发展目标之一；已成为增进民族间、地区间交往，促进经济、文化等各项事业发展的必要条件。

在我国，大多数少数民族聚居地区在教育、经济上相对落后，自 2015 年精准扶贫工作开展以来，这些地区基本成为国家重点扶贫地区。"扶贫先扶智，扶智先通语"，2018 年 1 月，教育部、国务院扶贫办、国家语委联合制定了《推普脱贫攻坚行动计划（2018—2020 年）》（以下简称《计划》），由此吹响了三年语言扶贫减贫攻坚战的号角，该《计划》也成为助力打赢扶贫脱贫攻坚战的纲领性文件，推行国家通用语言在新时期新形势下被赋予更多内涵。《计划》明确指出，到 2020 年，贫困家庭新增劳动力人口应全部具有国家通用语言文字沟通交流和应用能力，现有贫困地区青壮年劳动力具备基本的国家通用语言交流能力，当地国家通用语言普及率明显提升，初步具备国家通用语言交流的语言环境，为提升"造血"能力打好语言基础。

幼儿在学前阶段学好国家通用语言已成为民族地区推广国家通用语言的有效途径。2018 年 10 月，在全国政协召开的双周协商座谈会中，15 位委员提出，当前推广国家通用语言要聚焦重点地区、重点人群、重点问题持续发力，从师资力量、经费保障等方面予以倾斜，推进民族地区开展双语教育特别是学前教育，加强青壮年劳动力、基层公务员、民族宗教界人士等教育培训。2021 年 11 月，国务院办公厅发布了《关于全面加强新时代语言文字工作的意见》，意见指出，语言文字事业具有基础性、全局性、社会性和全民性特点，事关国民素质提高和人的全面发展，事关历史文化传承和经济社会发展，事关国家统一和民族团结，是国家综合实力的重要支撑，在党和国家工作大局中具有重要地位和作用。要全面加强民族地区国家通用语言文字教育，加强学前儿童普通话教育，学前学会普通话。2021 年 12 月，教育部、国家乡村振兴局、国家语委印发了《国家通用语言文字普及提升工程和推普助力乡村振兴计划实施方案》，方案指出，推广普及国家通用语言文字，是铸牢中华民族共同体意识的重要途径，是建设高质量教育体系的基础支撑，是实施乡村振兴战略的有力举措，对经济社会发展具有重要作用。明确了要开展民族地区推普攻坚行动，推进学前儿童学会普通话，实施"童语同音"计划，为学前儿童进入义务教育阶段学习奠定良好语言基础。因此，学前教育阶段学会国家通用语言不仅有助于从根本上提升少数民族教育水平，而且有助于长远推动民族地区社会进步，对加强民族团结和维护国家统一产生深远影响。由此看来，民族地区幼儿园已成为推广国家通用语言的主要途径之一。

三、甘南地区幼儿语言教育发展的需要

（一）甘肃省大力推进国家通用语言文字的需要

近年来，甘肃省高度重视学前教育发展。一方面，甘肃省政府给予政策支持，在

《甘肃省第三期学前教育行动计划（2017—2020 年）》基础上，于2023 年12 月由甘肃省教育厅牵头联合各市（州）教育局等九部门印发《甘肃省"十四五"学前教育发展提升行动计划》，从而持续推动甘肃省学前教育普及普惠安全优质发展。同时，为保证学前教育师资力量，甘肃省通过特岗计划、公建民营、政府购买服务、三区支教、大学生支教补充学前教育师资，尤其是在国家通用语言文字普及率较低的偏远民族地区实施三年全免费学前教育，尽量使少数民族幼儿在学前阶段基本会说普通话，且发音清晰准确。另一方面，甘肃省政府给予经费支持，持续投入学前教育专项资金，在58 个集中连片贫困县、17 个插花型贫困县共新建、改扩建4821 所行政村幼儿园。全省实现了乡镇中心幼儿园、58 个集中连片贫困县1500 人以上行政村，以及省定23 个深度贫困县、17 个插花型贫困县、革命老区、民族地区有需求的行政村幼儿园全覆盖，实现了幼儿园数、在园幼儿数、教职工数、学前三年毛入园率、优质示范园数、学前教育经费投入"六个翻番"。同时，对全省公办幼儿园和普惠性民办幼儿园中具有甘肃户籍的在园幼儿，按每人每年1000 元标准免除（补助）保教费，对58 个集中连片贫困县建档立卡贫困家庭入园幼儿再增加1000 元的补助。当前，随着学前教育发展规划合理性与科学性的逐步提升，学前教育正在从过去重数量、办学条件提升，向重幼儿园内涵质量建设转变。甘肃省对学前教育事业发展的大力支持与持续投入，为本地区学前教育发展尤其是民族偏远地区学前教育发展带来强大生机。

3—6 岁是幼儿语言的发展阶段，3—4 岁是幼儿语音发展的关键期，此时幼儿普遍可以掌握本民族语言的全部语音，也是开展国家通用语言学习、纠正国家通用语言语音、掌握国家通用语言的良好时机。但由于甘南藏族自治州环境相对闭塞，少数民族群众世代聚族而居，与外界缺乏交流机会，存在整体性、普遍性的国家通用语言障碍，因而加大了甘肃省在民族地区推广国家通用语言的难度，其中牧区、半农半牧区语言障碍极为突出。就甘南藏族自治州地区情况而言，幼儿国家通用语言水平还不能达到《3—6 岁儿童学习与发展指南》（以下简称《指南》）要求，大多数4—5 岁幼儿无法听懂国家通用语言，不能用国家通用语言进行日常会话，仅有少部分幼儿可以听懂指令性语言；大多数5—6 岁幼儿不能使用国家通用语言交流。因此，在3—6 岁幼儿语言发展的关键期，针对少数民族聚居地区开展国家通用语言教育，帮助民族地区幼儿学好国家通用语言显得尤为迫切。

（二）农村地区、民族地区幼儿园开展国家通用语言教学的困境

1."敢问路在何方？"——缺少方法论指导

在前期调研中，著者发现对于国家通用语言教学，民族地区幼儿园教师普遍存在无法可依的困惑。甘南地区多数幼儿的母语为藏语，虽然国家通用语言教学与母语教学存在差异，但教师在教学中基本没有采取特殊的教学方法。正如 BL 双语幼儿园 W

老师所说："我也不知道要怎么教、怎么讲！"Z 老师也表示："我们就拿着普通教材讲，不知道有什么方法教。"可见，在具体教学实践中教师对非母语的语言教学方法并不了解，只能根据已有经验进行国家通用语言教学。

在教学方面，教师利用手中原有教材，采用以本民族语言授课为主，偶尔加授国家通用语言的方式进行教学。在教学内容上，有学前教育专业背景的教师会根据学前教育五大领域（健康、语言、社会、科学和艺术）设计国家通用语言教学，Z 老师采取一句国家通用语言一句藏语的教学方式进行国家通用语言教学。但迫于幼儿听不懂的无奈，Z 老师说："国家通用语言听不懂，藏语就越说越多。"W 老师开展国家通用语言教学时也有诸多困难，她说："刚开始的时候，他们根本就听不懂……一开始就只能听懂一些老师的要求，讲故事他们就一直望着我脸上，根据我的表情动作自己猜，能猜就猜一点儿，猜不到就不知道。"对于"一句普通话，一句藏语"的国家通用语言教学方式，W 老师也有自己的担忧，她说："我那样说一句翻译一句，我害怕他们将藏语和国家通用语言混合起来，我害怕他们的语法会错，藏语的语法错，国家通用语言的语法也错，到时候两个都错，这样讲（说一句翻译一句）他们都错的概率就会增大。"可见，当地幼儿在国家通用语言学习中并没有一个完整的语言学习环境，伴随着教学语言往往支离破碎且缺乏真实性和整合性。此外由于缺少有效的教学方法，当地幼儿语言学习没能经历由简到繁的过程，多数情况是靠自己猜，所以大多数幼儿对国家通用语言学习的兴趣不高且存在较大的困难。

综上，当地教师对于国家通用语言教学仍停留在如何教、采取何种方式教的困惑中，还未找到适合当地幼儿且较为成熟的语言教学理念。没有理论指导的实践犹如无灯走夜路，没有理论指导的教学则容易让教师在实践中走弯路、走错路，所以，民族地区教师更需要成熟的语言教育理论指导国家通用语言教学。

2."按下葫芦浮起瓢"——缺少教学参考用书

教材是教学课程的具体化，是教学的依据，是教师组织教学活动的行动指南。科学且适宜的教师用书，是幼儿健康全面和谐发展的助力器。教师对于幼儿园教师用书的选择和使用，是影响幼儿园教育目标实现的重要因素。如果教师能选择到适宜国家通用语言教学的教师用书，并能对所选用书加以适当的优化与整合，进行创造性处理与灵活使用，那么将有助于促进幼儿国家通用语言教育目标的实现，保障国家通用语言教学活动的科学开展。所以，一本适宜幼儿语言水平且具有明确教学目标的教师用书，对于教师教学和幼儿语言发展都起着重要作用。

但通过前期调研，著者发现 BL 双语幼儿园缺少国家通用语言教学用书。在2018—2019 学年，该园选用北京师范大学出版社出版的《幼儿园快乐与发展课程教师教学用书》为教师用书，但园长表示"教师用书内容多，也比较难，而且定的教学材料包也不多"。所以该园在 2019—2020 学年改用兰州大学出版社出版的《幼儿园综合教育活动教师用书》，并采购了相应的课程包作为幼儿学习材料。但由于经常变换教师用书，所以一线教师对教材的熟悉程度并不高，正如 Z 老师所说："每年都在适应新的教师用书，有时候会有些疲惫。"

事实上，由于教师用书的内容均为普通学前教材的内容，所以很多教师认为只要使用国家通用语言教授课程内容就是国家通用语言教学。而在教学实践中，教师不会根据幼儿语言水平单独创设国家通用语言教学活动，且很少结合当地文化生活创设语言活动，所以，幼儿在开始接触国家通用语言的内容时，遇到一些内容长且远离生活情境的故事，就会出现幼儿普遍"真的听不懂""只能靠猜"的现象。因此，哪些内容适合于国家通用语言教学且符合幼儿语言程度，以及如何选取教学材料已成为教师的教学难点。

3. "摸着石头过河"——幼儿教师专业能力差异较大

BL 双语幼儿园教师数量严重短缺，到目前为止仍然不能真正开展 3—6 岁幼儿的教育，仅设有针对 4—6 岁幼儿的中班及大班，小班自办园以来从未开办。在有限的教师资源中，教师专业水平差异较大。学前教育专业毕业的教师仅有两名，幼儿园园长及 L 老师均为非学前教育专业教师。在深入调研过程中，著者了解到以往幼儿园教师多数由小学教师转岗而来，但转岗过程中未经过有效的转岗培训，因此对于学前教育仍处于了解程度低、开展教学有困难的阶段。

同时，非师范专业教师国家通用语言水平较低，很难真正在教学中开展双语教学，导致幼儿的国家通用语言发展水平较为滞后。由于专业水平差异较大，专业水平较高的教师利用专业知识可以在教学中开展较为有效的国家通用语言教学，但非专业教师往往对专业理论知识较为陌生，在开展教学中受阻较多，对于教学也多是通过边教学边总结或与同事探讨的方式提升个人专业能力，犹如摸着石头过河一般探寻教学方式。

（三）农村地区、民族地区幼儿学习国家通用语言的阻力

甘南藏族自治州 X 县位于甘南藏族自治州西北部，截至 2023 年末，X 县常住人口为 8.48 万人，其中藏族人口占 80% 以上。BL 镇地处 X 县南部，属半农半牧地区。

首先，由于当地 80% 以上常住人口为藏族，日常交流普遍以藏语为主，因此幼儿在藏语的语言环境中成长，接触国家通用语言的机会较少。语言学家韩礼德强调，语言形式及其功能的发展是在语言应用过程中形成的，第二语言的发展也应来自交际。回看 BL 双语幼儿园的幼儿，由于缺少语言环境，他们使用国家通用语言交际的机会少之又少，母语为藏语的幼儿提升国家通用语言水平的速度较慢。

其次，一走入课堂，教师就使用国家通用语言讲授中班或大班的课程内容，这对于没有国家通用语言基础的幼儿来说具有极大挑战。调研中有这样一段课堂记录，反映了当地幼儿学习的真实样态：

Z 老师在使用国家通用语言讲授"我会看时间"时,从课堂引入到拿出教具演示,幼儿只能似懂非懂地看着教师,过程中当教师进行提问时,幼儿基本无法与教师进行课堂互动,并保持沉默。最后,Z 老师使用一句国家通用语言一句藏语翻译后,幼儿纷纷举手用藏语回答问题。Z 老师感叹:"你看用藏语回答就都会呢,国家通用语言一句也不说,他们还是一直说藏语。"

可以看到,教师面对没有国家通用语言基础的幼儿,直接使用普通教材讲授大班内容,忽略了语言学习应遵循由简到繁、由易到难的学习规律;课程设置中缺少与幼儿已有经验的联系,忽视了语言学习应该与幼儿生活高度相关的学习规律。正如哲学家古德曼所说,当听说读写的内容与幼儿自身的想法、生活或经验没什么关系时,这样的语言学习更难激发幼儿的学习兴趣。所以选择与幼儿生活息息相关、符合幼儿接受能力的教学材料,为幼儿营造情景化语言学习环境尤为重要。

由此可见,当地幼儿在国家通用语言学习中既缺少使用国家通用语言交流、讨论的机会,又不能在课堂中得到适合于自身发展水平的教学引导,因此,幼儿的国家通用语言学习受到了不同程度的阻碍。

第二节　研究意义

一、现实意义

其一,通过本书所述研究,为当地教师开展国家通用语言教学提供方法论指导,提高当地教师国家通用语言教学能力。随着我国学前教育的发展和语言扶贫的深入推进,民族地区幼儿已成为推广国家通用语言的重点对象。但在民族地区学前国家通用语言教学的课堂中,教师仅凭个人教学经验开展语言教学,普遍缺少成熟的语言教学方法作为指导,导致教学效果参差不齐。通过本书所述研究,为当地幼儿国家通用语言教学探索有效策略,从教学方法的选择、教学过程的实施、教学计划的拟定、教学环境的创设与具体实施方面提供一定可参考和借鉴的教学范式,从而提升当地幼儿园国家通用语言的教学水平。

其二,为民族地区幼儿学习国家通用语言寻找有效途径。随着国家通用语言文字工作的深入推广,民族地区幼儿园已成为推广国家通用语言的主渠道,但当前幼儿身处纯母语环境,学习国家通用语言的环境较为缺乏。本书所述研究将从生活语言到文学语言再到沟通交流,帮助幼儿获得完整而真实的语言学习经验,探索有利于幼儿学习的教学策略,从而促进民族地区幼儿国家通用语言能力的发展。

其三,为民族地区幼儿园开展国家通用语言教学提供思考和借鉴。本书所述研究通过对甘南藏族自治州 X 县 BL 镇 BL 双语幼儿园全语言教育理念下国家通用语言教学的个案进行行动研究,了解民族地区幼儿国家通用语言教学的真实状况,在对已有教学反思的基础上，根据全语言教学原则建构既符合民族地区幼儿国家通用语言学习水平，又能指导民族地区幼儿园开展国家通用语言教学的教学策略，从而为民族地区幼儿园国家通用语言教学提供参考。

二、理论意义

理论是实践的行动指南，也是实践经验的总结与归纳。本书通过对 BL 双语幼儿园幼儿在国家通用语言学习过程中出现的实际问题进行教学反思，根据全语言教学原则制订适合该园幼儿语言发展现状的国家通用语言教学计划，并在行动研究中对新的教学计划加以验证。深入探讨在全语言教育理念下提高民族地区幼儿国家通用语言能力的教学策略，理性分析国家通用语言教学中幼儿、教师的主体作用，以及与教室、课程设计、教学实施、教学评价等各因素间的相互关系，针对民族地区幼儿园的现状，探寻国家通用语言教学的具体操作建议。因此，本书所述研究从民族地区幼儿国家通用语言学习的视角丰富了全语言教育的相关理论，对丰富和发展民族地区幼儿园国家通用语言教学的理论认识具有一定的理论价值。

第三节 概念界定

一、全语言

全语言（whole language）也被译为"整体语言"或"全语文"，这一概念兴起于 20 世纪中期美国的语言教育思潮。自 20 世纪 70 年代以来，全语言受美国、加拿大、英国、新西兰等多个西方国家的教育政策、教育运动和社会运动中的一些重要思想影响，形成一个教育的草根运动。20 世纪 80 年代，"全语言"已成为一个正式的专有名词，用来表达有关语言、教师和教学、学习者和学习及课程等事物的新观念。但是对于全语言，学术界至今都难以给出准确的定义，正如韦弗指出，全语言教学是一种变动的、进化的哲学，并非静态的实体，对于新知识的洞察十分敏锐，从而使其意义与内涵纷繁多样。由于全语言并不是由专家学者通过理性的思辨与推演得出的一个抽象的概念，而是来源于教学现场语言教师的教育实践，因此全语言不仅以心理语言学、社会语言学、功能语言学、认知心理学、教育学等学科研究为基础，还以教师在课堂教学中运用上述理论的成功实践为基础。可以说，全语言的概念并不是一成不变的，而是一个不断发展的概念。

从不同文献对全语言的描述来看，"全语言"的内涵呈现出同一性与多样性的统一。多数学者认为，全语言不只是一种语言教学法，而是一种教育哲学观，是通过对语言、学习、课程、教学与教师的重新思考，而产生的有别于传统的态度。同时，全语言教育是一种视幼儿语言发展和语言学习为整体的思维方式。古德曼对全语言的定义相对完整，他从语言、学习与人三个维度来阐释全语言，认为全语言是每个学习者（囊括所有的学习者）在整体情境中对整体语言的学习。[①]

一些学者认为，全语言是一种哲学立场。例如李连珠认为，全语言是以坚实的有关学习、语言发展、语言学习、阅读和写作过程、课程的研究成果为依据，并在多元文化的教育情境中进行了一些实践研究的教育哲学观。林淑媛认为，"全语言"是指一种教育哲学观，其基本的教育理念为：全体（whole）、真实（authenticity）、合作（collaboration）、习俗（convention）、创造（invention）、理解（comprehension）及以学习者为中心（Learner-centered）的涵盖语言、学习、课程、教师和教学的系统见解。拉普也认为，全语言是一种哲理或理念，而不是某一种具体的教学法。

一些学者从全语言教育实践层面出发丰富全语言的内涵。纽曼认为，全语言是探究教师与研究者如何将新近的理论观点（如语言学、心理语言学、社会学、人类学、哲学、幼儿发展、课程、写作、文学理论、符号学及其他领域的研究）应用在实务上。丹尼尔斯认为，如果人们仅仅将全语言与读写联系起来，未免过于局限，全语言应当是一组紧密结合的有关学与教的观点，是关于学习本质及在学校中如何培育这种本质的一个信念系统。持相似观点的伯德用思维方式来解释全语言，他认为全语言是一种思考的方法，一种孩子在教室中生活与学习的方法。韦弗强调"全的语言"，即保全语言的整体，不将它分割成局部的、零碎的"技能"，以便在整体的、真实的读写事件中发展幼儿读写的技能与策略，使语言学习充满读写经验，并将语言学习与幼儿的整个生活整合起来。由此他总结道：全语言可以被称为整体或真实的读写哲学，它将促进贯穿幼儿整个生活的整体学习。

众多研究结果表明，对于"全语言"的教育哲学，其重点在于"全"。基于此，本书所述研究倾向于古德曼对"全语言"的解释，即全语言是每个学习者在整体的情境中学习整体语言的信念。

二、全语言教学模式

本书所述研究中的全语言教学模式，是基于全语言教育理念，遵守全语言教学原则，为实现幼儿语言目标，通过制定相应教学方法、设计教学环境、选择教学材料而开展的语言教学活动。即在教学中强调在真实有目的的情境下实施听、说、读、写的整体教学，提供符合幼儿学习兴趣、学习需求的教学材料，在宽松、合作及丰富文字意象的语言环境中，兼顾知、情、意，使幼儿获得完整的学习经验。全语言教学模式要求教师更有责任，并给予幼儿及时的评价、引导和鼓励；对于幼儿，将给予其更真实、更丰富的语言学习体验，平等的师幼关系，以及轻松快乐的学习经历。

---

① 古德曼.全语言的"全"全在哪里［M］.李连珠，译.南京：南京师范大学出版社，2005：5.

三、国家通用语言教学

2000 年 10 月 31 日，第九届全国人民代表大会常务委员会第十八次会议通过了《中华人民共和国国家通用语言文字法》，并于 2001 年 1 月 1 日起施行。该法律第二条明确指出，国家通用语言文字是普通话和规范汉字。

由于 3—6 岁幼儿的语言教学以口语教学为主，旨在培养幼儿聆听与表达的能力，以及幼儿的阅读习惯，因此，本书所述研究中的国家通用语言教学主要是针对普通话的教学。

第四节　研究评述

通过文献梳理可以发现，有关全语言的研究成果较为丰富，已有研究中既有对全语言教育理念的宏观把握，也有对全语言教育实践中具体问题的微观讨论。目前，专家学者在全语言的内涵、理论基础、教学原则等方面已基本达成共识，对全语言教育理念的应用与移植也从书斋走向田野。例如，幼儿园全语言课程研究、幼儿园全语言教育理念实践研究、国外全语言教育理念对我国全语言教学的启示等。从全语言教育理念的教育实践研究来看，主要涉及英语教学、国家通用语言教学、学前国家通用语言教学等方面。已有研究成果基本证实全语言教育理念是较为成熟的语言教学理念，具有可操作性的教学原则，在提升幼儿语言能力方面具有积极影响，这为本书所述研究的理论、实践及深入探究奠定了坚实的基础，并提供了较为丰富的参考资料。

虽然当前关于全语言教育理念的实践研究数量不断增加，也涉及多个方面，但大多是对英语教学及学前国家通用语言教学的学理讨论。其中，对于学前幼儿国家通用语言教学的研究较为有限，且多以早期阅读及绘本教学研究为主，而针对民族地区学前幼儿国家通用语言教学的研究多是现状分析，即针对某一民族地区开展深入的教学研究，反映当地幼儿学习特征、探讨符合民族地区具体情况的教学模式的研究较少。可见，对国家通用语言教学的研究偏重宏观角度的现状调查，很少有学者从微观的层面进行实证研究，研究者提出的有实践意义的教学改进方法、研究成果不能在教学实践中得到充实和检验，所以对改进民族地区幼儿园国家通用语言教学的借鉴意义较为有限，对于民族地区幼儿园教师的教学缺乏指导意义。

本书所述研究将从微观层面对甘南藏族自治州 X 县 BL 镇 BL 双语幼儿园大班幼儿进行有针对性的全语言教育理念下国家通用语言教学行动研究，在教学实践中发现有关教学目标、教学环境、教学过程和教学评价等方面存在的问题，根据幼儿特点探索行之有效的教学方法和策略，在教学实践中加以运用，使其在民族地区幼儿园国家通用语言教学方面具有一定的推广价值。

第二章　全语言教育理念解构

　　1968 年，全语言出现于美国哲学家古德曼关于阅读研究的文章中，这一概念改变了传统语言认知学习理论，从而引发了对语言教学及相关理论的新探讨。全语言教育理念结合了心理学、教育学、语言学以及"读写萌发"的观点，同时融入了部分皮亚杰建构主义、维果茨基社会建构主义所产生的具有进步主义和人文主义精神的语言教育理念。学者普遍认为，全语言教育理念并非具体的语言教学法或是一套语言教材，而是一种结合教育理论和语言教育实践获得的一种教育哲学观、教学立场和教育教学理念。

第一节　全语言教育理念内涵

一、全语言教育理念

（一）整合原则

　　全语言教育理念通过对语言教学的重新思考，认为语言教育的重点在于"全"。古德曼认为，"全语言"的"全"具有完整、整体、整合的意思，即学习者、语言、学习、教学、课程和教师等方面都要"全"。对于学习者，要考察并尊重学习者全人，即学习者的整体发展、特质、兴趣、需要、能力、长处、弱点、习惯的学习策略，以及学习者背后的文化、族群、社会所凝结而成的独特经验。对于语言，是指语言整体，包括口头语言和书面语言，语言行为中的听、说、读、写，以及语言系统中的语意、语法、语音、字形及语用，语言各要素在使用和语言学习过程中，都在交互作用、整体运行。对于学习，既指语言学习是从整体着手，也指语言学习和其他学习同时发生，是整合在一起的一件事，更进一步理解，是指学习时学习者全人的参与及其文化背景对学习的影响。对于教学和课程，是指促进学习的过程所采用的教学策略，具有整合性、组织性和整体导向性。同时，全语言教育理念始终强调语言本身是完整不可分割、有趣且有意义的，语言是生活的一部分，语言活动要在自然真实的语言环境中开展，应重视幼儿语言的表达和传递，通过不同的教学策略有目的地提高幼儿语言能力，并将语言学习与幼儿生活整合起来。

（二）真实原则

维果茨基指出，语言活动发生在日常生活之中，语言学习应该是真实的、与学习者生活经验高度相关的。全语言教育观认为，语言使用是具有目的性和有意义的，即强调语言的社会功能性，所以全语言教学实践中强调语言的"真实"原则。这一原则在全语言教学中的应用，包括语言情境的真实和语言材料的真实。教师通过组织开展与幼儿生活经验、兴趣爱好密切相关的教学内容，引导幼儿在真实的情境下使用真实有意义的语言表达个人想法，从而唤醒幼儿真正表达、提问的内在动机。语言材料则需要提供有效线索，帮助幼儿建立去"情境感"。当幼儿发现语言在真实的情境中具有实际功能，才能够激发幼儿学习、使用语言的欲望。所以，在全语言课堂中，教师使用的语言材料往往直接取材于文学作品、宣传册、杂志、工具书等，而非统一的编写教材。

（三）以幼儿为中心原则

首先，全语言教育理念中尊重幼儿的个体差异，相信所有的学习者，鼓励幼儿个性且真实地表达。在全语言的课堂中，教师更加信任幼儿语言的"自学"能力，重视幼儿已掌握的内容和经验，轻视幼儿未掌握的语言内容，即鼓励幼儿从已掌握的语言知识中构建新的语言经验，而不是反复纠正幼儿的错误或重复教授幼儿还未掌握的内容。正如教师在课堂中重视的不仅是最终的语言表述或作品呈现，更是启发幼儿表达、书写的过程，从而让幼儿管理自己的学习行为、评价自己的努力，把学习的主动权交给幼儿，让幼儿在学习与表达过程中逐渐感受到自己语言方面的进步和语言学习的乐趣。其次，全语言教育理念尊重每名学习者不同的语言、家庭和文化背景。

（四）创造原则

由于全语言教育理念吸收了维果茨基的建构理论，所以全语言教学在鼓励幼儿探索和创造的同时，也接受了幼儿的创造行为，如接受幼儿利用创意涂鸦表达想法、接受幼儿创造文字、接受幼儿尝试使用不同结构进行表达等。在幼儿语言发展过程中，会由内而外地扩展个人创造力，这股力量让幼儿不断地创造语言、创造书写，持续积累语言使用的经验。同时，教师需要持续将幼儿语言集中到某一共通的意义和形式，从而引导幼儿语言朝社会沟通的方向发展。当然，幼儿的创造和教师的引导，只有当有目的性地使用语言，并且发生在真实的社会情境中，才能够让幼儿不断主动地修正语言。因此，全语言教育观坚持听、说、读、写的全面语言教学，让幼儿在完整真实的情境中学习整体语言。

二、全语言教育理念的发展历程

全语言教育理念的发展历程较为漫长，可概括为四个阶段：诞生阶段（20世纪60年代至1977年）、发展阶段（1978—1986年）、鼎盛阶段（1987—1994年）及转变阶段（1995年至今）。

第一阶段：诞生阶段。"全语言"一词最早出现于1658年出版的世界上第一本幼儿图画书《世界图解》（*Orbis Pictus*）的前言中，但这一名词并没有被继续使用，直到20世纪60年代后期，"全语言"这一名词才开始出现在美国教育界。1968年，古德曼的著作《阅读过程的心理语言学本质》出版，引发人们对阅读与阅读教学的深思，以及对阅读教学理论的关注。随后在1977年，哈斯特和伯克进一步对阅读教学做出阐释，并提出全语言的阅读过程学习观。

第二阶段：发展阶段。1978年，沃森在古德曼夫妇的帮助下，与一些全语言的教师在密苏里州塔克森成立了第一个全语言教师专业团体（Teacher Applying Whole Language，TAWL）。随后的几年中，全语言教育理念不断发展，在理论研究方面出版了《理解为本的全语言阅读课程》研究报告，以及全语言经典著作《全语言中的"全"是什么》（*What's Whole in the Whole Language*）。在实践方面，1980年加拿大伯尔尼举办了第一个全语言教师进修班。至此，全语言由最初描述阅读教学模式的术语发展为指导语言教育的全面理论，并且广泛被一线教师应用于语言教学实践。

第三阶段：鼎盛阶段。历经全语言研究者的探索与倡导，以及广大一线全语言教师的努力，1987—1994年全语言在美国迎来了鼎盛时期。在此期间，全语言教育理念逐渐被社会大众认识、接纳，并且成为美国诸多地方政府的官方教育政策。

第四阶段：转变阶段。从20世纪90年代中后期开始，全语言进入转变期，全语言研究逐渐转向为理论的反思，使全语言理论日趋成熟、完善。与此同时，全语言不仅在实践方面成为美国公立学校的教学理念，而且在多个国家被推广使用。全语言的推广已经演变成为一场运动，并迅速席卷了英国、新西兰、澳大利亚、加拿大等国家。

第二节　全语言教学的基本因素

一、幼儿角色

首先，全语言教育理念认为幼儿是语言学习的主导者，应该"拥有"整个学习过程的主控权，有权决定使用语言的时间、理由和目的。在全语言教室里，教师与幼儿的权利各不相同，教师更多偏向班级管理，如安排幼儿作息时间、创设与规划教室环境、提供学习材料、引导幼儿参与学习等；而幼儿是遵守活动约定，根据教师提供的材料决定自己学习的内容和参与的方式，并且为自己所做的决定负责。其次，全语言教育理念认为幼儿是独立的个体，教师应相信幼儿、尊重幼儿的个体差异，并且以爱和尊重对待幼儿。教师在接受每名幼儿独特背景、能力、感受和需求的同时，也要相信所有幼儿都有语言，都具备语言学习的能力。

二、教师角色

古德曼曾说："没有全语言教师，就不可能有全语言教室。"反思以往的教学过程，我们不难发现，教与学发生在教师与幼儿之间，而教师的成长改变意味着课程的改变，也会连带出幼儿学习上的改变。在学前教育的课堂上，要开展什么样的教学活动、在哪里开展、如何开展、围绕什么开展很大程度上取决于教师。所以，正如古德曼、李连珠等全语言专家所说，教师是全语言教室内很重要的元素，是开展全语言教学的关键因素。

与传统教育中的教师角色相比，全语言教师不会被教科书、练习册和考试所束缚，在教学活动的安排、作业的布置等方面更具有自主性。同时，全语言教师会始终保持清醒，坚持将全语言教育理念贯穿于全部教学过程。在教学过程中更加强调幼儿的主体地位，带着问题吸引幼儿参与学习，引导幼儿学会学习，并观察幼儿学习的全过程。因此，在全语言教学中教师扮演着多重角色，是给予幼儿学习和帮助的协同者，是课堂学习资源的提供者，是参与教学发现幼儿学习问题的观察者，更是在教学中不断成长的学习者。

（一）协同者

在全语言教学过程中，教师在与幼儿共同学习的同时，还需要帮助幼儿学会学习。首先，全语言教师应始终相信幼儿是天生的学习者，他们对一切事物充满好奇，并且具有极大的创造力和想象力。当幼儿陷入真正困难的时候，教师应通过恰当的方式给予及时且适当的引导，帮助幼儿在教师引导下，学会通过思考与实践达到目标，最终获得学习成就感。其次，教师应接受每名幼儿的特殊性，即幼儿具有独特的文化背景、语言背景、个人能力、感知力和需求等，减少不必要的介入，促使幼儿发挥自己的创造力和学习能力并完成学习目标。同时，教师需要通过建立规则及有效的沟通机制，帮助幼儿学会分享、合作、讨论和沟通，从而在教师的协同下让幼儿充分运用功能性语言开展互动学习，提高幼儿解决问题的能力。最后，教师的协同并非只发生在课堂，还应向一日生活中延伸。教师需要采取调动语言、动作等尽可能多的方式，在课上课下始终展现出对幼儿充满信心的状态，并营造良好的学习氛围。

（二）资源提供者

在全语言教室中，教师是一名为幼儿提供丰富教学材料，运用多种教学方式启发引导幼儿学习的资源提供者。教师在教学设计与实施过程中,将为幼儿提供可以选择的教学材料,帮助幼儿了解学习过程、体验学习乐趣。同时,可以使用一些适合于教学对象的学习策略,邀请幼儿参与到相关的学习活动中,帮助幼儿合作学习、参与学习、讨论学习。此外,全语言教师是教学计划的主导者,通过制定并不断完善短期和中期目标,最终实现提升幼儿语言能力的长期目标。在完成教学计划的过程中,教师需要寻找适当的主题材料,并组织安排各类真实可参与的活动,提供具有较强针对性且与主题有相关性的材料,在学习过程中促使幼儿主动思考、主动学习,最终引导幼儿完成教学目标。

(三)观察者

事实上,全语言教师就是持续的幼儿观察者。教师能通过幼儿一日生活及课堂教学观察幼儿并做出评估,例如,观察幼儿书写的行为、倾听幼儿的讨论及计划活动、与幼儿聊天,并将观察评估的资料作为评价和修改教学计划的依据。作为全语言教师,需要时刻保持敏锐的观察,仔细地记录幼儿的学习与个人成长情况,并且进行积极的反思。通过对幼儿认真的观察和对教学活动反复的思考,最终发展完善自身的教学计划。作为观察者,全语言教师可以利用所观察到的现象解释幼儿行为,为自身完善教学计划提供参考,并且为记录教学成果提供证据。此外,在观察的同时应进行积极的反思,从而为幼儿提供适度的引导,让幼儿在活动中自然、快乐地学习。

(四)学习者

全语言教学试图将教师从技巧练习册及测验编写者的束缚中解脱出来,更加强调教师在教学中的主导权。同时,由于全语言的教学过程是动态变化的,所以教师需要及时记录个人的教学反思,从而为自身的教学改进提供方向,为记录幼儿进步的历程留下资料。在教学活动开展过程中,教师会根据幼儿的不同反馈,以及个人或小组的教学反思,对自己的教学进行适度调整。同时伴随教师主动参照全语言理论修正实践计划、寻找问题解决方法的过程,教师个人的教学能力得到锻炼,专业知识在实践的过程中不断完善,并且不断激励着教师尝试、创新、追求更高的教学品质。因此,在全语言教学活动中,教师本身也是一位学习者,通过不断地学习与幼儿共同成长,最终共同完成教学目标。

三、教室环境

语言文字的学习来源是多元且广阔的,真实有意义的语言环境是激发幼儿学习兴趣、帮助幼儿积累语言文字使用经验的良好途径。正如全语言教育理念中对教室环境的要求,一间教室之所以能成为全语言教室,完全在于它能够全方位反映语言、学习、教学和课程观。全语言将教室环境分为硬环境和软环境两类，硬环境是指教室的环境创设、区域划分、学习材料的摆放等，它可以尽量灵活调整，以反映全语言教育理念；软环境是指教师在教室中开展的全部教学活动，始终贯穿着全语言教育理念，活动的形式与安排都体现着全语言精神。

教室硬环境的布置。"情境"是全语言教学中的第三位老师，当幼儿沉浸在丰富图书、多元且易得的文字情境中，将激发幼儿阅读、讨论和书写的兴趣。由于全语言学习活动多源于生活中的真实情境，学习活动大多是自发的，因此学习环境的布置与安排显得格外重要。教师需要营造一个自由听、说、读、写的环境，从而使幼儿的生活充满可说可玩的语言经验和材料。首先，丰富的阅读材料是全语言教室的必要条件，材料的内容往往越丰富越好，如各种文学作品、科学图书、杂志、工具书等，都应让幼儿唾手可得。教师通过这些丰富的语言学习媒介为幼儿创造更高层次的语言学习机会，为幼儿创设动态可变的学习情境。其次，全语言教室中应规划不同的学习区，如阅读区、书写区、数学区、美工制作区和戏剧扮演区等。为了方便课堂中的讨论、分享、阅读、写作的活动，教室摆放应具有弹性和可调整性，方便教师和幼儿使用。

教室软环境的布置。没有语言刺激的环境会使幼儿的语言知觉变迟钝，所以为促进幼儿发展，全语言教室应为幼儿提供丰富的感官知觉。这种丰富的感官知觉不仅源于教室的环境创设，而且源于教师与幼儿、幼儿与幼儿之间的良性互动。在幼儿的课外活动中，幼儿与教师、同伴的探讨交流，都将成为幼儿语言学习和运用的机会。在全语言教育理念的引导下，教师应为幼儿营造一个宽松的学习环境，鼓励幼儿敢于创造、勇于尝试、善于思考，让幼儿在探索过程中明白试错同样是一种学习，通过试错、思考、再尝试，为实现学习目标积累有效的学习经验。此外，全语言教室应更加民主自主，教师可以接纳幼儿不同的声音，与幼儿共同参与班级建设、参与班级管理、制定活动规则等，共同经营班级。教师在该过程中观察幼儿，鼓励幼儿并适时给予支持，不断激发幼儿学习、参与的主动性，从而帮助幼儿在丰富的语言材料中提升个人语言能力。

第三节 全语言教学的实施原则

全语言教学旨在通过教师的努力让教学内容与幼儿的生活息息相关，让课堂教学中的语言经验和校外一样真实有趣，从而让幼儿感受到语言的有用、有趣，尽可能地帮助幼儿扩展自身的语言能力，建立语言学习的信心。全语言将教科书、练习册和成就性考试搁置一旁，幼儿通过参与日常生活中的读写活动，探索、学习、运用并掌握语言，利用过程性、真实性的教育评价，帮助教师修正教学计划，促进幼儿语言水平发展。全语言针对课程、教学和测评给出了一些具体的参考原则，从而帮助教师把握全语言教育理念，并在实施全语言教学时有所参照。

一、课程观及课程实施原则

（一）课程观

首先，"整合"是全语言课程的重要原则。一方面，全语言课程是对各学科的整合；另一方面，全语言课程是在课程中整合幼儿的生活经验、兴趣爱好与文化背景。其次，全语言课程与幼儿高度相关，即课程应考虑幼儿的需要，从幼儿的兴趣和研究问题发展角度出发，通过合作协商的过程建构出来，幼儿应主导他们的学习。课程必须围绕幼儿的经验和兴趣取材，并和幼儿一起建构出来。

1. 课程目标

全语言教学的课程目标在于促进幼儿个人成长。但这里提出的"成长"，并非有绝对的衡量标准，并非幼儿必须达到某一语言程度才是成长。在全语言教学中，教师接纳每名幼儿的个体差异、文化背景及家庭背景的不同。所以，这里促进幼儿个人成长是指延伸幼儿的语言能力，提升自身语言学习效果，以及扩展个人认知。在全语言课程目标中，语言学习的过程应该是功能先于形式、由整体到部分，同时需要重视幼儿校内校外语言经验的一致性。

首先，功能先于形式。语言具有功能性，当幼儿发现了语言的实用性，就有利于提高幼儿语言学习的兴趣。通过观察，幼儿发现使用语言可以达到目标，这一发现会不断刺激他们操控语言的形式，以满足个人的需求。以往教学中总会在正式表达和书写之前，要求幼儿学习语言的发音规则，关注语序和结构。但事实上，在幼儿无法表达的时候就已经能够明白成人的对话，成人也能够理解幼儿有失误的语言表达。所以，在全语言教育理念中是允许幼儿冒险试错的，即通过教师的课程设计和课堂引导帮助幼儿自我修正，并最终掌握正确的表达。课堂中，当发现幼儿开始涂鸦、反写、自创文字、尝试运用标点符号时，教师应感到喜悦，这说明幼儿正在发展驾驭语言的能力，他们正在进步，这些行为应当得到教师的鼓励和支持。

其次，由整体到部分。虽然人类开始说话的过程是从单音到词组再到句子的过程，但语言的学习却应该遵循从整体到部分的规律。全语言教育理念认为语言各部分的价值只有在完整的语句、完整的事件中才能体现，所以语言学习应从完整的语句开始，关注语意的传达，而非字词的学习，关注语序或语用。事实上，当幼儿想要表达时，尽管会出现语法、用词、语序等方面的诸多问题，但都不妨碍幼儿传递个人想法，如"老师，要（手指向苹果）""喝水，我想"等。此时，教师应给予幼儿鼓励，回应幼儿的同时帮助幼儿修正语用，从而为幼儿建立语言学习信心的同时，加深幼儿对规范语言的印象。因此，一个真实、需要使用语言的情境，比一开始就学习语言技巧更加有意义。

最后，校内校外语言经验的一致性。幼儿的语言发展历程，无论是在校内还是在校外，都应是一致、连贯的，所以，全语言课程提倡使用生活语言帮助幼儿进行校内语言学习。相反，那些刻意安排的、与幼儿生活相距较远的语言课程，则会加大幼儿语言学习的困难。因此，全语言课程应包含真实的听说读写事件，利用充分的语言发展知识，力求校内校外语言经验的一致性，联系幼儿已有的学习经验设计课程。

2. 课程内容

从幼儿的经验和兴趣出发，并且能够充分发挥其口头语言和书面语言的各种能力，是全语言课程内容选择的目标。所以，全语言课程内容并不只是从学习者的语言和知识基础出发，而是面向生活中的各个领域，涉及内容既广博又丰富。全语言综合了口头语言和书面语言的同时，还综合了健康、科学、社会和艺术各领域的学习内容，进而扩展、延伸幼儿的语言和知识。全语言课程内容涉及两大重要内容，即学习理解与表达，以及真实的听说读写事件。

学习理解与表达。语言学习不应将语言从有意义的、具有功能性的真实使用情境中抽离，否则将阻碍幼儿对语言的理解与表达。霍利迪认为，语言的意义和语言发展密不可分，即认识语言的功能性对语言发展具有推动作用。语言的功能在于意义的传达，其真实意义离不开社会情境，所以对于幼儿来说，理解与表达的学习都应在真实的社会情境中进行。幼儿在情境中不断使用语言，学习聆听，学会表达。

为幼儿提供真实的听说读写事件。听说事件使用的是口头语言表达，读写事件使用的是书面语言表达。二者的共同点在于，一个事件不仅是语言本身，还包含着人物、目的、人物关系及事件等要素的语言情境。所以，真实的情境有利于幼儿理解、学习语言及了解语用。因此，全语言课程的内容需要大量真实的听说读写事件，帮助幼儿营造真实的情境，以此达到帮助幼儿学习并掌握语言的目的。

（二）课程实施原则

1. 整合的课程设置

首先，"整合"是全语言课程实施的首要原则。幼儿语言学习是在生活过程中探索、模仿、反思中构建的，这种构建的过程是在语言真实完整的情况下开展的，真实情境中语言是整合的而非零散的，所以，幼儿语言学习是整合的学习。这意味着语言的学习不仅仅是听、说、读、写的统整，还是语言学习和全部学习领域学习经验的融合，语言的学习贯穿在全部学科的学习经验之中。不是只进行拼音或识字的单一教学，而是通过主题或活动将语言学习置于生活情境之中，让幼儿在参与过程中得到全方面能力和知识的提升。同样，全语言课程也并非只开展语言活动，而忽视其他数学、自然科学、音乐等领域的内容。正如，教师在讲故事时，可以邀请幼儿参与表演，或者续写故事，或者为自己喜欢的情节创作海报。虽然这样的课程设置并不是教师的新发明，但是能在全语言课堂中"综合"幼儿所有的学习经验，这是非常重要的。

其次，全语言的整合还包含语言学习的跨学科性。全语言教育的研究者吸收了维果茨基的理论观点，认为所有符号系统学习的原理都是相通的，因而建议将不同的符号系统交叉运用到幼儿学习过程中，如儿歌的学习可以加入音乐，童话的学习可以加入戏剧，绘本的学习可以加入绘画，等等。可见，全语言课程需要结合不同学科的知识，甚至向专业领域专家请教，协同教学，从而提高课程的综合化及真实性。如此突破学科边界的整合学习，不仅有利于促进幼儿语言发展，还有利于幼儿对其他领域知识的积累。

2. 与幼儿相关的课程内容

首先，"真实"是全语言教育理念的本质。课程内容应与幼儿的生活实践息息相关，让语言学习成为自然发生的活动。全语言教育观始终强调环境对幼儿语言发展的作用，这里的环境不仅是教室环境、教学情境，还是文化环境，即在语言教学中还应尊重幼儿的文化，关注幼儿所接触的社会生活。这正是维果茨基的文化理论中所强调的"文化、社会对幼儿认知发展的影响，社会互动提供了语言的获得"。所以，全部语言课程内容多来自生活实践，以及真实的社会情境。

其次，幼儿有权利选择自己想要学习的材料，决定运用什么语言方式进行学习，从而让学习者体会到语言工具性和使用语言的乐趣。所以，要实现有意义学习的目标，需要教师为幼儿提供丰富可选的学习材料，保证幼儿语言学习的自主权，同时，课程内容应与幼儿具有高度的相关性。因此，在语言教育中，不可脱离幼儿语言学习的真实环境，应该为幼儿创设与其文化相适应的生活中真实的语言情境，从而为幼儿语言知识的构建提供指导与互动。

3. 以主题或单元为结构的课程活动

要提供综合和真实的课程，最好的课程组织方式就是以主题或单元的结构创设活动内容。这里的主题可以是科学、文学、社会、艺术、生物多种学科相结合的一个单元，但课程的设置都需要与幼儿的经验高度相关。以主题开展教学，可以为幼儿提供调查、语言使用和认知发展的综合学习经验，促使幼儿参与活动计划，开展探索或研究，从而丰富自身的学习经验。

4. 在游戏中发展语言能力

维果茨基指出，"游戏是幼儿早期最卓越的教育活动"，在全语言课程设置中也较为注重幼儿在游戏活动中的语言发展。教师在实施单元课程时，可以通过语言游戏、音乐游戏等方式让幼儿模仿、练习、建构自己的语言，进而发展个人语言能力。在语言启蒙期，幼儿往往对结构简单且工整对称的文字更感兴趣，所以，教师可以利用手指谣、游戏歌开展语言游戏活动，帮助幼儿在反复吟诵的同时掌握简单的语言结构。在游戏中，首先，教师应通过示范辅助幼儿对游戏规则的理解和文字的记忆；其次，要在游戏过程中鼓励幼儿开口练习，支持并协助幼儿完成游戏，为幼儿的语言学习建立信心。此外，还可以开展区角游戏、戏剧扮演等游戏活动，帮助幼儿模仿真实情境中的语言交流，如在商店区进行问价、买卖，在邮局区写信、寄信，等等。可见，游戏活动可以从听、说、读、写多方面发展幼儿的语言能力。

5. 利用阅读和文学故事提高语言能力

语言具有文学性和工具性，当幼儿意识到语言具有功能性时，会主动地学习语言。正如杜威在幼儿教育中提出"做中学"的指导思想，当幼儿开始使用语言时，便开始语言学习。语言学家韩礼德认为，幼儿的语言学习源于"做"语文，例如沟通、阅读、书写、倾听等方式。因此，全语言教师可以通过幼儿文学开展语言活动，设计自己的语言教学课程。幼儿文学是符合幼儿语言发展教学的语言材料，教师需要从丰富多样的幼儿文学中选择适合幼儿认知水平、文化背景及语言能力的教学材料。在语言启蒙期，教师可以选择儿歌、幼儿诗或无字绘本；针对大童，教师可以选择生活故事、童话、寓言故事、成语故事、情节简单的绘本等，让幼儿在聆听、念诵或者阅读过程中阶梯式地学习语言，从而让幼儿感受到语言的实用性及阅读的快乐，增强幼儿对语言学习的兴趣。

二、教学观及教学实施原则

（一）教学观

首先，在全语言教育理念中，教师不仅尊重语言和语言学习，同样也尊重、理解语言教学。在全语言教学中，拒绝远离幼儿生活经验的教科书、习题本及程式化的技巧教学。教师在教学过程中可以协助、支援、鼓励和催化幼儿完成语言活动，但不能控制幼儿的语言学习。具备全语言教育观的教师不仅要拥有丰富的专业知识，还应在教育的整个过程中呈现出对学习者的尊重。在全语言教学观中，教师和幼儿都是学习者，教师是幼儿语言使用、探索的伙伴。教师要依据专业知识及教学理论选择符合幼儿发展规律及文化环境的课程内容和教材，并设计具有真实情境的教学活动。尤其需要注意的是，当幼儿有权去做自我选择时，学习的效果会更好。幼儿在整个学习过程中与教师是合作关系，二者的地位是平等的，教学也是开放的、包容的。

其次，幼儿的语言学习应具有使用价值。从最初的呼唤依赖对象（如爸爸、妈妈）到表达个人愿望（如"吃""不"），都具有实在的作用与意义，并与自己真实生活的情境息息相关。研究结果发现，有效的语言学习不是"正确的"或者是"标准的"，而是连接个人生活经验和社会的学习。全语言教育观认为，幼儿语言的学习是从实际出发的，即语言在沟通交流中的真实意义。对于幼儿来说，语言学习的有效性是可以自如地沟通交流，因此，在教学过程中教师要选择与幼儿生活相关度高、贴近幼儿生活环境与文化背景的教学材料。

最后，全语言教学要符合幼儿的语言发展规律。全语言注重幼儿语言发展的规律，认为幼儿是通过与他人互动的方式学习和使用语言的，要求语言情境的真实，以便帮助幼儿构建语言知识。幼儿学习语言时往往不会关注语法，而是因为个人好奇开始模仿，与周围环境展开互动，所以在幼儿语言发展初期往往出现语法颠倒的现象，如"饼干吃！"其实是要表达"吃饼干！"，而幼儿在语言学习过程中并没有"错误"行为，他们只是在不断地尝试，用自己的方式进行学习，如学习写字初期的涂鸦。因此，幼儿的语言学习应遵循先整体后部分、先关注语言后关注语法的规律。

（二）教学实施原则

全语言教学通过实施具体原则引导教师开展教学活动，针对读写、阅读及环境布置方面还有更为具体的原则。

1. 教学实施的整体原则

全语言教学顺应幼儿语言发展规律，在真实、完整的情境中培养幼儿的语言功能意识。认识语言具有实用价值，能够激发幼儿语言学习的内在动力，从而为发展阅读、表达、书写能力奠定基础。教学中需要帮助幼儿从完整语句出发，逐渐过渡到对形式意义的准确掌握，并且由比较熟悉情境的语言开始，再进入到抽象、不熟悉或脱离情境的语言。教学中应选择与幼儿水平相符的语言材料，并且开展完整有意义的语言教学活动，即选择整篇文章、整本书教学。全语言教学中不刻意教授某一阅读或书写技巧，不规定语言技巧的发展顺序，而是教师根据幼儿语言能力的发展给予引导，建构知识和掌握语言技巧主要在于幼儿的自主探索。在阅读活动中，应鼓励幼儿在阅读时做预测、做猜测；在涂鸦过程中，鼓励幼儿思考想要传递的意义，并使用发明的拼字、符号等表征形式表达思想和意图。

2. 读写教学的实施原则

幼儿读写能力的发展往往是从模仿家庭成员开始的，当父母经常看书或书写时，幼儿也会学习父母的样子开始阅读和涂鸦。幼儿的读写意识起初会呈现出对生活中的语言符号（如指示牌、标签、广告牌等）的关注，以及试图拿起笔进行随意的涂鸦。因此，在幼儿语言发展过程中，教师应为幼儿提供充满语言文字的教室坏境，以及可以尝试书写的工具。本书主要涉及学前阶段和入门阶段的读写原则。

学前阶段读写课程的目标在于持续培养幼儿对文字功能的知觉，在于身处读写文字氛围敢于尝试与文字互动。在学前阶段，教师通过引导延伸幼儿对书本的感知和认识，了解书的正确阅读方式，了解书中的文字是在进行叙述或说明。同时，教师应鼓励幼儿将自己的想法说出来，教师利用代写的方式或鼓励幼儿通过涂鸦记录个人想法、情感。学前阶段读写原则要求为幼儿提供读写区，利用书面语标识教室中的物品，包括物品的使用规则、含义和用途等，并鼓励幼儿猜测文字及其语意，鼓励幼儿对图书、书写进行探索，丰富班内图书。

3. 阅读教学的实施原则

在全语言教学中，教师不仅需要重视阅读的行为，更要重视阅读的意义，即阅读活动需要有意义的输入和输出。因此，本书将阅读教学原则单独提出进行详细说明。当然，阅读的文本应是符合幼儿认知水平且文字品质较高的读物。幼儿在阅读过程中，需遵循"是什么？"到"为什么？"的规律，即先是幼儿对书中内容的理解，再到与图书内容产生互动的阅读过程。针对低龄幼儿，教师往往选择文字较少、结构较为简单、故事发展线条较为单一的故事书或绘本开展阅读活动，其中，绘本是低龄幼儿可以开展独立阅读的文本。当幼儿开始阅读时，他们的学习是主动发生的，并伴随阅读与文字、图书发生着积极互动。需要特别说明的是，教师要认识到教材的局限性，要为幼儿尽可能多地筛选、推荐、朗读不同种类的幼儿文学内容。通过联系图书馆员、编辑、作家等建立合作关系，帮助幼儿了解书面语言的丰富形式，协助幼儿汲取不同的知识。阅读教学的实施原则让幼儿了解了语言是具有意义的，帮助幼儿在阅读过程中逐渐形成不断预测、寻找信息、证实先前预测及自我修正的阅读过程，以及当幼儿对文字理解产生差别时，可以在保留幼儿个人解释的同时，接纳约定俗成的语意。阅读理解流程见图 2-1。

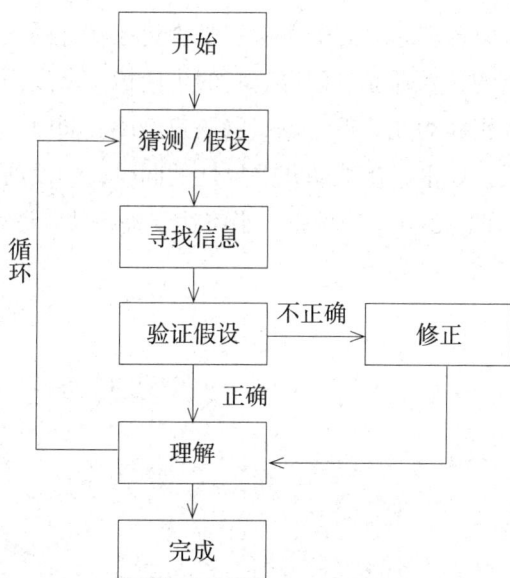

图 2-1　阅读理解流程图

（三）评价实施原则

由于全语言教师所开展的全部教学活动，都是为了帮助幼儿建立基本的语言能力，而不是训练幼儿的语言技巧、书写技巧或提高其在课堂和考试中的语言成绩，所以，全语言教育理念下的教学评价与传统教学评价有着本质区别。在全语言教学过程中，教师必须观察、记录和测量幼儿的语言发展水平，但测评的目的并非分数的高低，而是反思幼儿的语言学习过程。全语言教育测评反对单一标准化的测验或纸笔测试，而是更关注过程性评价，利用多元的方式对幼儿进行质性评价，从而更加真实地测评幼儿的语言学习过程。

全语言教师更加关注幼儿的语言水平提升和语言能力发展，通过多元的评价获得客观的评价结果，以便教师进一步为幼儿提供有效的学习支持。全语言教学测评更强调教师对幼儿的关注，对幼儿的细致观察。唯有观察，才能让教师更加了解幼儿，更加理解全语言教学。在全语言教学中，教学与评价是一体的，教师与幼儿共同参与语言活动，同时开展自我评价、相互评价。教师通过在一日生活中随时观察、仔细记录幼儿语言发展的状态，以多元化、真实性的评价方式取代传统单一的终结性测试。

在具体测评过程中，教师首先明确评价的目的在于更好地帮助幼儿发展语言能力，评价材料则来源于教师在教学过程中持续、细致的观察，包括开展正式评价和一日生活中的非正式评价（如观察幼儿的读写行为、倾听幼儿的讨论、参与幼儿的聊天等）。其次，在课堂活动进行过程中，可以偶尔参考一些权威的测量工具开展测评，测评结果将作为教师修正教学计划的重要依据。最后，教学测评的主体是多元的，可以是同伴间的评价，也可以是幼儿的自我评价。

综上所述，全语言教育理念下的语言课程是构建在整合的、真实的、以幼儿为中心的、创造的原则之上的，教师通过创设真实的生活情境激发幼儿语言学习兴趣，在完整的听说读写事件中帮助幼儿获得有意义的语言经验。同时，全语言课程采取更为客观、多元的评价方式，尊重、接纳幼儿差异性的同时，用发展的眼光看待幼儿语言学习，寻找语言教学中的问题并不断修正，最终达到提高幼儿语言水平的教学目的。

第三章　研究对象与研究设计

前两章已明确了本书所述研究的问题来源、研究问题、研究意义，以及本书所述研究所涉及的理论依据。本章将从整体上对本书所述研究的架构进行设计，从宏观角度清晰地呈现整个研究的过程，包括研究的背景、研究对象的确定、研究方法的使用、研究阶段的划分和研究材料的收集等。

第一节　研究对象

BL 镇位于甘肃省甘南藏族自治州 X 县南部，地处青藏高原边缘，平均海拔约 2996 米，全镇辖 8 个行政村，50 个自然村，总面积约 319 平方千米。全镇总人口约 6168 人，其中藏族人口约 5861 人，约占总镇人口的 95%；农牧民人口约 5891 人，约占总镇人口的 96%。本书所述研究的研究对象为甘南藏族自治州 X 县 BL 镇 BL 双语幼儿园，并于 2019—2020 年在此开展了 4 个月的前期调研和 1 学年的行动研究。

一、BL 双语幼儿园情况概述

BL 镇属于半农半牧区，地域辽阔，草场宽广，当地牧民多数居住得较为分散，许多村子通往 X 县政府所在地路程少则一百公里，多则几百公里，地域条件的限制导致 BL 镇许多学前适龄幼儿无法正常入园。为此，X 县依托《甘肃省教育厅支持甘南藏族自治州教育跨越发展行动计划（2013—2020 年）》《甘肃省加快发展民族教育专项规划（2016—2020 年）》政策要求，提出在 BL 镇中心建设双语幼儿园，并于 2015 年选址施工，切实解决 BL 镇农牧村幼儿没园上、上学难的问题。经 X 县政府和 BL 镇政府的大力支持，终于在 2016 年建成 BL 镇中心幼儿园——BL 双语幼儿园。BL 双语幼儿园选址于 BL 镇 J 行政村的中心地段，总投资 169.17 万元，占地面积 2700 平方米，建筑面积 798 平米。至此，BL 镇幼儿也能进入学校开始属于自己的启蒙课堂。

（一）BL 双语幼儿园设施情况

BL 双语幼儿园园内大型活动设备、各类教室较为齐全。园内设有集体活动室、保健室等，各班设有活动室、寝室，并配备了电子琴、电视机、消毒柜、玩具架及保温箱等基础设施，环境优美，特色浓厚。户外有滑梯、攀爬、蹦床、秋千、跷跷板等多项玩具器材。丰富的教学设施，开阔的室外场地，为幼儿园创设出一个健康和谐的学习生活空间。近年来，随着甘肃省全面改善义务教育薄弱学校基本办学条件项目的不断推进，BL 园内硬件设施不断完善，2019 年春季，由 X 县政府拨款为园内两个大班增设多媒体设备，辅助教师教学。

（二）BL 双语幼儿园师生情况

自 2016 年开园以来，幼儿园的幼儿不仅有周边农牧民的子女，还有 BL 镇机关单位、乡镇医院及 BL 镇中小学职工的子女。受班额及教师人数限制，BL 双语幼儿园只面向 4—6 岁学龄幼儿开设中班和大班。截至 2019 年，BL 双语幼儿园共有 2 个大班和 1 个中班 3 个教学班，幼儿总人数为 76 人，全园幼儿中回族 1 名、藏族 75 名。其中，中班为 3—4 岁幼儿混龄班，大班为 5—6 岁适龄幼儿班。

2019 年，BL 双语幼儿园有 1 位园长、3 名正式教师、1 名聘任教师和 2 名实习教师，尚无保育员。由于 BL 双语幼儿园隶属于 BL 小学，因此教师编制名额也从属于该小学。近年来，甘肃省通过建立"一校一县"的对口帮扶机制，深入开展"万名大学生进农村"社会实践扶贫行动、"千名师范生进村小"实习支教扶贫行动，为偏远地区解决师资匮乏问题。在这些政策的支持下，每年会有 2 名大学三年级本科生进入 BL 双语幼儿园开展为期 4 个月的支教实习活动。支教实习虽然相对减缓了教师紧缺的问题，但是无法从根本上解决教师不足的难题。

二、BL 双语幼儿园国家通用语言教学现状

语言作为沟通交流的重要媒介，不仅具有沟通交往的功能，而且是个人学习及发展的重要媒介，同时在脱贫扶志中发挥重要作用。2018 年，《甘肃省推广国家通用语言文字服务脱贫攻坚行动实施方案》出台，文件指出，争取到 2020 年，甘南等地区语言文字工作取得重要进展。与此同时，甘肃省还下发了《甘肃省"学前学会普通话"行动实施方案》，将推广国家通用语言纳入"9+1 精准扶贫教育专项支持计划"及"一市一方案、一县一清单、一户一对策、一生一办法"教育扶贫体系，重点围绕 3—6 岁学前幼儿和 18—45 周岁青壮年农牧民开展工作。BL 镇根据甘肃省文件实施要求，从 2018 年以来深入开展推广国家通用语言活动，落实全镇行政人员使用普通话、幼儿园及义务教育阶段校内请讲普通话的要求。针对学前双语幼儿园开展国家通用语言教学，设立语言文字办公室，成立推普小组。同时，全体教师参与在线普通话培训课程，提升个人普通话水平。可见，近年来 BL 镇较为注重国家通用语言普及工作，尤其是针对学校、事业单位和公务员系统的普及工作。但由于当地 80% 以上常住人口为藏族，日常交流普遍以藏语为主，所以成效还不明显，推普工作仍存在困难。

（一）BL双语幼儿园教师学历及国家通用语言水平情况

2019年，BL双语幼儿园除一位园长外，共有3名正式教师、1名聘任教师和2名实习教师。正式教师和聘任教师均为藏族，母语为藏语，但由于聘任教师非全年在岗，因此不作为本书所述研究的参与成员。3名正式教师中，W老师和Z老师毕业于师范院校学前专业，并且普通话已获得二级甲等水平证书，在日常教学中，她们可以使用普通话较为清晰地表达教学内容，并独立开展国家通用语言教学。而L老师是非学前专业出身并且未通过普通话考核，个人使用普通话交流仍然存在障碍，所以在日常教学活动中开展国家通用语言教学难度较大。其余2名实习教师均为大学三年级学前专业在校生，虽然普通话水平过关，但完全听不懂藏语并且完全没有教学经验，所以独立开展国家通用语言教学仍有困难。综合BL双语幼儿园教师情况来看，由于教师专业背景不同、普通话水平不同、教学经验不同，各位教师在专业知识和教学能力方面差异较大，该园教师国家通用语言教学水平存在较大差异。此外，由于园内转岗教师缺少专业训练和转岗培训，在职教师缺少连续、实用的职后培训，因此园内教师个人专业发展较为滞后，教学能力提升较为缓慢。因此，这些因素也阻碍了国家通用语言教学科学有效地开展。

（二）国家通用语言教学态度

对于学前开展国家通用语言教学，3名教师教学观较为一致，认为在学前阶段开始接触国家通用语言，有利于幼儿提高国家通用语言水平，并为小学语文等其他课程的学习打下良好的基础。

当问及"您认为学习国家通用语言对幼儿是否重要？为什么？"时，Z老师说："当然很重要，因为学好国家通用语言有利于他们今后的个人发展，现在找工作、进城、开会讲国家通用语言都很重要。"W老师说："很重要的，因为现在小学里也要求我们幼儿园进行国家通用语言教学，比如拼音啊，还有简单的汉字。"L老师说："应该学好，我自己的国家通用语言水平就不高，还是想让孩子学好国家通用语言，这样沟通比较方便，对他们来说路也更宽一些。"

当问及"在日常语言教学活动中您如何开展国家通用语言教学？"时，Z老师说："我们班孩子的国家通用语言掌握得不熟练，讲什么他们都听不懂，上课的时候我要先说国家通用语言再用藏语翻译，我一着急也会对他们说国家通用语言，也就忘记翻译了。"L老师说："我的国家通用语言不太好，基本上是跟他们讲藏语。"由此可见，3名教师在国家通用语言教学观念上较为一致，普遍认为学好国家通用语言有助于幼儿进入小学后的学习，并有利于个人今后的发展。

（三）BL 双语幼儿园大班幼儿国家通用语言水平

BL 双语幼儿园幼儿从中班起就开始学习国家通用语言，但据著者观察，大班幼儿的国家通用语言水平并不乐观。在《指南》的语言目标 1 "认真听并能听懂常用语言"中，明确指出 4—5 岁少数民族幼儿能 "基本听懂普通话"；在语言目标 2 "愿意讲话并能清楚地表达"中，明确提出针对 5—6 岁少数民族聚居地区幼儿 "基本会说普通话"，但 BL 双语幼儿园无论是中班还是大班的幼儿国家通用语言水平均未达到这一要求。BL 双语幼儿园中班幼儿基本完全听不懂国家通用语言，也不能使用国家通用语言表达，教师使用国家通用语言做简单的指令，幼儿基本没有回应。大班幼儿中有一半以上的幼儿为未上中班直接入园的新生，这些幼儿的国家通用语言水平与中班幼儿相当；另外一部分从中班升入大班的幼儿，国家通用语言水平虽能使用 "老师""再见"等个别词语，但仍然无法达到 "基本听懂普通话""基本会说普通话"的语言目标。

通过深入调研，著者发现 BL 双语幼儿园幼儿国家通用语言水平普遍薄弱的原因在于：一方面缺少国家通用语言学习、交流环境，另一方面 BL 双语幼儿园教师缺少有效的教学策略。BL 镇属于半农半牧区，当地居民以藏族为主，日常生活中该地区居民普遍使用藏语或方言交流，几乎不使用国家通用语言。幼儿园是幼儿学习、使用国家通用语言的主要场所，但由于教师普通话水平和专业素养差异较大，为了保证课堂纪律和教学质量，教师更多选择母语授课，因此幼儿大多数时间处于母语环境，缺少国家通用语言学习环境，这也导致幼儿对学习、使用国家通用语言的内在动力不足。同时，BL 双语幼儿园教师在开展国家通用语言教学时缺少理论指导，简单地使用大班普通教材开展国家通用语言教学，违背了语言学习由简至繁、从易到难的规律，因此频繁出现幼儿在还不能理解儿歌内容的时期，便开始聆听童话故事、生活故事的现象。大班幼儿虽然已达到 5—6 岁幼儿的认知水平，但普通大班的语言教学材料远远超出 BL 双语幼儿园大班幼儿国家通用语言水平，幼儿普遍呈现出教师口中 "听不懂、学不会"的状态，从而导致幼儿对国家通用语言学习失去兴趣和信心。

三、研究对象的确立

首先，为了研究需要，著者从 BL 双语幼儿园两个年级的 3 个教学班中确定大（1）班为研究对象。大（1）班共 33 人，其中男生 15 人，女生 18 人，该班幼儿均为藏族，母语均为藏语。选择大（1）班为研究对象的原因在于：第一，大（2）班内有个别汉族幼儿，大（1）班幼儿均为藏族幼儿，母语为藏语；第二，在年龄方面，中班幼儿存在混龄情况，大班幼儿均在 5—6 岁年龄段，认知水平、语言能力相当；第三，著者为该班国家通用语言教师，长期担任国家通用语言教学工作，对于幼儿个人情况较为了解；第四，选择著者所在教学班级开展行动研究，有利于本书所述研究设计的实施、改进和研究材料的收集。因此，为了排除其他不确定因素，在研究中观察幼儿国家通用语言能力的变化，最终确定大（1）班幼儿为本书所述研究的研究对象。班内幼儿编码如表 3-1 所列。

表 3-1　BL 双语幼儿园大（1）班幼儿编码

序号	姓名	民族	性别	序号	姓名	民族	性别
1	B-LZ	藏	男	18	B-ZX3	藏	男
2	G-ZM1	藏	女	19	G-ZM6	藏	女
3	G-YZ	藏	女	20	G-JJ	藏	女
4	G-QC	藏	女	21	G-ZM7	藏	女
5	G-YZ2	藏	女	22	G-LM	藏	女
6	G-ZM2	藏	女	23	B-CR	藏	男
7	B-DZ1	藏	男	24	B-DJ	藏	男
8	B-SN	藏	男	25	G-YZ3	藏	女
9	G-ZM3	藏	女	26	G-QC	藏	女
10	B-DZ2	藏	男	27	B-ZX4	藏	男
11	G-ZM4	藏	女	28	B-NM1	藏	男
12	G-ZM5	藏	女	29	G-BJ1	藏	女
13	B-DZ3	藏	男	30	B-NM2	藏	男
14	B-ZX1	藏	男	31	G-YZ4	藏	女
15	B-ZX2	藏	男	32	G-BJ2	藏	女
16	B-HJ	藏	女	33	B-RZ	藏	男
17	B-AX	藏	男				

其次，本书所述研究开展国家通用语言教学并非著者个人行为，而是由著者担任组长，BL 双语幼儿园全园教师参与国家通用语言教学的行动研究。一方面，可以通过本书所述研究为 BL 双语幼儿园教师提供理论知识、专业技能的指导，并且为教师相互促进、共同讨论提供交流平台，从而提高 BL 双语幼儿园教师国家通用语言教学能力，探索适合当地幼儿具体情况的教学策略；另一方面，全语言教学的开展也需要得到园领导和其他教师的多方支持，从而为全语言教育理念下国家通用语言教学的顺利开展提供保障。因此，本书所述研究在 BL 双语幼儿园组建了全语言教学小组，组员设置如表 3-2 所列。

表 3-2　BL 双语幼儿园全语言教学小组人员编码

姓名编码	性别	民族	学历	专业	职务
Z1 老师	女	壮族	（博士）研究生	中国少数民族教育（学前方向）	组长
W 老师	女	藏族	大专	学前教育	副组长
Z 老师	女	藏族	大专	学前教育	组员
L 老师	女	藏族	大专	藏族文学	组员
J 老师	女	汉族	本科	学前教育	组员
X 老师	女	汉族	本科	学前教育	组员

第二节　研究设计

一、研究方法

本书所述研究是民族地区幼儿国家通用语言教学的个案研究，因此具有较强的实践性。它要求从实际教学实践中发现问题，使用行动研究的方法探索解决问题的路径，经历教学实践的批判性反思过程，最终结合全语言教育理念实现提高民族幼儿园国家通用语言教学质量的目的。

本书所述研究中著者既是研究者也是带领教师团队教学的行动组长，通过与小组教师教研、讨论，在实施教学计划的过程中，与研究对象互动，注重"情节"和"情境"，观察、记录研究对象的行为变化，描述日常真实的教育教学故事，并解释研究对象行为背后的意义，让教育真正回归生活本身。本书所述研究利用课堂观察、幼儿访谈和教师日志等方式对教学行动进行反思，及时修改教学计划，最终探讨全语言教育理念对民族地区幼儿园国家通用语言教学的效果，为民族地区幼儿园提供探索国家通用语言教学的路径。

二、研究架构与流程

本书所述研究通过梳理相关文献、访谈研究园所教师、参与观察园所国家通用语言教学情况，初步拟定了研究方向与具体问题。之后通过组建全语言教学小组，依据全语言教学原则制订主题性教学计划、创设语言环境，针对大（1）班幼儿开展国家通用语言教学活动，并对课堂教学行动效果进行反思。本书所述研究的研究框架如图3-1所示。

全语言课程目标明确提出应从培养幼儿语言功能意识、帮助幼儿建立印刷品概念开始，激发幼儿使用语言的内在动力，通过文学作品和日常生活帮助幼儿积累语言材料和语言经验，逐渐培养幼儿使用语言的习惯及对阅读的兴趣。BL 双语幼儿园大班幼儿普遍不能使用国家通用语言进行日常对话，仅个别幼儿能使用国家通用语言打招呼或问好，多数幼儿几乎听不懂国家通用语言。因此，行动计划依据全语言课程目标，以及 BL 双语幼儿园大班幼儿国家通用语言水平，将行动分为三个阶段：培养幼儿国家通用语言功能意识阶段；培养幼儿国家通用语言理解与表达能力阶段；培养幼儿国家通用语言沟通与交流能力阶段。每一轮行动将明确本阶段语言发展目标、教学活动设计并实施教学，通过观察、记录幼儿的语言变化、教学问题及评估教学效果进行反思修正，每轮的教学问题将在下一轮教学中进行修正。

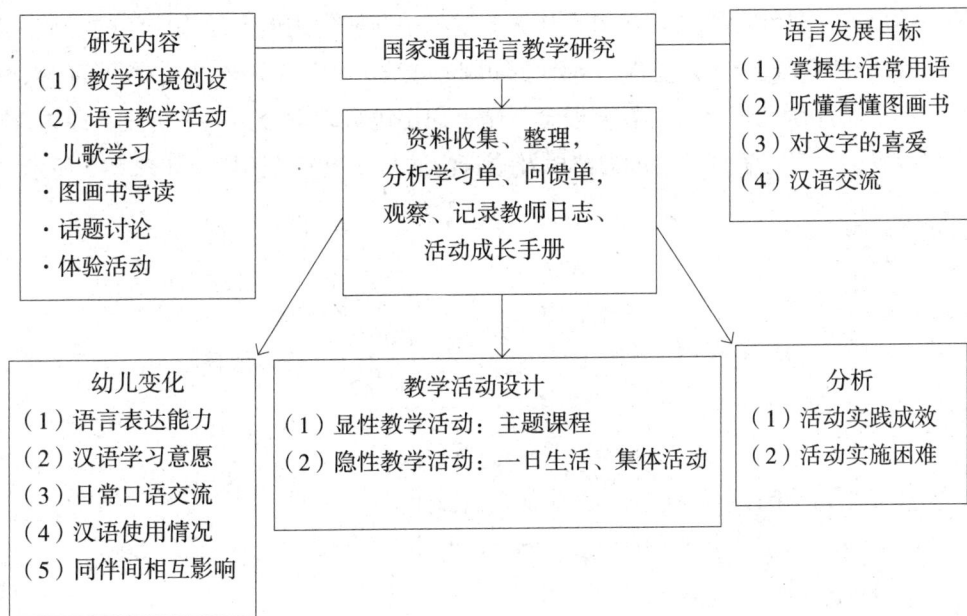

图 3-1　研究架构图

三、研究阶段与过程

首先，全语言教育理念认为，"一个全语言的幼儿语言课程，应该以沟通和使用为向导"，所以全语言的课程目标应协助幼儿发展语言功能意识，培养幼儿口头表达及涂鸦等多元表达的能力，以及帮助幼儿建立使用语言的习惯和对阅读的喜爱。

其次，全语言教育的课程目标不仅是协助幼儿发展语言功能意识，培养幼儿对语言的应用能力，也应帮助幼儿建立对语言文字的正向态度和使用语言的习惯。基于以上目标，全语言研究者李连珠将全语言教学的课程目标具体分为意识、能力和态度三项内容，具体目标如下：

（1）培养幼儿口头语言和书面语言的功能意识；

（2）培养幼儿对文字符号和书本的意识；

（3）帮助幼儿建立印刷品的概念；

（4）为幼儿提供多元表达的机会；

（5）培养幼儿使用语言的能力；

（6）帮助幼儿建立使用语言的习惯；

（7）培养幼儿对文学、读物的喜爱及阅读的习惯。

基于 BL 双语幼儿园大（1）班幼儿国家通用语言水平，结合《指南》中的语言目标和全语言课程发展目标，本书所述研究将从培养幼儿语言功能意识开始，激发幼儿学习、使用国家通用语言的内在动力，为幼儿提供多元表达的机会，帮助幼儿提高理解和表达能力，最终帮助幼儿在沟通与交流过程中养成使用国家通用语言的习惯。其中，阅读活动贯穿整个研究过程，从建立印刷品概念，到逐渐培养幼儿对阅读的兴趣。因此，本书所述研究将全语言教育理念下国家通用语言教学分为三个阶段，即语言功能意识阶段、语言理解与表达能力阶段及语言沟通与交流能力阶段，如图 3-2 所示。

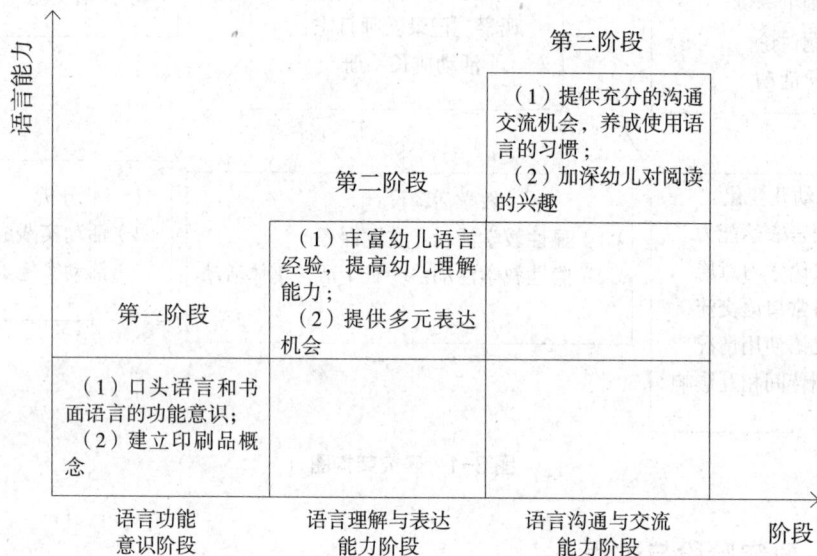

图 3-2 全语言教育理念下国家通用语言教学阶段示意图

第一阶段是培养幼儿国家通用语言的功能意识，主要通过课堂教学、一日生活和环境中的语言材料帮助幼儿发现口头语言和书面语言的功能，帮助幼儿建立基本的印刷品概念，从而激发幼儿尝试使用国家通用语言的意愿。第二阶段是培养幼儿国家通用语言理解与表达能力。该阶段的幼儿已呈现出较为强烈的表达意愿，教师将通过课堂教学中大量的文学作品输入，为幼儿提供观察他人表达和个人表达的机会，丰富幼儿的语言积累，提高幼儿的语言理解能力，鼓励幼儿使用国家通用语言进行表达。同时，在阅读活动中进一步完善幼儿的印刷品概念，逐渐培养幼儿对阅读的兴趣。第三阶段是培养幼儿国家通用语言沟通与交流能力。该阶段的幼儿已能够使用简单的国家通用语言表达个人意愿，教师将利用小组讨论、小组阅读，以及话题活动、集体活动等教学方式为幼儿提供充分的交流机会和时间，培养幼儿使用国家通用语言的习惯和交流能力，并且持续开展阅读活动，加深幼儿对阅读的兴趣。三个阶段虽然教学重点不同，但是每个阶段所培养的能力都将持续整个教学过程，如第一阶段培养幼儿的印刷品概念，第二、三阶段也将持续完善幼儿的印刷品概念，提高幼儿的阅读能力。

由于每个阶段具体的课程设计和教学内容都将根据幼儿国家通用语言发展水平，以及教师与幼儿共同讨论最终确定，因此每轮行动教学的具体设计方案将在每轮内容中体现。三轮行动计划之间的关系如下：前一轮为后一轮的基础，三轮行动方案之间环环相扣，逐渐完善。其中，每轮国家通用语言教学研究目标的制定、课程设计的确立与教学实施，都是建立在前一轮教学行动效果的分析与反思的基础上，充分考虑了幼儿国家通用语言水平和学习现状。总体而言，呈现出学习内容由浅入深、学习效果逐渐提升的趋势，体现了行动研究"螺旋式上升"的典型特点。

第四章 第一轮行动研究：培养幼儿国家通用语言功能意识

本章旨在呈现本书所述研究第一轮教学方案实施过程与观察记录，将教学实施历程和研究者开展行动研究过程中的反思与修正予以说明。本章将从三部分进行探讨：首先，从全语言教育理念出发，结合教学实际情况制定培养幼儿国家通用语言功能意识的教学方案；其次，根据全语言教学原则树立全语言教学观念，创设全语言环境，并利用语言课堂及日常活动开展语言教学；最后，讨论本轮教学对藏族幼儿国家通用语言发展的影响，并反思国家通用语言教学中的不足及改进方案。

第一节 培养幼儿国家通用语言功能意识的方案设计

在开展全语言教学前，首先应确认教师是否为全语言教师，是否具备全语言教育理念并做好了开展全语言教学的准备。教师准备充分后，则需要利用充实的全语言教学材料和丰富的语言环境，培养幼儿国家通用语言的功能意识（简称为语言功能意识）。语言功能意识是指幼儿能够通过主动观察生活环境和事物，发现并意识到口头语言和书面语言具有解释、说明、沟通、表达意愿等多重功能。而幼儿所处的生活环境与学习环境，既是促进幼儿对语言文字关注、了解的重要途径，也是促使幼儿参与语言实践活动，探索、发现语言功能性的助推器。所以，在国家通用语言教学中，教师需要为幼儿提供丰富的语言环境，帮助幼儿了解语言的功能性，从而积累口头语言经验和书面语言经验。

全语言教学将语言文字的功能意识具体化分为口头语言功能意识和书面语言功能意识两类，本书所述研究将通过一日生活的常规活动和教学活动，帮助幼儿提升其语言文字的功能意识，丰富其个体的口头语言经验及书面语言经验。积累口头语言经验的过程中，教师需要帮助幼儿在幼儿园生活中探索发现口头语言的功能，在学习活动中感受语言的音韵、语法，在一日生活的常规活动中逐步理解语意、尝试使用语言，从而为幼儿积累丰富的语音、语法和语用的口头语言经验。积累书面语言经验的过程中，教师需要为幼儿提供丰富的语言文字符号环境，以及与文字符号充分互动的机会，帮助幼儿关注文字符号，使其建立印刷品的概念，促进幼儿将文字符号与语意之间建立联系。通过一日生活的常规活动，引导幼儿与环境中的文字符号和生活中的文字符号进行互动，利用教学活动发展幼儿对印刷品的概念，包括书面语言的特征、关于书的知识及掌握正确阅读的方法等。本节将进一步说明培养幼儿国家通用语言功能意识的具体教学计划，即设计何种教学活动、如何丰富语言环境等问题。

一、成为全语言教师

在培养幼儿语言知觉能力之前，必须先确定教学小组的成员是具有全语言教学观的教师。古德曼说："所有的孩子都是全语言学习者，但是没有全语言教师，就不可能有全语言教室。"可见，教师是全语言教育中最重要的因素。事实上，全语言教育理念在第一章中已进行了解构，全语言是一种教育哲学观，全语言教学是一种语言教育哲学观的实践，它并没有一成不变的教学程序或步骤，所以每名全语言教师有可能只是理念相同、语言教学原则相近，但教学方法各不相同。虽然每名全语言教师的形成经历不同，但都有较为相似的转变历程。因此，在开始真正的全语言教学前，需要培养真正的全语言教师，使教师树立全语言教育观。

（一）承诺与支持

1. 自愿成为全语言教师并为之坚持

教师需要自愿成为全语言教师，并且为之坚持。作为全语言教师，并非一蹴而就的，也并非当下想要改变就能够成为全语言教师。这意味着对语言教学的承诺，对教学的献身，因为全语言教学并不是一天或一节课就可以完成的改革，而是一次次陪伴幼儿逐渐提升其语言水平的过程，是一次次静待花开却不一定花开的考验。所以，在成为全语言教师之前，需要教师本人能够确定自己的真心并牢记自己这份初心。这份信念将成为今后教学改革的力量，也会成为自己坚持不懈的勇气。与此同时，全语言教学改革也将促进教师个人专业技能的提升。教师在开展全语言教学实践过程中，将反复学习全语言教育理论，参与教师小组讨论，在教学过程中不断研究幼儿语言学习问题，并修正个人教学方法，从而逐渐提高个人专业知识水平和教学能力。

2. 获得教学团体的支持

成为一名全语言教师还需要得到整个教学团体的支持。在这个教学团体中，不仅有共同成为全语言教师的成员，还有来自教学上级的行政管理者。在开展全语言教学活动中，可能会转变以前的教学观念，进行教学改革，这些对于教师而言，势必存在困难。并且，全语言教学的实施需要投入大量的语言材料，这也需要得到行政领导的认可，以便在开支或环境布置中获得支持。与此同时，教师之间的相互支持是顺利开展全语言教学的有力保障。虽然每名教师在教学中使用的教学方式不同，但无论是有益的教学经验还是失败的实践案例，都可以在团体教研时与他人分享，从而帮助其他教师积累经验。而对于教师实践中所产生的疑惑，大家可以共同探讨；对于教学中的困难，也可以通过讨论寻找合理有效的解决方法。当然，团体的支持还有助于教师坚持全语言教育理念，在讨论与教研过程中厘清自己的教学方案。

（二）尊重与自主

1. 尊重

尊重是全语言教学的重要精神，全语言教师不仅需要懂得如何尊重幼儿，还需要尊重团体中的每名教师。所以，在开展全语言教学中，教师首先应尊重班内的每名幼儿，在转变教学方法时更多地听取幼儿的意见，接纳幼儿之间存在的个体差异及每名幼儿的独特性，并在适当的时机给予幼儿适度支持。其次，在全语言教学小组中，整个团体需要形成相互尊重、共同成长的和谐氛围。教师之间、教师与组长之间都应在相互尊重的基础上，开展良性互动。这种尊重需要贯穿整个教学过程，尊重的对象既应该包含参与教学的全部群体，也应该包括幼儿家长。

2. 自主

在全语言教学中，教师应把握自主原则。这里的自主包含两个层面的意义。一方面，全语言教学小组及行政领导，都应给予教师自主权，将课堂归还教师。在集体教研与相互讨论、反思过程中，让教师主动发现问题；而面对问题如何解决，今后选择何种教学方式、教学材料开展全语言教学，教师具有主导权。另一方面，教师需要将更多的自主权归还幼儿。掌握了全语言教学原则的教师，会将自主精神反映在课程和教学上。教师将为幼儿语言学习提供更多的选择，尊重幼儿在学什么、怎样学方面的选择，并且为幼儿营造相对自由有弹性的教学课堂氛围。同时，对于幼儿更应注重过程性的形成性评价，因为评价的目的在于帮助幼儿及教师反思与修正，而不是成为衡量幼儿语言水平的工具。

（三）反思与修正

在全语言教学中，教师成长和教学实施都离不开教师个人的反思、分析、分享和总结。教师不仅需要对课堂教学效果进行反思，还需要在教学小组中听取建议反思个人计划、借鉴他人教学方式等，以此不断提高自身的教学能力和专业知识水平。在反思过程中，团体的力量往往大于个人的力量。在教研活动中，教师可以自由发言、提问或主动分享个人教学感受、经历，通过教师的集体讨论，帮助其他教师和整个小组提高教学能力，并为全体教师增添信心。当然，反思的过程必将带有修正。这种修正既可以是个人反思后的修正，例如，在起初转变教学方法的时候，教师往往容易受到以往教学习惯的影响，惯性的处理方式可能会先于全语言教育理念的教学方式，当教师能够及时意识到自己偏离教学理念时，应该及时修正教学行为；也可以通过与小组成员讨论进行反思与修正，在教研讨论时，教师不断澄清教学原则在实践过程中的使用路径，继续明确个人的教学理念，并检查个人课程设置、教学与全语言教育理念是否一致，此时，如果教师出现偏离，则需要小组成员帮助其调整教学计划、修正课程内容，使其重新回归到全语言教学中。

因此，著者在争取到 BL 双语幼儿园园长对开展全语言教学的支持后，利用两周的时间向教师阐明全语言教育理念，并由著者为发起者组建全语言教师团队，明确全语言教育理念及改革内容，同时说明团队在全语言教学中的作用。全语言教育理念讲授安排如表 4-1 所列。

表 4-1　全语言教育理念讲授安排

时间	内容	小组成员	主讲人
2019 年 9 月 5 日	全语言的理论背景	（1）BL 双语幼儿园教师：W 老师、Z 老师、L 老师；（2）甘肃高校：实习教师 J 老师、X 老师	著者（Z1 老师）
2019 年 9 月 7 日	全语言"全"在哪里？		
2019 年 9 月 9 日	全语言的课程原则		
2019 年 9 月 10 日	全语言的教室		
2019 年 9 月 11 日	全语言教学原则——读写原则		
2019 年 9 月 12 日	全语言教学原则——阅读原则		
2019 年 9 月 13 日	全语言教学的评价原则		
2019 年 9 月 13—15 日	组建小组解决疑惑		

二、重塑全语言学习环境

在这一阶段，全语言教学小组的主要目标是培养幼儿口头语言和书面语言的功能意识，并提高幼儿的文字意识，帮助幼儿建立印刷品的概念。文字意识也称为环境文字意识，这是因为大多数幼儿的文字意识发展源于环境文字，即幼儿早期接触到的书面语言，如标识、指示牌、外包装、门牌等。全语言学者认为，环境文字是幼儿建构书面语言的开端。所以，在全语言教育理念中教师应首先为幼儿打造全语言的教学环境，为幼儿的语言学习提供丰富的语言材料，帮助幼儿建立印刷品的概念。印刷品概念是指幼儿能够对书的组成部分、印刷品材料的类型、文字的正确阅读方式等建立概念，正如古德曼等人指出的，对印刷品的意识是幼儿需要发展的基本概念，它是幼儿对文字的最初意识。

全语言教学环境分为硬教学环境与软教学环境。硬教学环境是指在教室环境中，教师应建立特定的书写区或图书区，利用日常读物和工具（如报纸、海报、纸笔等），为幼儿构建充满文字的读写环境。软教学环境是指教师在课堂中实施教学与构建教学环境的教育理念，即教师选取的语言教学资料并非程式化的语言技巧练习册，而是幼儿需要、想要读和写的东西。所以，在本轮行动中需要改善硬教学环境的同时，也要帮助教学小组中的教师全面系统地接受全语言教育观，改变 BL 双语幼儿园以往的语言教育观念和教学方式。

（一）创设室内环境

幼儿园环境是重要的教育资源，《纲要》中明确指出，应通过环境的创设和利用，有效地促进幼儿的发展。在幼儿园教室内，从墙面设计到区角规划，都应根据教学目标和幼儿的发展水平，有目的地进行布置。在全语言教学中，教室环境创设和语言材料的投放都应对幼儿具有吸引力，所设计的环境与区角应与幼儿文化背景及生活经验相关，摆放能够激发幼儿想要参与语言探索的材料。教师需要帮助幼儿标识区角活动原则及墙面文字，部分标识牌应该同时配有图画和文字，以便帮助幼儿建立文字符号与事物之间的联系，以及文字符号与语音、语意之间的联系。然而，选择关注哪些文字符号，如何修正不正确的文字符号与语音、语意间的联系，则由幼儿主导，教师应给予适当辅助。

在教室中，当幼儿关注到文字符号或指示牌可传达意义时，将努力寻找语言或图画中的表征关系，包括文字符号和真实事物的联系、图画与事物的联系，以及成人口头表达与事物之间的联系。幼儿将不断假设文字或图画背后的正确内涵，并通过日常观察不断验证自己的猜想，当猜想错误时将会修正、排除错误意义，直到建立正确的联系。与传统的教室相比，全语言教室首先需要丰富幼儿周围的文字环境，明确环境创设中的文字并以鲜艳的颜色、较大的尺寸突显。其次，将区角游戏规则明确标识，贴在明显位置。最后，教室中的粉笔与黑板在下课后可以让幼儿自由探索使用，并为幼儿涂鸦、绘画提供宽松的环境及充足的纸张、彩笔。全语言幼儿教室与改造前幼儿教室环境文字对比如表4-2所列。

表4-2　全语言幼儿教室与改造前幼儿教室环境文字对比

全语言幼儿教室	改造前幼儿教室
教室环境	
创设提供丰富的环境文字，有供个人使用的名牌等，有供集体使用的标识、规则等	教室环境文字较少，多数环境创设以装饰观赏为主，少数的文字标识也未能落实其功能性
为幼儿提供丰富、多元的图书，如故事、童话、说明书等不同种类的图书，可以供幼儿自主随意阅读，也可供集体教学阅读	图书区被保护起来很少使用，幼儿接触图书的机会较少，图书分类较为混乱、单一

表 4-2（续）

全语言幼儿教室	改造前幼儿教室
教室环境	
环境文字以整合的主题形式呈现，根据幼儿所学内容或生活中熟悉的场景设计	环境创设内容较为混乱，且与幼儿生活联系较少
材料	
丰富的图书、充足的图画本、可以随意取用的纸张	图书一般不能乱动，幼儿很少有机会自由涂鸦
材料是完整、有意义且具有功能性的，是教师提前精心准备的，以幼儿想要阅读、涂鸦为重要参考依据	材料多是成套的教材，内容多数已被限定，与幼儿生活联系较少，甚至不相关

（二）规划活动区角

首先，在重新规划区角前，大（1）班的教室文字环境极为简单，室内墙面基本没有文字，仅有一些手工拼贴画，以及藏语音节树。其次，班内区角较少，仅设有教室中央展示舞台和阅读区。阅读区设计较为简单，未能营造读书氛围，同时，阅读区内图书较少，许多读物并不适合学前幼儿阅读，更适合小幼儿阅读。此外，在以往的教学中，区角和阅读区的使用频率较低，区角并不能发挥其功能——培养幼儿阅读习惯、规则意识及在情境中培养幼儿的社会交往能力。针对当前的教室环境布置，全语言教学小组计划通过增添区角及强化教室内文字环境的方式，丰富幼儿文字环境。因此，第一阶段改造将重点增添图书角、角色扮演区等区角，重新规划班级区角的位置，并根据幼儿主题教学的内容重置墙面设计。

1. 图书角

图书角、阅读区已成为幼儿园区角设计中的重要组成部分，全语言教育理念下的图书区（角）与以往普通意义上的阅读区有所不同，它不仅是教学中"整合"原则的体现，还应时刻以幼儿为中心，为其提供丰富的阅读经验。在创设全语言图书角时，教师应明确图书角不仅仅是语言材料的摆放点、幼儿阅读区，还应是幼儿喜欢的、能够查阅使用的语言材料中心。《指南》中明确提出，幼儿园要为幼儿提供良好的阅读环境和条件，并提供一定数量且符合幼儿年龄特点、富有童趣的图画书。所以，教师不仅需要完善图书角的构建，还应在主题教学活动中融入区角阅读活动，让区角充实起来、活起来，并与自己的教学整合起来，从而发挥图书角功能，帮助幼儿积累书面语言经验。构建的图书角应是舒适的、光线充足且对幼儿具有吸引力的，在这里幼儿愿意自己翻阅资料，并开展自主阅读、共读活动，通过阅读体验积累个人书面语言经验。在重新规划区角的同时，不仅应丰富图书角中的文字环境和语言材料，明确标识阅读原则、书目类型等，还应丰富图画书种类，可以有海报、通知、书信等语言材料的加入，以便为幼儿提供大量书面语言材料。

2. 角色扮演区

构建角色扮演区，应体现全语言的"真实"原则，教师应尽可能地为幼儿还原真实生活中的场景，帮助幼儿开展真实情境下的语言交流，积累真实生活中的口头语言经验。《幼儿园园长专业标准》中明确提出，应珍视游戏和生活的独特价值，并将人际交往和社会适应作为幼儿良好社会性发展的重要内容。班级内创设角色扮演区，是通过为幼儿创设生动逼真的生活情境，促使幼儿在游戏中"做中学"，在发展幼儿社会性的同时，帮助幼儿积累真实情境中的口头语言经验。幼儿口头语言经验的获得往往来源于生活中的直接经验，即通过亲身经历获得语音认知、语法练习、语言表达经验。所以在第一阶段的调整中，已尽量还原当地生活的真实场景，新增"邮局"和班级"超市"，帮助幼儿在游戏过程中积累口头语言经验。

教学观念属于全语言教室的软教学环境，全语言教学小组的教师需要在进入全语言教室之前，重新审视自己的教学观。首先，应做到真正尊重幼儿，尊重幼儿的个体差异，在教学前能接纳每名幼儿的不同，包括个体认知发展程度的不同、性格的不同、民族的不同、母语的不同等。其次，应尊重每名幼儿的选择，在开展教学活动时，有的幼儿不愿开口交流，有的幼儿选择母语先行，教师都应尊重幼儿的选择，同时给予引导或示范，以便帮助幼儿发展自身的语言能力。同时，任何教学活动的开展都应以幼儿为中心，从教学活动的设计到教学实施，幼儿是教师全部活动设计的中心，从幼儿生活出发，从幼儿熟悉的事物出发，让幼儿感受语言的功能性，唤醒幼儿的文字知觉。最后，教学评价的目的在于帮助幼儿提升个人语言能力，教师应给予幼儿发展性的评价。对于幼儿的进步，教师需要及时给予鼓励；对于发展较慢的幼儿，教师需要提供更多支持，并相信幼儿的语言能力会不断提高。

三、培养幼儿国家通用语言功能意识的课程设计

针对初始阶段的国家通用语言教学，根据主题形式，将课程分为显性教学活动和隐性教学活动，即课堂教学和一日生活中的教学。在初始阶段的课堂教学中，由于大班幼儿整体国家通用语言水平仍处于初始阶段，所以，对于大班幼儿的普通课堂教学应该从最基础和最简单的儿歌、幼儿诗开始。课程设置以语言教学为主，同时涉及学前教育的不同领域，通过主题教学的形式力求课程的整合。在初始的隐性教学活动中，主要帮助幼儿熟悉日常指令性语言，并在真实的生活场景中引导幼儿发现语言的功能性。无论是显性教学活动还是隐性教学活动，教师都应充分利用丰富的语言教学材料不断引导幼儿使用语言，缓解幼儿因表达语法、语序上的不准确、不清晰产生的焦虑，鼓励幼儿探索、发现语言的使用功能，并从简单的口头语言表达和阅读开始积累个人语言经验。

（一）显性课程设计

在开展国家通用语言显性教学中，教师使用的语言材料主要有古诗、儿歌、幼儿诗和低幼绘本。幼儿文学是开展幼儿语言教学的优质材料，其中儿歌、古诗、幼儿诗和低幼绘本都具有篇幅短小、内容简单的特点，符合低龄幼儿的理解水平，并适用于国家通用语言初学者进行学习和练习。其中，儿歌和古诗都具有不同的韵律特征，读起来朗朗上口，不仅易于幼儿朗诵背诵，还有助于增强幼儿音韵意识，帮助幼儿纠音正音。同时，古诗作为中华优秀传统文化中的代表文学形式，其文字不仅具有音乐性，而且具有意境美，是幼儿了解中华优秀传统文化、传承中华经典的重要途径。选择低幼绘本的原因在于，每个绘本都是一个完整的故事，并且以书画形式呈现给读者，绘本内容中文字量较少，幼儿通过图画内容就能够理解文义。这不仅有利于幼儿掌握正确的阅读方式，提高书本知觉，而且有利于幼儿在完整的情境中理解故事，体会阅读的乐趣。

（二）隐性课程设计

在开展国家通用语言隐性教学中，一方面，教师主要利用真实的生活情境帮助幼儿提高语言知觉，发现并了解语言的口头功能和书面功能，引导幼儿探索文字与意义之间的联系，并且开口模仿对话、尝试语言表达。另一方面，教师通过引导幼儿关注环境中的语言文字，激发幼儿探索的欲望，并通过日常观察探索构建语意、语音与文字间的联系。此外，在课间活动时，教师可以利用游戏歌等形式开展户外游戏活动，让幼儿在游戏中理解语意，体会语言学习的乐趣。

四、培养幼儿国家通用语言功能意识的教学计划

（一）学情分析

全语言教学小组针对 BL 双语幼儿园大（1）班开展全语言教育理念下的国家通用语言教学。大班幼儿多为 5—6 岁，其中一半幼儿是从中班升入大班，另一半幼儿未接受过学前教育，每班新生和老生各占 50%。对于接受过中班教学的幼儿，他们已对幼儿园一日生活较为熟悉，具有较好的规则意识，入园后没有过分焦虑或情绪低落的现象。在国家通用语言水平方面，经历过中班学习的幼儿可以使用个别简单的字词，但还不能使用短语和国家通用语言进行交流。对于未接触过学前教育的幼儿，新学期直接进入大班学习的他们还不能完全适应幼儿园生活，规则意识较为模糊，在较为陌生的环境中部分幼儿呈现出焦虑或沉默寡言的状态。大班中新生的国家通用语言水平较弱，使用国家通用语言进行沟通交流的意识不足，基本处于只能使用母语沟通的阶段。

总体而言，大班全体幼儿国家通用语言水平都未达到《指南》中对学前幼儿语言

水平的要求：少数民族聚居地区 4—5 岁幼儿能基本听懂国家通用语言，会用国家通用语言进行日常对话；5—6 岁少数民族聚居地区幼儿基本会说国家通用语言，能有序、连贯、清楚地讲述一件事。虽然大班幼儿的认知水平已超出 3—4 岁幼儿，但其国家通用语言水平仍然处于学习的初始阶段。

（二）教学目标

第一轮行动研究的教学目标是培养幼儿的语言功能意识。在这一目标下又分为以下两个具体目标。

第一，要培养幼儿口头语言和书面语言的功能意识。语言具有工具性和人文性，在这一阶段，教师需要帮助幼儿了解语言的工具性，即幼儿通过观察发现语言文字在生活中具有多重功能，如交际功能、信息功能、调节功能、工具功能等。当幼儿发现语言具有功能性，才会主动尝试使用语言文字。教师则需要在课堂教学和常规活动中为幼儿设计并创造非正式的口头语言训练机会，让幼儿体会通过表达和倾听能够满足个人意愿的过程，了解语言具有表达意愿、传递信息等功能，激发幼儿开口表达的欲望，帮助幼儿积累口头语言经验。

第二，应培养幼儿的环境文字意识并帮助幼儿建立印刷品的概念。培养环境文字意识，需要帮助幼儿先发现并关注环境中的文字，了解文字符号与生活中的事物具有对应关系或具有一定联系，进而发现文字符号或标志代表的特定意义，最终了解文字是传达信息的重要线索。对于帮助幼儿建立印刷品的概念，则需要帮助幼儿建立书的概念，包括了解书的封面、作者、扉页、封底；了解书中文字的正确阅读方式；等等。逐步认识到书中的内容所传递的信息，可能是一个故事、一首儿歌或者一份说明材料。教师需要在这一时期为幼儿营造丰富的文字环境，引导幼儿发现并关注文字，同时带领幼儿阅读图书，为幼儿示范正确阅读的方式，帮助幼儿将文字与事物、意义建立关联。环境文字意识与印刷品意识培养内容如表 4-3 所列。

表 4-3　环境文字意识与印刷品意识培养内容

环境文字意识	印刷品概念
（1）开始发觉环境中的文字符号及标志； （2）发现文字符号与生活事物存在联系； （3）了解生活环境中的文字符号具有特定意义； （4）开始阅读环境文字，并意识到文字是传达信息的重要线索	（1）知道书是用来阅读的； （2）知道阅读时如何拿书； （3）能辨认书的组成部分； （4）知道阅读的正确方向； （5）知道书中包含的信息； （6）知道通过阅读图文获取信息； （7）知道书（文字）是由人撰写而成的

（三）教学内容

本阶段教学主要分为国家通用语言显性教学活动和隐性教学活动两部分。针对显性教学活动，在行动初期为防止对全语言教育理念掌握不透彻而导致的教学内容偏差，全语言教学小组会参照部分教师用书中的活动内容，同时结合幼儿生活习惯、文化背景拟定适合本阶段幼儿学习水平的教学内容。通过课堂教学帮助幼儿认识文字符号的功能性、掌握正确的阅读方式，引导幼儿发现文字与事物之间的内在联系，逐渐建立文字与语意之间的联结概念。针对隐性教学活动，一方面，教师需要利用课间活动等零碎时间引导幼儿观察班级内、学校内的环境文字，提高幼儿对书面文字功能的认识；另一方面，教师要在晨读、加餐、午休等常规活动中引导幼儿使用口语表达个人意愿，从简单的签到等活动开始不断积累个人口语经验，以帮助幼儿提高对口语功能的认识，并且激发幼儿使用口语传递个人想法的欲望。

在第一阶段的显性教学活动中，主要开展以"我"为教学中心的主题教学活动。在这一主题下，课程内容主要分为"我和我的幼儿园""我的身体""我的祖国，我的家乡"三部分内容。具体教学活动内容如表4-4所列。

表 4-4　第一阶段教学活动内容

显性教学活动	
主题	教学内容
我和我的幼儿园	社会教育活动：我的名字和民族； 实地观察：班级区域介绍； 科学教育活动：男生多还是女生多； 艺术教育活动：涂鸦自己的名牌； 健康教育活动：我从哪里来； 语言教育活动：绘本阅读《幼儿园里我不哭》
我的身体	语言教育活动：绘本阅读《从头到脚》； 语言游戏：我会这样做； 健康教育活动：我的身体； 社会教育活动：握握小手； 科学教育活动：绘本阅读《五只小猴荡秋千》； 艺术教育活动：灵活身体； 手工：可爱的卡通； 舞蹈：小跳蛙
我的祖国，我的家乡	语言教育活动：幼儿诗《我们的祖国真大》，谈话活动"我的家乡"，仿编诗歌； 科学教育活动：地图中的中国和家乡； 艺术教育活动：绘制国旗； 社会教育活动：中国的名胜古迹，主题墙参观

表 4-4（续）

隐性教学活动	
名称	主要活动内容
签到活动	幼儿签到
晨读与户外活动	晨读：手指谣、游戏歌、古诗； 户外：《丢手绢》《老狼、老狼几点了》等游戏，跑步，早操
阅读与记录活动	师生共读
早餐与加餐	分配值日； 分发食物； 进餐与自由聊天

第二节　培养幼儿国家通用语言功能意识的方案实施

一、走向全语言教师——"这么近，那么远"

李连珠指出，教师是全语言教室内很重要的元素，教师的成长改变意味着课程的改变，连带会出现幼儿学习上的改变。可见，全语言教学的起点在于教师。培养全语言教师并组建全语言教学小组，是开展全语言教学的基础，也是开展研究的起点。

（一）"这么近"

事实上，帮助 BL 双语幼儿园教师建立全语言教学观并不是一帆风顺的。起初通过四次研讨培训，小组教师发现全语言教育离自己"并不遥远"。Z 老师说："我基本上都能理解，其实平常的活动我也是这样开展的，有很多相似之处。比如每周的活动其实也是有主题的，我们也会讲一些本民族的故事、儿歌，就是在教学中应该说国家通用语言，以后尽量用国家通用语言教。"W 老师说："其实，我们也会让孩子读书，就是次数不多；也会利用歌曲、音频故事，为孩子创设语言文字环境。全语言和我们的教学还是很近的。"L 老师说："你看我们的环境创设也在补充，文字的也有，主题也是明确的，还是有符合要求的地方。"

在刚开始接触全语言教学时，小组教师的热情度较高，想要开展教学的愿望较为强烈，每次讨论后，小组教师似乎有第二天就想开展教学活动的冲动，但全语言教学不能凭借一时的冲动开展，而需要完全、深入地理解教育理念，踏实认真地完善教学计划，再逐步走入教学。

通过讨论，小组教师虽然发现了个人教学与全语言教学的相似之处，但忽视了真正的全语言教学观念应该是始终贯穿的，而并非分割式的说明。教师的全语言教学观念是从教学设计开始、从环境创设中体现、在活动中落实、在反思中前进的过程。而此时的教师，还没有真正地转变观念，全语言的变革还没能内化成教学理念，因此如同盲人摸象，只见细微不见整体。

（二）"那么远"

随着研讨的不断深入，在了解读写原则、阅读原则及评价原则后，几乎全部小组教师都对全语言教学产生了"离我很远"的感觉，同时对全语言教学应该如何实施有了更多的疑惑。W 老师提问："Z1 老师，您说我们的环境创设是不是要全部调整？教材呢？还要用现在的教材吗？对孩子的国家通用语言教学，我很难改变现在的教学方式啊。真的有些难，与我们现在的教学真的不一样。这样看来，需要调整变化的内容太多了！"Z 老师提问："我们应该从哪里下手开始改变呢？效果真的会好吗？我觉得全语言教学真的离我们的语言教学有些远，不太一样。"

小组教师发现全语言教学与自己的教学有距离，恰恰说明教师通过探讨对全语言教育的认识更加深入了。而对于"真的有些难"，也正说明教师发现通过对当下教学局部的改变不能达到全语言教学原则的要求，而是需要从教育理念到教室环境，再到活动设计等整个教学的改革。虽然小组教师不再像刚开始那样信心满满，但更加说明他们的教育观念在发生转变，对全语言教学有了更深层次的认识。

小组教师对全语言教育理念的认识在逐渐变化，从开始时的"这么近"到后期的"那么远"，结束全语言教育研讨培训课后，团队中有的教师产生了疑惑，有的教师有了畏难情绪。虽然小组教师情绪有些低落，但主要问题都集中在对"该如何改变""从哪里下手"的困惑，没有教师要求退出教学或放弃改变。因此，小组讨论的内容也从"全语言是什么"向针对全语言教育理念下的国家通用语言教学设计过渡，这也成为后来多次讨论的重点问题。通过反复沟通与讨论教学计划并确定环境创设改换方案（如前文提到的"重塑全语言学习环境"），小组教师逐步坚定了贯彻全语言教学的信念，并且建立了全语言教学的信心。在讨论第一轮教学中，具体实施教学计划的方式以组长为主讲人、组员为助力教员的形式开展。小组教师共同参与国家通用语言教学活动，共同改造室内文字环境，共同讨论并制定教学设计，并通过集体教研反思教学效果、商议修改方案。

二、重置全语言教室——"从无到有"

针对第一阶段需要培养幼儿语言知觉的目标，小组教师一致认为需要改变班级内的环境创设，增加语言文字材料，充实班级教室内的语言环境。同时，需要增设区角，调整区角以完善教室活动区内容，帮助幼儿在区角活动中体会文字的功能，在游戏中探索发现口头语言与文字符号的内在联系，以此逐渐提高自身文字知觉。而对于所有环境创设的主题，教学小组应时刻把握全部内容都要来源于幼儿生活的原则，即教室内为幼儿提供的语言材料与幼儿存在着多重联系，是幼儿熟悉的，并在生活中能看到的、知道的、了解的内容。对于幼儿感到陌生的材料或与幼儿文化背景不符的材料，则应少用或不用。

（一）教室活动区改造

班级活动区也称活动区角，是幼儿园在室内或室外为幼儿设置的活动区域。班级区角的设计往往以幼儿较为感兴趣的活动材料和活动类型为设计依据，利用家具、柜子或屏风作为隔断，形成半封闭式的活动空间。教室活动区一般包含图书角、表演区、美工区、建构区、益智区、角色扮演区等，角色扮演区又可分为"娃娃家""蔬菜店""理发店""超市""银行""邮局"等。改造前，大班教室已有展示区、图书角和角色扮演区（"娃娃家"）；改造后，主要丰富了角色扮演区内容，增设了"邮局"和班级"超市"，并且增加了美工区，为幼儿提供了较为丰富的纸笔材料。

在全语言教学中，图书角是幼儿接触印刷品、开展自主阅读活动的主要区域，也为幼儿探索书面语言功能创造了有利环境。可见，在全语言教室中，图书角对开展语言教学具有重要意义，成为全语言教室区角改造的首要区域。好的图书角会对幼儿产生吸引力，让幼儿想待在那里，通过改造图书角，可以为幼儿提供更加安静、舒适的环境和有趣且丰富的图画书。图书角是一个相对独立的空间，地上铺着隔潮垫，幼儿可以选择坐在地上进行阅读，区角内设置桌椅，方便幼儿阅读和书写。改造过程中，小组教师不仅需要重新布置图书角，还需要丰富图书角的印刷品材料。全语言教室的图书角不仅要为幼儿提供丰富的图书资源，还要为幼儿提供生活中真实常见的印刷品，如报纸、说明书、包装袋等。同时，材料的选择应遵循符合幼儿阅读兴趣和生活经验，并且其种类应呈现出多元的原则。在改造中，小组教师首先为图书角增添了图书并为图书分类，书目种类涉及游戏书、经典幼儿绘本、中华传统经典故事绘本、乡村绘本、少数民族绘本等。然后，小组教师收集了一些报纸、日历、包装袋等生活中常见的印刷品放于其中。

由于本阶段教学目标为培养幼儿文字知觉，其中要注重幼儿对口头语言功能的认识，以及对文字的知觉，因此，在区角设计中还增设了角色扮演区，为幼儿营造真实的生活情境，利用角色扮演活动帮助幼儿在情境中发现口头语言的功能，尝试使用语言进行表达，积累口头语言经验，利用区域内的主题文字符号，丰富其书面语言经验。角色扮演区不仅可以根据幼儿兴趣选择主题，还应顾及幼儿的文化背景和生活环境，在设计的细节处尽可能真实重现幼儿生活环境，从而有利于幼儿在角色扮演中使用生活场景中的语言，发现语言的工具性，并有利于幼儿在真实生活中语言运用能力的发展。

（二）语言文字环境创设

全语言教室要求为幼儿提供丰富的语言材料，从区角设计到教室环境创设都需要关注语言文字环境的创设。这不仅是全语言教育理念的教学原则，也符合幼儿年龄特征和认知发展的客观需求，正如《指南》中提出大班幼儿应对图画书、生活情境中的文字符号感兴趣，具有书面表达的愿望和初步技能，同时，大班幼儿已能够主动关注环境中的文字，在绘本阅读中也会主动关注图画旁的文字。所以，在丰富幼儿区角的同时，教师要为幼儿创设充实且有意义的语言文字环境。改造中，小组教师利用主题墙丰富室内外语言文字环境，并明确标识各区角活动中的具体要求。由于国家通用语言是 BL 双语幼儿园幼儿的第二语言，所以在文字环境创设中需要遵循由简到繁、文图对应、简单易懂并且与课程相关的设计原则，从而帮助幼儿探索、发现书面语言的功能，丰富幼儿个人的书面语言经验。文字环境创设前后对比及创设说明见表 4-5。

表 4-5　文字环境创设前后对比及创设说明

文字环境创设前	文字环境创设后	创设说明
		图书角改造说明： 首先，将图书重新分类，并筛选符合幼儿阅读水平的图书。其次，利用挂图、菜单、报纸等日常生活中常见的材料丰富阅读材料的种类。最后，明确阅读规则，并为幼儿定期更换图书
		"超市"改造说明： BL 镇的商店是幼儿购买零食的主要场所，店内不仅有零食、水果，还有日杂、蔬菜。所以，教师利用牛奶箱搭建半封闭区角，尽量还原 BL 镇商店的真实样貌，为幼儿创设真实的生活场景

表 4-5（续）

文字环境创设前	文字环境创设后	创设说明
		"邮局"改造说明： BL 镇的物流方式较为单一，邮政物流是唯一的物流渠道。镇口设有邮政储蓄，承担着全镇的储蓄和物流业务。所以 BL 镇的幼儿比城市的幼儿对邮局更有熟悉感。此外，邮局充满着文字环境，办理业务也需要使用文字，从而帮助幼儿体会文字的功能，激发幼儿探索和使用文字符号的欲望
		丰富室内外语言主题墙说明： 利用生活中幼儿熟悉的事物或与平时教学活动相关的语言材料创设主题墙，帮助幼儿在熟悉的情境中探索文字符号，增强幼儿的书面语言功能意识

三、开展全语言教学——"语言功能意识的培养"

对于第一阶段全语言教育理念下国家通用语言的教学内容，小组教师会利用丰富的语言材料培养幼儿的语言知觉，并帮助幼儿积累口头语言经验和书面语言经验。针对培养幼儿的语言功能意识，主要涉及培养幼儿的口头语言功能意识和书面语言功能意识。针对丰富幼儿的口头语言经验和书面语言经验，主要涉及培养幼儿的语言功能意识、语言音韵知觉、语言理解及建立印刷品的概念。而在开展教学活动和一日生活的常规活动并帮助幼儿提高语言功能意识的同时，也往往伴随口头语言经验的积累。例如，当引导幼儿表达个人意愿"要"或"不要"时，在体会到语言具有表达沟通功能的同时，也真正掌握了词语的语音和语意，并内化为个人的口头语言经验。所以，通过显性教学和隐性教学两部分教学活动的阐释，能够展现幼儿语言功能意识的增强和口头语言经验积累的过程。

对于第一阶段的全语言教师，他们处于教学改革的初探期，所以需要在教学前做好充分的教学准备，从教学材料到教学环节设计都需要在教学实施前烂熟于心。在开展教学过程中，应时刻提醒自己保持对幼儿语言学习的信心，及时给予幼儿鼓励和适当的教学支持。同时，针对幼儿在课堂中的不同反馈应给予及时回应，帮助幼儿提高语言知觉，并且能够接纳幼儿因个体差异所呈现出的语言发展差异性，从而激发幼儿对语言学习探索的欲望，帮助幼儿建立语言学习的信心。

（一）隐性教学中的语言浸润

一日生活是幼儿积累口头语言经验，探索、发现语言功能性的绝佳时机。在幼儿园生活中，幼儿使用语言的动机往往是自发的，因为有实际沟通的需求和意愿，所以幼儿会有强烈探索、模仿及表达的动机。幼儿园生活中所发生的事件不仅有在真实情境下幼儿获得的真实体验，也有幼儿主导自发参与的活动，每名幼儿在幼儿园生活中都具有主导权，所以语言的学习是真实且有意义的。

1. 环境文字的语言渗透

在非正式教学实施过程中，教师将利用课堂间隙或一日生活中幼儿的提问、探索而引发的非正式教学活动，通过给予幼儿支持或讲解，培养幼儿对口头语言和书面语言的功能意识。在丰富幼儿语言文字环境的过程中，教室逐渐被完善，幼儿能发现教室中的变化，并且反应较为敏感。一个新的角色扮演区、一个新的柜子、一面新的主题墙，这些新事物都不会被幼儿错过。也许教室内的区角才刚刚规划，主题墙才初步完善，但对于幼儿来说，他们对一切新的事物都充满好奇。所以，在帮助幼儿培养口头语言和书面语言功能意识的过程中，需要教师引导幼儿关注室内文字材料，支持幼儿自主探索、发现语言文字的功能，并及时给予回应与鼓励。

由于 BL 双语幼儿园条件设施有限，不能为幼儿提供午餐和晚餐，只能为幼儿提供简单的早餐和水果、点心加餐，所以每天早晨的进餐时间都是幼儿欢乐的时光。用餐前，教师会带领幼儿念几首儿歌或做一做手指游戏，帮助幼儿进入较为轻松的气氛之中。在分餐过程中，教师会与幼儿简单地交流，幼儿之间也会互相讨论或聊天。在这一过程中，教师能够尊重并保护幼儿对语言使用的选择权，即在国家通用语言教学期间，幼儿也可以选择使用母语进行交流。进餐时，教师可能会坐下来与幼儿简单地聊天，提供一些简单的话题让幼儿讨论，如"鸡蛋是从哪里来的？""牛奶是什么颜色的?"等，这无形中就把早餐时间也变成了轻松的学习时间。用餐时的美好体验，能够帮助幼儿对事物产生正向的态度，是幼儿发展个人语言功能、积累口头语言经验的宝贵财富。

场景

包装袋上的文字

BL 镇幼儿园的早餐是由政府提供的免费营养餐。在 BL 双语幼儿园，每天早餐的食品基本相同：一个煮鸡蛋、一杯牛奶、一块面包。一天，进餐时幼儿 G-BJ 对 W 老师说："我不喝牛奶，也不吃面包。"于是 W 老师拿出牛奶的包装袋，向她说明喝牛奶才能长得高。分好早餐后，幼儿已经开始进餐。W 老师坐在 G-BJ 身边，手中还拿着牛奶包装袋，笑着问 G-BJ。

W 老师："牛奶好喝吗?"（W 老师先用国家通用语言提问）

幼儿 G-BJ："好!"（腼腆地笑着，用藏语回答）

W 老师："啊～好喝! 你喜欢喝牛奶吗?"

幼儿 G-BJ（似懂非懂地）点点头。（用小手搭在老师手上，似乎想看看牛奶包装袋）

W 老师："你知道这上面写着什么吗?"（W 老师先用国家通用语言提问，后用藏语重复）

幼儿 G-BJ 摇摇头。

W 老师："那我们一起看看吧! 你看，纯——牛——奶——"（W 老师一边说，一边指着包装袋上的文字）

此时许多幼儿将目光投向了 G-BJ 和 W 老师，举手示意自己也想看看。于是 W 老师决定让幼儿都观察观察牛奶包装袋，并且反复为幼儿指读"纯——牛——奶——"。当然，在包装袋上不只有商品名称，还有牛奶营养成分列表、产地、保质期及注意事项等信息。所以，在幼儿用藏语请教老师"这是什么?"时，W 老师竟在不知不觉中开展了一次语言教学，也给幼儿完成了一次关于牛奶知识的科普。最后，W 老师告诉幼儿牛奶很有营养并提问。

W 老师："牛奶会让我们怎么样呢?"

幼儿："长大。"（用藏语描述）

W 老师："很对! 会让我们长大! 还有吗?"

幼儿 B-RZ："长高。"（用藏语回答，并自己站起来用肢体展示）

W 老师："是的，我们会长高!"

幼儿纷纷用藏语描述长高、变强壮等。

W老师："大家说得都非常好！当然牛奶也会让我们变聪明！所以，每天都要好好喝牛奶！"

解释之后，W老师将牛奶包装袋放在图书角的书架上，幼儿可以自己随意拿下来观察。

场景背后

这一次教与学的互动让W老师更加深刻地体会到，在全语言教学原则中，"真实"与"整合"是帮助幼儿学习和教师开展教学活动必须遵循的原则。活动的主题并非教师预先设定的，而是完全由幼儿主导开始的，所以幼儿在参与过程中表现得极为认真，没有幼儿走神或打闹，活动效果也比以往的正式讲授要好。W老师说："我其实根本没有想到要用这样的方式开展语言教学，就是在小组讨论中有老师说过，可以利用身边的材料，让幼儿感知语言的工具性。当时幼儿想看，我就让她看了，后来班里的幼儿都想看，我就让他们看了，没想到活动效果真的很好，我很意外！他们都听得很认真啊！"

这一次看似意料之外的讨论学习活动，实际上是W老师将全语言教育理念真正内化并应用于教学实践的尝试。幼儿在真实情境下，自主选择学习材料，并在教师的支持下开展了一次以"纯牛奶"为主题的语言和科学学习，整个学习过程愉快轻松，学习效果也较为良好。虽然当时幼儿还不能准确地认识"纯牛奶"，但幼儿逐步将纯牛奶的"物""音""义"三者建立起联系，并且发现包装袋上的文字可以传达信息，文字具有解释说明、标识等功能。

陈鹤琴认为"大自然、大社会是取之不尽的活教材"，而幼儿园的真实情境正是幼儿语言学习材料的来源。当幼儿拿起牛奶包装袋认真观察时，她不仅体会到文字具有传递信息的功能，也逐渐在文字、语音、语意三者间建立起联系。班级环境及幼儿园生活中的材料丰富且具有意义，在实践全语言教育过程中，教师发现语言教学不应与幼儿生活、幼儿身处环境及社会相分离，而是必须将幼儿带入真实情境，引入现实生活场景中开展教学。

幼儿园环境创设是通过为幼儿创设真实、生动、有趣的学习环境，促进幼儿在硬性课程中不断探索、不断归纳总结，最终形成自己的语言经验。当教师忽视幼儿对环境文字展开探索时，则失去了对幼儿语言学习进行引导的机会。但散落在环境中的文字如果没有教师的有效引导，仅凭幼儿自己的观察和探索，往往不能获得良好的学习效果，所以在全语言教室中，教师应时刻关注幼儿，及时给予幼儿支持，帮助幼儿获得语言经验。当幼儿身处丰富的语言文字环境中，在教师引导下开展的语言教学不仅真实、具有意义，而且是幼儿愿意学、乐意说、想要探索的语言活动。

总体而言，教室中的语言环境文字"会说话"。区角活动和室内外主题墙中的文字材料如同洒落在全语言教室的珍珠,会引发幼儿关注、自主探索并展开讨论,最终幼儿将所探索的语言内化为自己的生活语言,并应用于个人的语言实践。从以上场景中不难发现,大班幼儿对环境变化有着高度的感知力,幼儿虽不能使用国家通用语言交流讨论,但已能够发现教室内的环境变化,会有意识地观察文字符号。

2. 一日生活中幼儿的语言探索

因为条件有限,BL 双语幼儿园不能为幼儿提供午餐、晚餐,所以每天 11:40 教师需要整队送园。当教师走向班级门口说"站队"时,幼儿会非常开心且迅速跑向班级门口并站好队。在一日生活中,幼儿需要排队的机会很多,早晨早操站队、中午排队放学、下午排队入园和户外活动站队等,所以每天教师都会组织幼儿集合,并使用"站队"这一指令性语言。

场景

快乐地"站队"

起初著者有些纳闷,幼儿似乎每次听到"站队"这一指令性词汇都会非常开心。今天和 Z 老师、W 老师说起这个话题,她们说:"那肯定啊!因为每当外出活动或回家送园时老师就会说'站队',所以你一说'站队',他就知道要去玩啦,要回家啦,肯定高兴啊。"的确,无论是户外活动还是放学回家,都是每名孩子期待的时刻。在著者开展教学的过程中,不到三天时间里全班孩子已经可以完全听懂教师"站队"这一指令,并且可以配合教师完成站队任务。如此之快地理解国家通用语言的词语语意,是之前从来没有过的。后来,著者在这一过程中又加入"小手搭搭肩,搭搭肩",以及"立正"等指令口号,并先由著者示范搭搭肩的动作,并帮助幼儿在说口号的同时完成搭肩动作。当然这样的语言学习也是极为迅速的,不到一周的时间,著者和幼儿在站队的活动中已经可以配合得很默契了。

问好与道别

起初,藏族幼儿在送园时会对藏族老师挥手说"得末",在接园时会对藏族老师说"学巴得嘞"。随着汉族教师加入幼儿园工作,汉族教师和藏族主班教师会一起在接送园的过程中与幼儿道别或一起迎接幼儿。接送园时藏族教师使用母语,汉族教师使用国家通用语言,没过多久幼儿就会使用国家通用语言"老师,再见""老师好"与汉族教师道别、问好,使用母语与藏族老师道别、问好。

场景背后

在真实的生活中,幼儿与教师的对话真实而有意义,既是情感的表达,也是彼此互敬互爱的方式。幼儿对口头语言的功能意识，在一日生活中通过使用和聆听不断被强化，幼儿逐渐将"再见"与"老师好"的语音和语意构建起联系，并且清晰地意识到与汉族教师沟通时需要使用国家通用语言。回顾整个教学过程，幼儿从接触到观察，再到逐步将语音与语意建立联系，并非一日之功，而是一个逐步建构的过程。教师在这一过程中对幼儿抱有较强的信心，不断鼓励且坚定地相信每名幼儿都可以掌握国家通用语言，同时对国家通用语言水平发展较慢的幼儿表现出较好的接纳态度，让幼儿在自我语言发展过程中始终处于宽松、友爱的环境之中，从而帮助幼儿大胆尝试用国家通用语言回应教师。处于语言发展关键期的幼儿拥有极强的观察力，以及较强的语言知识构建能力，所以因实际需要而产生较强的自主表达意愿时，他们具有较为突出的语言学习能力。由此可见，全语言教育理念中的"真实"原则，以及为幼儿语言学习构建真实情境，是帮助幼儿掌握、理解、尝试应用语言的有效途径。

总体而言，幼儿对语言功能的感知及口头语言经验的积累，更多源于幼儿的生活实践。幼儿对指令性语言及常用问候语的理解、掌握较快，这是由于幼儿需要解决自己生活中的切身表达或活动问题，这些问题是在现实情境中自然发展的，所以教师应该让幼儿在实际感受中去认识世界、感知语言的功能性并获得语言经验。此外，日常活动中幼儿常常在同一场景下完成相同内容的活动，所形成的主题性词语在该活动中反复出现，则有助于幼儿记忆，并有利于幼儿将语音与语意建立联系，从而积累个人口语经验，使个人语言知觉快速提高。

3. 教师对幼儿语言学习的引导

更换环境创设后，在交通工具主题墙上，小组教师制作了各种汽车、指示牌等图标并配有文字，幼儿在经过这个区域时往往会驻足观察并相互用母语交流讨论。在观察中，虽然幼儿还不能使用国家通用语言进行交流，但环境中的文字符号和创设的语言情境会帮助他们打开语言学习的大门。教师通过适当的语言，引导帮助幼儿明确口头语言和书面语言具有传递信息、表达意愿等功能，并且在教师的鼓励与信任中增强语言探索、口头尝试的信心。

场景

静待花开

每天 9：10—9：50 是早餐时间，在分餐的过程中，教师会为幼儿倒牛奶、分面包、发鸡蛋。幼儿在进餐时有的还想加牛奶，有的还想要面包，在这一真实的情境中，幼儿的现实需求动机促使幼儿主动沟通并表达意愿。所以，通过在两周内使用国家通用语言进行早餐分餐，大部分幼儿都表现出一些沟通意愿。其中有一名小女孩 G-ZM1，她在两周内呈现出明显的变化，给著者留下了深刻的印象。G-ZM1 坐在教室第一排，每天分餐时都表现得很耐心，只有教师拿出牛奶时，她才会特意端起杯子等待。当教师要倒牛奶时，她会很小心地放下杯子，用手扶着杯子手柄。偶尔有一次教师倒得多一些，她就会很开心地向老师微笑，老师微笑给予回应时，她又会害羞地低头。于是两周以来，G-ZM1虽然总是在早餐时间默不作声地等待，安静地进餐，但是她爱喝牛奶的习惯已被教师发现。她的语言能力也随着每天的学习与观察，发生着一点一滴的进步。教师引导表达记录如表4-6所列。

表4-6　教师引导表达记录

大（1）班一日生活观察记录（2019年9月23日）
今天分完牛奶后还多出一些，W老师挨个给幼儿添牛奶。走到G-ZM1旁边问："还要牛奶吗？" G-ZM1沉默没有回应，但望着W老师。 　于是W老师弯下腰，慢慢地对G-ZM1说："还需要牛奶吗？想要就点头（教师点头），不想要就摇头（教师摇头）。" G-ZM1连忙点头。 　W老师为G-ZM1边倒牛奶边说："以后就说要——牛——奶——" G-ZM1微笑着一句话没有回应。 　W老师看她没有回应，不慌不忙地边倒牛奶边微笑着说："要——牛——奶——我要牛奶。" G-ZM1拿起杯子，边喝牛奶边朝W老师笑，但依然保持沉默。 　W老师对G-ZM1回应微笑，又转过身对全班同学说："当老师问你们想不想要牛奶，要就点点头（伴有动作），不想要就摇摇头（伴有动作），知道了吗？" 　包括G-ZM1在内的大部分幼儿点头回应。 　当W老师给幼儿分完餐回到工位后，G-ZM1自己走到W老师面前，面带微笑，似乎不知道该如何开口。 　W老师主动询问："怎么了？告诉老师你想干什么呢？" G-ZM1沉默了一会儿艰难地说："老师——"又沉默了。 　W老师耐心地追问："嗯，怎么了？你还想吃点儿什么吗？" G-ZM1没回话，回头走向自己的座位，拿着杯子又返回到W老师面前。 　W老师恍然大悟："哦，要牛奶吗？" G-ZM1开心地回答道："要。" 　于是W老师边倒牛奶边说："好的！要——牛——奶——" G-ZM1腼腆地笑着望着老师。 　W老师又补充道："下次可以告诉我'要——牛——奶——'" G-ZM1继续微笑但好像又想说点儿什么的样子。 　W老师见状立刻抓住机会，放慢语速一字一句地说："要——牛——奶——" G-ZM1努力地蹦出一个字："要。" 　W老师面带微笑，继续说："牛——奶——" G-ZM1努力地模仿说："牛——奶——" 　虽然发音还不准确，但W老师立刻向G-ZM1竖起大拇指，说："要——牛——奶——"

表 4-6（续）

大（1）班一日生活观察记录（2019 年 9 月 23 日）
这下 G-ZM1 更大胆地说："要——牛——奶——" 虽然发音还不准确，但面对 G-ZM1 的巨大进步，W 老师激动地说："非常棒！"W 老师和 G-ZM1 都开心地笑起来。

在后来的几天时间里，每当 G-ZM1 还想加牛奶时，就会举起自己的杯子对 W 老师说"要"，老师也会每次回应"要——牛——奶？"逐渐地，G-ZM1 理解了"牛奶"这个名词，并且将语音中的牛奶与现实中的牛奶建立起联系。再后来，G-ZM1 会举起杯子对着老师说"牛奶"，W 老师依旧微笑回应："哦，要牛奶。"在多日反复练习下，最终 G-ZM1 学会了"要牛奶"。与 G-ZM1 的语言发展路径类似，班级里许多幼儿也学会了"要牛奶"。

场景背后

在这一场景中，幼儿因为想多要一杯牛奶这一实际的沟通需要，而产生主动上前沟通的表现。当幼儿能够主动上前表达意愿时，充分说明该幼儿已发现语言具有表达意愿和进行沟通的功能，并且该幼儿的语言功能意识有所提高。教师在整个过程中需要耐心引导，逐渐让幼儿从尝试开口使用语言到正确使用该语言表达，帮助幼儿建立表达的信心，同时让幼儿体会因表达而愿望被满足的喜悦感受，以此积累个人口头语言经验。

（二）显性课程中的语言教学

在第一阶段，教师通过细致观察，从幼儿的生活中寻找教学材料，利用主题的形式开展教学活动。在开展教学活动过程中，利用幼儿较为熟悉的事物或已有的生活经验构建真实的情境，开展有意义的教学活动。与此同时，在主题课程设计之初，教学小组的教师坚持全语言"整合"原则，以较为全面整合的主题活动帮助幼儿丰富语言经验。语言学习是其他课程学习的基础，同样，其他活动的组织与开展也有利于丰富幼儿的语言知识，积累不同领域的口头语言和书面语言经验。在"整合"原则下开展的国家通用语言教学活动，不仅仅局限于语言教学活动，而是以主题形式从多学科并行扩充幼儿的语言积累。

在本阶段，针对语言活动，语言教学材料主要选取儿歌、幼儿诗、绘本阅读，以便帮助幼儿感受语言韵律、学会正确的阅读方式，从而培养幼儿的语言知觉，积累词汇、短语，丰富个人的语言经验。同时，通过不同领域的教学活动，扩展幼儿在艺术、科学、体育游戏等多领域的语言词汇，并在不同的教学活动中促进幼儿不同目的的听说意愿，从而在真实全面的教学活动中增强幼儿语言功能意识，并丰富个人口头语言和书面语言经验。

1.语言活动中的语言学习

皮亚杰认为，2—7岁幼儿处于象征性游戏阶段，此时幼儿语言开始发展，主要通过符号表征认识世界。在儿歌教学中，往往可以看到幼儿更喜欢儿歌中的手指谣和游戏歌，或者具有情境表演的儿歌教学活动。这是由于此时幼儿还处于具象思维时期，需要通过符号认识和理解文字内容，手指谣或儿歌戏剧恰恰利用手势语言或肢体语言破解语意，从而有助于幼儿理解和记忆儿歌。

（1）儿歌教学中的语言学习。

我国古代有"合乐为歌，徒歌为谣"的说法，即有音乐、乐器伴奏的是"歌"，没有音乐、乐器伴奏的是"谣"。所以，古代童谣专指幼儿口头广为流传的没有音乐伴奏的短小有韵的歌谣。儿歌不仅包括现代儿歌还包含古代诗歌，不仅可以诵读还可以吟唱。儿歌篇幅短小、朗朗上口且具有较强的韵律感，往往成为低龄幼儿和第二语言学习者最早接触的语言学习材料。本阶段教师选择了不同类型的儿歌开展晨读活动，或以不同方式帮助幼儿保持愉悦的情绪。为了增添儿歌趣味性，教师还特意为儿歌创编了一些手指动作，从而帮助幼儿理解与记忆。

在早期儿歌教学中，幼儿往往只能单纯地模仿，对儿歌内容还不能理解，古诗教学则更为明显。因此，为了让幼儿明白古诗中的词句意义，教师可以尝试编创手指动作辅助教学，将儿歌、古诗中较为抽象的语意、意境转化为较为具体形象的肢体动作，从而在激发幼儿学习兴趣的同时，帮助幼儿理解儿歌内容，积累个人口头语言经验。

教师通过描述并出示图片帮助幼儿走入诗歌情境，在教师教授诗歌的过程中，除了语言还要利用手势帮助幼儿理解、记忆诗歌内容。同时，由于幼儿对国家通用语言较为陌生，单纯的语音输入略显乏味，而且幼儿缺少肢体动作，学习时较难理解诗句意义，更容易分散精力。所以，教师在备课时根据文意创编手势，不仅可以使文字更加生动形象，而且可以增强古诗的趣味性。

场景

快乐地模仿

教师："一去二三里，起！"

幼儿："一去二三里，起！"

教师："一去二三里，你们说！"（带动作说）

幼儿："一去二三里，你们说！"（幼儿非常认真地模仿教师的动作和语音）

教师："不对，一去二三里！"（摆手，继续纠正）

幼儿："不对，一去二三里！"（幼儿摆手，继续模仿）

教师："不对！"（无奈地说）

幼儿："不对！"（小声地说，似乎孩子们已经发现有些不对劲，不知所措地望着教师）

面对天真的幼儿，教师有些无奈，不知道该如何解释，也不知道怎样才能让幼儿明白。于是连忙请身边的 W 老师帮助，W 老师用藏语向幼儿解释，并教授古诗《一去二三里》。幼儿学习得非常认真，短短 10 分钟，全班幼儿基本都学会了这首古诗。这件教学中的趣事让教师有些哭笑不得，幼儿眼神专注，认真地模仿教师的语音和动作，就连"你们说""不对"都模仿得很认真。这说明幼儿目前虽然只停留在单纯的模仿阶段，并没有理解古诗的词句意义，但学习的态度非常积极，对国家通用语言的学习并没有产生抵触情绪。在国家通用语言教学开始阶段，教师会寻求主班教师配合与帮助，通过简单的母语沟通帮助幼儿理解短诗，或者利用母语说明规则，等等。表 4-7 为本次教学的诗歌手势对应表。

表 4-7　诗歌手势对应表

《一去二三里》邵雍	手势图
一去二三里，	
烟村四五家。	
亭台六七座，	
八九十枝花。	

场景背后

教师不仅利用手、表情与文字内容进行匹配，还利用幼儿的游戏心理激发其学习兴趣。儿歌短小精练、音韵和谐且容易记忆，加之教师肢体动作等趣味性教学辅助，不仅帮助幼儿理解文字意义，也大大提升了幼儿自主反复吟诵的兴趣。所以，在户外活动中、课堂休息时，总会听到幼儿三三两两自发地念儿歌，例如《小白上楼梯》是幼儿最喜欢念诵的儿歌之一，尤其在念诵"打开电视机，拉拉小天线"时，幼儿会自己按按鼻子、拉拉头发，互相看看彼此便不由自主地大笑起来。正如陈鹤琴所说"儿童之好游戏，无日不然"，且幼儿语言学习需要出于自然的反复。由于儿歌的游戏性及教师利用肢体为幼儿创设的游戏情境，所以幼儿在生活中乐于反复吟诵。这样的反复不仅有利于幼儿正音及语言流畅能力的发展，也有利于幼儿感受国家通用语言的音韵美和学习语言文字的快乐。

关注幼儿语言学习的情境创设，帮助幼儿在自然真实的环境中快乐、自发地探索、学习语言是全语言教学原则所倡导的。在最初的国家通用语言教学中，儿歌和幼儿诗是开展语言学习较好的材料，但在语言学习初期，由于幼儿积累的词汇有限，理解掌握的词汇极少，如何帮助幼儿理解词句意义成为教师亟须突破的教学难点。情境线索是语言行为的一部分，是帮助幼儿理解意义、辨认符号和文字的线索。所以，在儿歌、幼儿诗、古诗教学中，教师可以通过肢体语言教学，帮助幼儿加入游戏元素，通过语气、表情展示语言情绪，通过场景、实物展示帮助幼儿加深了解，从而使幼儿更容易走入语言情境。教师根据文字为幼儿构建真实的语言情境，有利于幼儿理解语言内容、记忆语言片段。同时，精通母语的当地教师在教学中可以利用母语介绍儿歌、古诗的背景和意义，从而更有利于幼儿理解和记忆。这样，能够避免幼儿因不懂教师指令而出现错误模仿的现象。另外，此阶段的幼儿能够认真专注地聆听教师讲解，对语言学习表现出较高的兴趣，愿意模仿教师语言，因此能够较快地学习儿歌，并记住儿歌内容。

（2）阅读教学中的语言学习。

阅读教学是学前语言活动中的重要组成部分，阅读能力也是全语言教育培养幼儿语言能力的核心能力之一。在语言学习之初，全语言教育认为应通过文字环境的塑造，让幼儿体会文字符号的功能；通过教师对正确阅读方法的讲授、示范，帮助幼儿逐渐积累书面语言经验。在初期阅读活动中，教师主要选取文字较为简单且文字量较小的低龄幼儿绘本开展阅读活动，丰富幼儿书面语言经验。其原因在于，绘本可以为幼儿创设出较为完整真实的情境，让幼儿可以感知不同情境下语言表达方式的不同，获得语言交流的经验。同时，幼儿早期绘本阅读具有整合性的特点，它是幼儿认知的综合整体，是口头语言与书面语言相结合的整体，是语言学习与其他领域学习相结合的整体，也是幼儿学习、教育与生活的整体，这种整体性依托语言教学促进幼儿的全面发展。众多学者依据加德纳教授的多元智能理论，证实了绘本阅读是促进幼儿多元智能发展的有效途径。

场景

情境中的语言学习

《从头到脚》是一本较为经典的低龄幼儿绘本，内容生动形象并且具有游戏性。在开展《从头到脚》阅读活动过程中，教师将教学分为三个层次。首先，为幼儿讲解并示范绘本的组成部分和正确的阅读方式，随之带领幼儿阅读绘本并与幼儿一同认识12个身体部位。其次，邀请幼儿与教师一起利用绘本中的语言模仿动物的肢体动作，理解书面文字大意。最后，模仿绘本中的语言，让幼儿开展"我会……你会吗?""我也会"的语言游戏活动，通过反复练习，最终让幼儿掌握简短的对话语言。

在邀请幼儿与教师一同模仿动物动作，开展绘本教学活动过程中，全体幼儿都能够较专注地融入教学活动中，能在积极欢乐的气氛中与教师完成绘本语言和动作的模仿。在游戏环节，教师将更多的主导权给予幼儿，引导幼儿完成语言的问与答、动作的教与学。

教师："请问，你会怎样做?"（教师给以节奏式提问，××，×××××）

B-SN："我会……哈哈哈。"

教师："什么动作?"

B-SN单腿站立，一条腿屈膝，用手摸自己的脚尖。

教师："你会吗?"（语言节奏：×——×——×；面向全体幼儿提问）

B-RZ："我会!"（B-RZ在全部幼儿中回答得最快、最清晰。他模仿B-SN的动作，并引起大家的关注）

教师："哇，你模仿得太棒了! 请问，你会怎样做?"（继续向B-RZ提问）

B-RZ："我会这样——"（扭扭小屁股）

教师："你会吗?"（语言节奏：×——×——×；面向全体幼儿提问）

B-NM1等幼儿："老师! 我会!"（许多幼儿一起扭扭小屁股）

在教师的辅助下，经过三名幼儿的问答，许多幼儿已逐渐掌握游戏的规则和问答的方式，并且想要参与到语言游戏中，纷纷抢着回答"我会!"或呼唤"老师!"

教师："请问，你会怎样做?"

B-NM1："我会——"（用小手指指自己的鼻子）

教师："你问问大家!"

B-NM1（腼腆地笑着）："你会吗?"（与教师一起完成提问）

B-ZX1等幼儿："我会! 老师!"（指着自己的鼻子）

教师："你说!"

B-ZX1："我会!"（摸摸自己的耳朵）

教师："然后呢?"（教师示意他向大家提问）

B-ZX1："你——会——吗——?"（说得比较慢，并且不是很确定地看着老师）

教师："没错，说得很对!"（为他竖起大拇指）

B-ZX1开心地笑着，幼儿模仿B-ZX1摸着自己的耳朵，游戏在欢乐中继续传递。

············

场景背后

对于绘本中简单词汇的学习，是在绘本所描述的情境中展开的，12个词是以身体部位为中心的主题词。绘本情节恰恰为幼儿创设了较为完整的情境，带领幼儿在真实的体验中探索主题词汇，从而帮助幼儿将文字与语音建立联系，为幼儿提供语言经验，催化幼儿文字知觉的发展。而绘本中反复出现不同动物，以"我是……我可以……你可以吗？""我可以！"的句式开展对话。教师在开展师生共读过程中，以不同形式多次反复共读绘本，不仅帮助幼儿积累书面语言经验，而且在指读过程中协助幼儿发现书面语言的功能性，即注意到文字符号是对图画的解释，从而为幼儿以后正式自主阅读奠定基础。

游戏是幼儿的主导活动，是幼儿最适宜、最具发展价值的活动，许多相关研究也表明，游戏有助于幼儿第二语言的学习。利用不同的语言游戏可以帮助幼儿在语言学习时体会语言的乐趣，并记忆语言。幼儿与同伴嬉戏、玩耍的过程，不仅有利于理解语言的含义、体会语言的功能性，而且有利于幼儿将语言游戏内化为个人的口头语言经验。在教学中利用绘本开展语言游戏活动，不仅符合4—6岁幼儿渴望主动参与游戏的心理特征，也为幼儿语言学习提供了宝贵的口头语言经验。

总而言之，在第一阶段语言教学活动中，教师为幼儿提供了更为系统的语言教学内容，同时引导幼儿掌握正确的阅读方式。课堂中教师会有意识地解释词、句的意义，补充或修正不完整、语法颠倒或表达不清晰的幼儿语言表达。这里的修正并非要求幼儿使用完全正确的语序、语法表达，而是在尊重幼儿表达时的语言选择，以及鼓励幼儿表达的基础上，为幼儿示范正确的语序、语法，引导幼儿自我修正。同时，教师要注意自身口头语言表达应使用正确的语法，完整表述语意，从而通过教师回应帮助幼儿强化语音与语意的联系，丰富幼儿的语言经验。此外，仔细观察幼儿语言发展会发现幼儿语言实际是对成人语言系统的减省，他们省略了携带信息量较少的虚词，例如教师说："你会这样吗？"幼儿则模仿："你会吗？"因此，教师的正确示范与修正成为幼儿语言学习的重要支架。

2. 其他课堂教学活动中的语言学习

幼儿的生活是完整的，其经验也具有连贯性，幼儿的学习亦是如此。全语言教育提倡教师利用主题活动开展教学，主张课程以整合的主题形式组织教学内容。在本书所述研究的全语言教学设计中，课程内容以主题形式展开，每个主题中不仅涉及语言教学活动，还较为全面地以主题形式涵盖其他领域的学习内容，同一主题中的不同活动之间相互联系、前后呼应，在帮助幼儿语言发展的同时促进幼儿全面发展。开展语言领域外其他领域的教学活动，不仅可以丰富幼儿的实践经历，而且可以为幼儿语言表达、交流、使用、沟通创设多元机会，扩大词汇领域，从而帮助幼儿在真实情境中体会语言的功能性，丰富个人的口头语言经验和书面语言经验。

以民间游戏中的语言探索为例。在主题活动"中国娃娃"中，幼儿与教师一同讨论"我的家乡"，由此共同探讨延伸出"家乡的游戏"这一新教学内容。经全语言教学小组教师讨论后，充分考虑幼儿的生活环境和藏族文化背景，从幼儿的生活游戏中选择出三项游戏作为教学内容，即捡石子、扔羊拐和摔跤。教学过程中，教师首先向幼儿展示游戏材料，并说明游戏规则。其次，请幼儿参与扔羊拐、捡石子和摔跤的游戏活动，让幼儿了解本民族民间游戏的同时，参与游戏，进行体验，从中学会合作，促进同伴间交往与交流。最后，开展简短的话题活动，让幼儿一起评选出自己最喜爱的游戏项目并说出原因，帮助幼儿回忆游戏过程，并为幼儿表达、交流、积累个人语言经验提供机会。

场景

关注幼儿的文化背景

这天上午天空蔚蓝，阳光明媚，L老师手拿着一个小盘子，里面有羊拐、牦牛拐和小石子，随后将幼儿带到操场。幼儿对L老师手中的小盘子产生了极大的兴趣，都想上前看一看、摸一摸。虽然幼儿已对幼儿园操场非常熟悉，但幼儿像是第一次来到幼儿园一般显得格外兴奋。他们围坐在L老师周围，用藏语不停地提问题："老师，这是什么？""要做什么？"于是L老师开始一一介绍。表4-8为民间游戏活动内容表。

表4-8　民间游戏活动内容表

游戏	规则	师幼互动
捡石子 石子在草原上随处可见，牧民会充分利用石头、石子辅助自己的游牧生活，甚至会把石子当成玩具，与幼儿开展游戏。所以，许多藏族儿童会收集一些形状、颜色较特殊的石子，在草原上与同伴游戏	材料：3颗或多颗石子 游戏形式：2人对决 规则：第一次，在抛起1颗石子时，迅速捡起地上1颗石子并接住空中的石子，然后将2颗石子放下。第二次，需要抛起2颗石子，迅速捡起2颗石子并接住空中的石子。以此类推，直到连续捡完所有石子。一方中间"坏了"（没有捡起石子），就换对方玩家开始，谁先完成3颗石子抛起捡起，谁为胜者。	当教师拿出第一项游戏材料（石子）时，幼儿用期待的眼神看着L老师，并能较为安静地聆听游戏规则。L老师边说边做示范，以便帮助幼儿更为形象具体地理解游戏规则。

表 4-8（续）

游戏	规则	师幼互动
	进阶版：完成以上内容后，先将石子放于手心，向上抛起用手背接住全部石子。再将石子放于虎口，利用手臂带动手腕向上抛，同时需要快速抓住空中散落的石子。两次全部完成，石子未落者获胜	在讲述游戏过程中，幼儿会使用母语向教师提问，L 老师会先尝试使用国家通用语言边演示边回答，如果幼儿还不能明白，教师会再用母语进行讲解。L 老师说："谁想来试一试?"幼儿都举起小手说："老师。"（藏语）L 老师说："哦，可以说'老师，我!'"（示范举手并用国家通用语言回答）幼儿："我!""我!"争先恐后地叫起来（使用还不标准的国家通用语言）
摔跤 摔跤是藏族人民生活中一项历史悠久且至今盛行的传统体育项目。在藏族重要的节日、集会中都会有摔跤活动，并且无论男女老幼都可以参与其中 	游戏形式：1 对 1 规则：2 人将双手放于对方腰间，可用手脚勾绊，一方倒地则为输	摔跤游戏虽然是 1 对 1 的体育项目，却引起了全班幼儿的极大关注。其实，这项运动对幼儿来说并不陌生，他们在藏族重要的节日中也会看到大人的藏式摔跤活动。所以，当 L 老师介绍游戏规则时，幼儿就已跃跃欲试。在"试一试"的环节中，幼儿争先恐后地喊着："老师!""老师!"当比赛正式开始时，L 老师在一旁喊着"加油"，幼儿也一同大声地喊着"加油!""×××加油!"

表 4-8（续）

游戏	规则	师幼互动
扔羊拐 　扔羊拐（或牦牛拐）是一项藏族幼儿的传统民间游戏，由于牧民家庭长期在草原生活，牛羊肉、奶制品是其主要食物，所以，在生活中大人会为幼儿收集许多羊拐作为他们的玩具。这一习俗延传至今，现在当地也有许多喜欢玩羊拐的幼儿 牦牛拐　马拐 山羊拐　绵羊拐	材料：羊拐或牦牛拐 游戏形式：1 对 1 　规则：羊拐分上、下、左、右 4 面，分别代表牦牛、马、山羊、绵羊 4 种动物。每名幼儿拿出 1 个羊拐，同时抛掷在地上，按照动物大小（牦牛＞马＞山羊＞绵羊）比输赢，输的一方需要将羊拐送给赢家。赢拐也称为"吃掉"	L 老师："这是马！"（边指边说） 　幼儿看着教师。 　L 老师："可以跟着我说。"（用母语向幼儿解释） 　L 老师："这是牦牛——"（边指边说） 　幼儿："牛——" 　L 老师："这是山羊——"（边指边说） 　幼儿："山羊！""羊！" 　L 老师："这是绵羊。"（边指边说） 　幼儿："绵羊！""羊！" 　L 老师："非常好！" 　接下来请幼儿尝试游戏。 　在游戏进行过程中，L 老师会说："哦，你的被吃了！" 　幼儿一边玩一边听 L 老师的解说，在游戏项目快要结束时，许多幼儿在旁边附和 L 老师："吃了！"

　在游戏活动即将结束时，教师以"今天你最喜欢的游戏是哪一项"为讨论题目，B-AX 说："摔跤！"L 老师："哦，你喜欢摔跤，为什么呢？"B-AX 腼腆地笑着说："好玩！"L 老师："嗯，摔跤很好玩？"B-AX 点点头。B-ZX 随后也说："摔跤！"就这样，班里大部分幼儿都纷纷表示自己喜欢摔跤的游戏。L 老师反复补充幼儿表达不完整的语句，并询问幼儿喜欢摔跤的原因。有的幼儿用母语描述，摔跤时××小朋友很厉害，所以想给他加油；有的幼儿说自己平时就喜欢玩摔跤的游戏。当教师鼓励幼儿用国家通用语言教学描述时，大部分幼儿用"好玩""太好玩"这样简单的短语描述喜欢的原因。

场景背后

　首先，观察发现，本节课教学效果较好的重要原因在于，教师备课时能将幼儿置于教学的中心位置，充分考虑幼儿的生活环境和文化背景，与幼儿共同探讨家乡，延伸出新的教学主题，利用幼儿已有的游戏经验和较为熟悉的游戏活动开展教学活动。整体课堂气氛轻松愉悦，幼儿积极参与并能够认真学习和讨论，教学中幼儿对每个环节都呈现出浓厚的学习兴趣和强烈的探索欲望。其次，在语言学习方面，幼儿通过体验游戏、合作游戏和观察同伴，也扩充了自己的词汇量，丰富了自身的口头语言经验。游戏活动本身是促进幼儿社会交往能力发展的有效途径，在游戏活动中幼儿需要协商、合作、讨论，所以游戏活动可以为幼儿开展语言交流创造多重机会。幼儿在重复游戏活动的过程中，会反复使用一些游戏语言，如"开始""你输了""加油"等，这不仅有利于幼儿掌握词汇的语音，而且有利于幼儿掌握词汇的语意，并尝试使用。最后，游戏活动为幼儿的语言学习创设了真实的语言情境，在展示游戏材料、讲述游戏规则时都是有意义的语言输入。幼儿在不同的藏族民间游戏中探索关于游戏主题的语言词汇，幼儿可以在参与游戏的过程中体会词句内涵，体会语言解释说明、表达情感的实际功能，积累听说经验，最终掌握词句，尝试开口使用词句。

通过以上课堂观察不难发现，幼儿语言学习不仅来源于语言教学活动，整合跨越学科的语言实践活动也是幼儿汲取语言经验的重要渠道。同时，与幼儿生活经验和文化背景息息相关的教学内容对幼儿来说往往更真实、更具有吸引力。相关且连续的教学活动及丰富的语言环境，能够帮助幼儿沉浸在主题学习之中，通过与教师、同伴的互动可以加深对部分主题词语的认识和理解。此外，由教师和幼儿共同参与、提议、探讨生成的延伸主题——藏族民间游戏，反映了幼儿的兴趣及其对本民族文化生活的关心与好奇。在游戏活动中，幼儿的参与程度更高，学习的愿望更加强烈，通过亲身参与活动过程更能够体会到语言的交际、表达功能，在真实情境下聆听并尝试表达，可以积累个人的口头语言经验。

第三节　培养幼儿国家通用语言功能意识的教学效果与反思

本书所述研究中全语言教学是一项涉及全员且持续改变的教学过程，所以教学评价在推动本书所述研究教学改变过程中发挥着重要作用。正如古德曼所说，在全语言教室内，教育评价最大的力量在于"成为"的过程之中，即人们通过评价逐步从现在的状况改变成他们所希望的状态过程。所以，全语言教学评价关注教学过程，并非独立或定期实施的事件，而是贯穿于整个教学，描述教师、教学、幼儿、环境变化及教学效果的过程性评价。其评价的内容不仅有针对幼儿学习的评价，而且有教师对自身改变、教学计划和课程实施的评价。

一、培养幼儿语言功能意识方案的实施效果

（一）全语言教师的自我评价

教师作为全语言教学改革中的重要因素，在教学中应时刻审视自身的教学行为、与幼儿的语言互动，并且不断调适个人的教学心态。本书所述研究中，参与全语言教学小组的教师在学历、教学经验及国家通用语言等级方面的能力参差不齐，对于全语言教学观念的理解也各有不同。因此，为了保证小组教师教育理念和教学原则的一致，小组教师利用每周课余时间至少开展1次教学研讨活动，研讨内容涉及教师对自己的教学过程开展自评，探讨个人教学疑惑和讨论下一阶段的教学设计。

1. 逐渐树立全语言教学信心

起初，小组教师在开展全语言教学活动时并不顺利，教师在完成大量环境创设工作后，还需要细心观察每名幼儿的语言探索动机，了解幼儿语言能力、文化背景及学习兴趣，以便在课堂中或一日生活中抓住时机开展语言教学活动。但由于起初幼儿能听懂的国家通用语言较为有限，会使用的词语极少，且幼儿普遍具有腼腆少言的性格特点，在教学中"没有回应"是教师普遍遇到的主要困难。

在全语言教学开展两周多后的教学研讨中，Z老师说："没有回应的教学活动消磨着我的教学信心。"这不仅是Z老师的困惑，也反映出大部分教师的心理状态。事实上，幼儿在学习通用语言文字过程中依然遵循语言发展规律，在幼儿尝试开口使用国家通用语言表达、回应或沟通前，他们处于语言预备阶段。所以，在课堂中或一日生活中会出现如W老师所说的情形："当你用国家通用语言教学时，他们就看着你不回答，我觉得他们还是不懂。"这表明幼儿通过观察将教师的语言与动作、声音与事物之间构建起联系，幼儿在为开口表达做准备。开展教学时间不足一个月，幼儿的进步虽然微小但连续，正如L老师所说："现在能听懂一些简单的指令了，比如站队、不说话、睡觉等。"虽然此时幼儿的语言输出基本为零，但丰富的语言环境和教师日常的积极回应为幼儿提供了大量的语言输入，幼儿已能够在观察探索中建立语音与语意的联系，通过行动做出回应。所以，在前两周多的教学过程中，小组教师在不同程度上都有些略失信心。

在帮助教师树立教学信心的过程中，通过教师发言、相互讨论及日常观察，发现教师信心不足的主要原因有两个方面。一方面，部分教师并不了解幼儿语言的发展过程，易将处于语言预备阶段的幼儿误判为"听不懂""无回应"，从而失去对幼儿语言教学的信心，如开展国家通用语言教学前一周W老师反映："在集体教学时基本没有人回答问题，讲的都听不懂。"另一方面，由于部分教师只关注语言回应，而忽视了幼儿在肢体动作、眼神、表情方面的交流，所以误将幼儿非语言交流归于"无回应"，从

而未能及时引导并给予幼儿语言支持。以上两种情况，不仅使教师易产生挫败感，还会使教师错失对幼儿进行语言输入、开展语言引导的时机。

在开展国家通用语言教学初期，首先，教师应明确幼儿在尝试开口使用国家通用语言回应前会经过语言预备期，在此阶段教师应为幼儿创设丰富的语言环境，积极与幼儿互动，帮助幼儿在真实的情境中提高语言功能意识，积极鼓励幼儿探索语音、语意及文字符号间的联系，积累个人口头语言和书面语言经验。其次，教师应明确幼儿口头语言的"无回应"并非真正的无交流。在此阶段，教师更应仔细观察幼儿的行为表现（如点头、微笑、遵从指令）及语言活动中肢体和语言模仿等行为方面的回应，从而不断为自己的教学建立信心，坚持对幼儿进行细致的观察，在幼儿语言探索中积极地给予支持与输入，并且完全相信此时的幼儿具有极强的语言学习能力，能够理解教师的语言内涵。最后，通过全语言小组教师教研，共同讨论幼儿语言学习情况，解决个人教学疑惑并分析教师教学方式与互动是否适当，从而在汲取他人教学经验、寻找最优教学方式的同时，不断强化个人语言教学的信心。

2. 逐渐掌握全语言教学原则

从观察第一阶段小组教师设计教学、组织教学及开展延伸活动的过程中不难发现，小组成员从教学初期对全语言教学原则的理解，逐渐趋向内化落实为个人组织活动的教学方法。小组教师的自我评价也反映出，在第一阶段教学末期，小组教师认为自己对全语言教育理念的理解从对理论知识的掌握逐步走向教学实践的运用。

学前教育专业出身的W老师在教学方面较有经验，在全语言教育理念的理论学习中能较快理解理念内涵及原则，在教学实践中善于反思并总结个人教学经验。例如，在一日生活中，W老师细心观察幼儿，逐步利用一日生活中早餐、晨读等常规活动引导幼儿开展语言学习，她自己也在小组讨论中表示"我觉得自己现在上道儿了"。作为新晋教师，Z老师虽然没有丰富的教学经验，但对待教学工作积极认真，善于思考。通过第一阶段的语言教学，Z老师认为自己"在教学中有过'急于求成'的心态，所以在一周左右的时间里全语言教学效果受到影响"。反观Z老师的教学问题，主要有两个方面。一方面，理论知识不足导致教师在教学中未能信任幼儿的学习能力，未将学习的权利赋予幼儿，幼儿在学习过程中缺少释放自己、相信自己的体验，未能发挥学习自主权。另一方面，"还是观察幼儿不够细致"，导致在教学中对幼儿鼓励不足、引导不及时，对幼儿支持较少。但伴随教学过程中的小组讨论及教研活动，Z老师及时发现自身问题，及时调整教学心态和教学方法，重新回归全语言教学课堂。所以，在第一阶段教学结束的自评环节中，Z老师认为自己在课堂教学方面"似乎是一个逐渐清楚、明白的过程，现在也积累了一些教学经验，对以后的教学也有信心了"。L老师虽然在教学开始时有较大的畏难情绪，且对自身国家通用语言水平没有信心，但通过小组讨论、与著者共同研讨并开展教学活动的方式，逐渐在教学中根据自身优势摸索出教学实践方法。L 老师对本民族文化有着深厚的情感，同时对当地藏族同胞的生活方式及当地藏族文化非常了解，因此，在教学中著者根据 L 老师的自身特点设计教学内容，并获得了较好的教学效果。这不仅大大增强了 L 老师的教学自信，也帮助 L 老师逐步从全语言理论走向全语言教学实践。L 老师在最后的自评中表示，自己通过将本民族文化背景融入语言教学活动，与幼儿共同探讨延伸主题活动，获得了较好的教学效果，"从幼儿熟悉的事情出发，将幼儿生活环境和文化背景作为教学内容选择的重要参考，是开展语言活动的钥匙，这是全语言教育的教学原则，也是我在这一阶段教学中最大的收获"。

"纸上得来终觉浅，绝知此事要躬行。"小组教师对全语言教育理念的认识是在实践中不断深刻发展的。在教学实践中，教师通过显性教学活动和隐性教学活动教学，更为深刻体会到语言教学需要整合的课程设计、真实且有意义的教学活动，需要真诚接纳每名幼儿的独特并给予幼儿支持，及时支持与鼓励幼儿的探索行为。小组教师在牢牢把握全语言教学原则开展教学活动的同时，不断总结教学经验，结合自身教学优势，形成个人独特的教学风格。实践、反思、再实践的过程，帮助小组教师将全语言教育理论中的原则逐渐熟练地应用于教学实践，从而积累了较为丰富的教学经验，这对幼儿国家通用语言教学产生了积极影响。

3. 教师角色逐渐发生转变

在第一阶段开展全语言教学的过程中，随着教学实践不断深入开展，教师角色也在不断发生转变，以往教师的中心位置逐渐被幼儿取代。

首先，教师在全语言教室中更多地成为幼儿学习的辅助者。在教学过程中，教师不断为幼儿提供语言文字材料、创设丰富的语言文字环境，与幼儿共同探讨学习内容，并支持幼儿在语言文字中的探索与发现。而幼儿从过去被动地接受知识、参与活动，逐渐转向自主探索、选择自己想学的内容，并在全语言教室里获得更多机会，进而沉浸、投入到语言文字学习的真实情境之中。当然，教师角色发生的变化也促使幼儿在课堂上表现得更加积极，教学效果往往也出乎教师预料。在实践中，对于因自身角色转换所产生的教学效果变化，教师有着切身体会。正是由于小组教师在教学中能把握以幼儿为中心的教学原则，逐渐将权利归还幼儿，为幼儿提供更多选择的机会、自己决定的机会，所以才大大激发了幼儿学习、探索的欲望，提升了幼儿学习的热情。

其次，小组教师在开展教学过程中，更加尊重、接纳幼儿的个体差异和文化背景差异。尊重、接纳幼儿的不同，不仅有利于教师端正教学态度成为幼儿学习的协助者，以及在教学过程中细致观察成为良好的观察者，还有利于教师在实践中反思不断修正自身教学方式，成为高效的学习者。事实上，每名幼儿所处的生活环境不同，个体能力不同，在语言学习中开口尝试前的预备期长短也不同。教师应接纳幼儿的不同，耐心观察幼儿的变化，把握教学契机，让幼儿意识到语言功能性及使用国家通用语言表达的必要性。W 老师认为："我自己其实在过去的教学中总是要求孩子说国家通用语言，学习了全语言教育理念后发现这种做法是违背教学原则的。被迫完成老师的要求，会让幼儿在学习中产生抵触心理，他就更不想开口了。反而是通过环境和教师引导幼儿，给幼儿选择的权利，让他们选择说母语或者说国家通用语言，更有利于幼儿主动地说。"把幼儿放在教学的中心，教师为幼儿提供了更多选择的机会，也需要尊重幼儿的选择。在幼儿还未准备好使用国家通用语言表达、沟通之时，教师应尊重幼儿选择母语沟通的权利，相信幼儿最终可以通过探索、观察尝试开口表达。

由此可见，教师在教学中的角色更加趋向于做材料和机会的提供者、教学活动的观察者、幼儿学习探索的支持者，以及不断反思修正的学习者。角色的转变，让幼儿回归教学的中心，成为学习的决策者。这不仅符合全语言教学原则，而且有利于教学效果的提高和幼儿学习兴趣的提升。

（二）全语言教室初步建立

在第一阶段的教学中，全语言教学小组的教师针对班级环境进行了较大的改造。通过增添班级区角、重建图书角、增加主题墙等途径，丰富教室语言文字环境。环境是语言学习发生的场所，教师是环境主要的组织者、改变者。同时，如何利用语言环境帮助幼儿提升语言功能知觉并积累语言经验，受教师的教学计划、课堂活动的组织和隐性课程中的学习引导的影响。因此，针对语言环境改变的评价，不仅需要对区角建设、主题墙布置等硬件环境进行评价，还需要对教师在课堂中和一日生活中的引导进行评价，例如是否正确引导幼儿观察环境中的语言符号，是否在幼儿探索语言、尝试使用语言时给予及时支持，等等。

与改造前相比，改造后教室内语言文字环境明显丰富了许多。其中，区角的增加与改造对幼儿体会语言功能性、积累个人语言经验都有很大帮助。根据著者观察，在区角活动中，大部分幼儿首先选择"超市"区，其次选择建构区和图书角。事实上，"超市"区的角色扮演有利于幼儿沉浸于真实情境，是幼儿积累个人口头语言经验的良好时机。观察中著者发现，有些幼儿在每次区角活动时都会选择"超市"区，如家中从事商店经营的 B-NM1 和 B-NM2，他们非常喜欢在"超市"区扮演"营业员"的角色，游戏中他们会主动询问每名"顾客"需要什么，也会推销一些食品。尽管幼儿在刚开始的扮演中会选择使用母语，但随着教师在游戏过程中的引导，幼儿已能够使用国家通用语言说"你要哪个？""这个"等简单的短语。"超市"区的"火爆"，恰恰说明区角设计也需要符合幼儿生活经验。而角色扮演游戏为幼儿提供了较多的交流机会，在真实情境下幼儿能够体会语言具有交流的功能，进而激发幼儿使用国家通用语言的欲望。在图书角，幼儿可以选择自己喜欢的绘本、菜单等印刷品进行阅读，在阅读的过程中并非要保持绝对的安静，依然可以低声交流，或向教师提问。在图书角活动中，幼儿可以体会书面语言的功能，在教师的辅助下建立印刷品概念，实践阅读的正确方式。区角的重塑不仅丰富了教室的语言文字环境，而且为幼儿提升语言功能意识、建立印刷品概念及尝试开口表达提供了多重渠道。

教室语言环境的逐渐完善，为幼儿提供了大量可探索的语言元素，为教师开辟了多种语言教学途径。充实的语言环境，不仅有利于幼儿独自关注、探索、体会国家通用语言的功能，积累个人语言经验，而且有利于教师开展国家通用语言教学。全语言教室作为激发幼儿语言学习兴趣和探索欲望的隐性"支持者"，已成为全语言教育理念下国家通用语言教学中不可或缺的组成部分。

（三）幼儿语言功能意识得到发展

1. 幼儿国家通用语言功能意识提高

通过第一阶段的国家通用语言教学，幼儿的语言功能意识普遍有所提高。与开展全语言教育理念下国家通用语言教学之前相比，幼儿已了解国家通用语言是沟通的工具，认识到口头语言（即国家通用语言）具有表达、沟通等多种功能，书面语言（即汉字符号）具有传递信息、解释说明等多种功能。在开展教学初期，小组教师针对幼儿国家通用语言功能的意识评价基本相同。L 老师说："其实幼儿以前对藏语是具有一定语言功能意识的，只是我们没有特别去引导。对于国家通用语言教学因为用得少，自然这种意识也就薄弱许多。"W 老师说："以前知道一点，但没有使用国家通用语言去沟通的意识。再加上阅读活动开展得比较少，我们也没有去引导，所以对书面语言功能了解不多。"但通过一个多月的国家通用语言教学，幼儿的语言功能意识已经有了较为明显的变化。

在口头语言功能意识方面，教师多利用隐性教学活动为幼儿设计、创造非正式的口头语言机会，满足幼儿实际听、说的需要。经过引导与练习，大部分幼儿已能够尝试使用简单的国家通用语言或短语表达自己的实际需要，如"要面包""去厕所""喝牛奶"等，并且能够听懂教师的指令性语言，如"小嘴巴，不讲话""小小手，放背后""站队"等。W 老师认为："通过教学，现在幼儿似乎对使用语言表达自己需求的意愿更加强烈了，并不是很在意说得对不对，还是挺大胆的。"Z 老师说："是的，就像之前 G–QC 说想去厕所，会先用国家通用语言叫老师，再用藏语说要去厕所，不管对不对，都是想表达的。还有很多幼儿早餐时都说'要'，具体要面包还是要牛奶就不会说了。"幼儿使用国家通用语言大胆尝试表达，恰恰表明幼儿国家通用语言功能意识的增强。语言功能意识的增强能够帮助幼儿形成使用语言的动机，释放了幼儿因语言形式不准确而产生的焦虑，转而将关注点放在个人意愿的传达上，而非特别强调语用、语法的准确。所以，当幼儿勇敢尝试表达，正式意识到口头语言可以传递个人需要时，幼儿的表达内容主要为加餐、去厕所等，即在真实情境中的必要表达。根据著者记录的幼儿与教师沟通情况来看，幼儿从刚开始与教师无沟通，逐渐到询问教师人数增多（见图4-1），并且表达的内容从需要早餐加餐，逐渐向一日生活中的不同需要过渡（见图4-2）。由此可见，幼儿已逐渐体会到国家通用语言具有表达沟通功能，因此在真实生活中，幼儿利用国家通用语言表达真实需求的人数在逐渐增多，内容也在不断丰富。

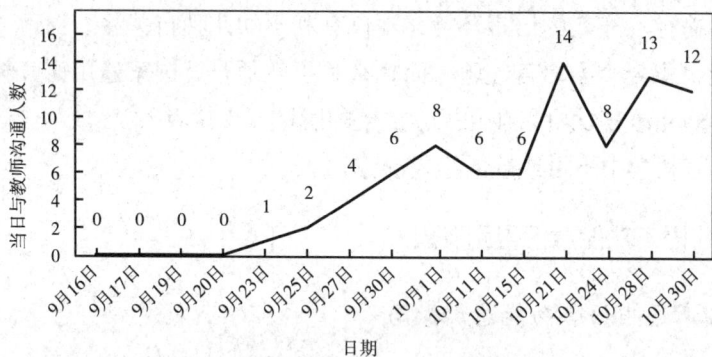

图 4-1　幼儿主动与教师沟通频次图

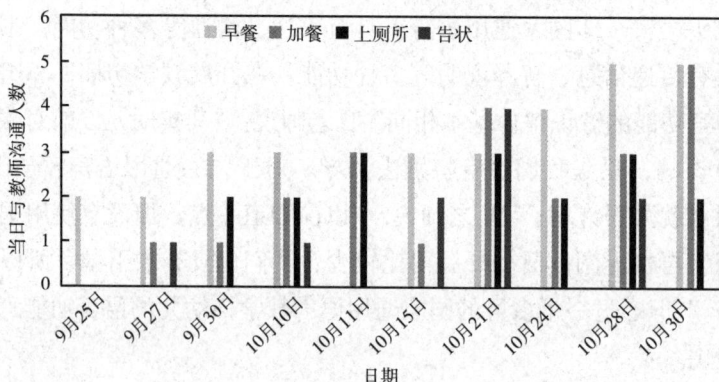

图 4-2　幼儿主动与教师沟通事项频次图

在培养书面语言功能意识阶段，教师往往利用显性课程及阅读活动，帮助幼儿探索、发现书面语言具有解释说明、传递信息等功能，并通过为幼儿提供丰富的语言材料，提高幼儿对文字符号的关注与探索。通过观察，著者发现幼儿对文字符号的关注度明显提高，能够意识到书面语言是有用的，并能够模仿教师阅读班级内环境文字的动作。由于以前班级内语言材料较少且常年不换，所以幼儿对墙上的文字几乎没有主动观察、探索的欲望。经小组教师重塑全语言教室后，教室内的语言材料更丰富，充满语言文字，激发了幼儿观察、探索文字符号的欲望。并且小组教师能抓住时机在隐性教学活动中开展教学，如教学过程中出现的循循善诱、静待花开等案例，都说明幼儿对文字符号的关注逐渐提升，对书面语言的功能意识在不断增强。

2. 幼儿初步建立印刷品概念

印刷品概念是指幼儿具备印刷品的基本知识，包括书面语言的特征及关于书的知识，这是阅读教学最基本的内容。在全语言教学中开展正式阅读之前，需要培养幼儿对书的认识并使其掌握正确的阅读方式。帮助幼儿建立印刷品概念，是开展阅读教学及幼儿进行自主阅读的基础。本项内容将根据幼儿印刷品概念行为观察表（见附录一），考察幼儿建立印刷品概念的水平，考察内容包括16项。

印刷品概念行为观察表记录的结果见图4-3。通过第一阶段的语言教学，全班幼儿都能够完成第1~5项考察内容，即找到书的封面、封底、书名、作者，了解作者是写书的人、插画作者是书中图画的创作者。但对于第13~16项内容的观察发现，全班幼儿还不具备复述故事、推测故事、回应故事的能力；不能在复述情节的过程中联系自己生活经验；不能根据文意及故事线索对故事发展做预测；也不能在阅读中自我监控，主动纠正自己或他人的错误。对于第6~12项，幼儿表现各不相同，在第6项可以指出何为"字"的观察中（见图4-3），有30名幼儿（占全班总人数的91%）可以准确指出什么是"字"。

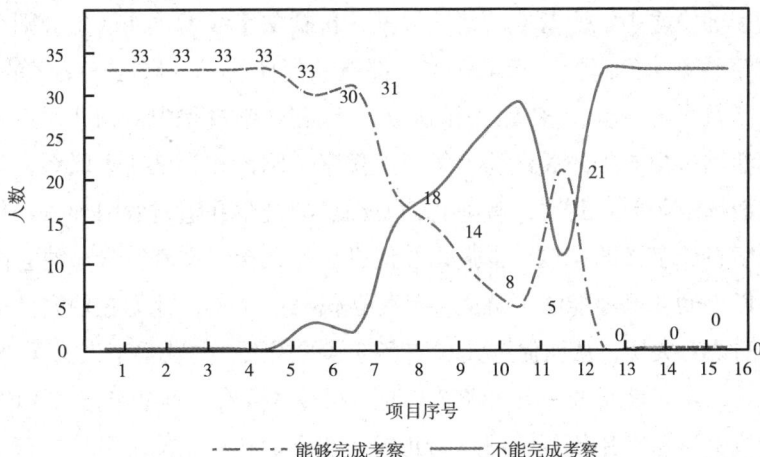

图4-3　印刷品概念行为观察总趋势图

综合以上观察总趋势，不难看出通过此阶段的语言学习，幼儿已经建立了印刷品概念。他们能够认识书的组成部分，了解书的正确阅读方式，并且通过在课堂中积累的与教师共读的经验，表现出对聆听故事的喜爱。但在此阶段中，幼儿还未掌握阅读技巧，不能在独立阅读中发现故事线索并对故事发展进行预测，因此，大多数幼儿还不能进行良好的独立阅读、自主阅读。

3.幼儿已积累部分语言经验

这一阶段幼儿积累个人语言经验的过程往往趋于隐性，在能开口讲国家通用语言之前，幼儿的语言经验积累更多来源于对生活事物、教师的观察，以及课堂中读儿歌、看绘本的经历。但在该过程中我们可以利用幼儿对语言音韵意识及对文字符号探索意识的发展，侧面观察幼儿在语言方面的经验积累。

（1）幼儿对语言的音韵意识有所增强。小组教师在以往对藏语儿歌的教学中，已对音韵有所介绍，所以，幼儿已对母语中的音韵有所了解。开展国家通用语言教学后，小组教师利用大量的儿歌、古诗、手指谣、幼儿诗帮助幼儿感受国家通用语言中的韵律。在儿歌诵读过程中，50%以上的幼儿会对儿歌中有韵脚的字重读，70%的幼儿会在课间或活动时间反复诵读押韵的句子。个别幼儿会利用"嘟嘟嘟""呐呐呐"等语气词连接押韵词句，形成音在韵上的儿歌创编。通过课堂教学，小组教师发现，幼儿对朗朗上口的儿歌和古诗更为喜欢，当幼儿完全掌握儿歌后就会常常不由自主地念诵。尤其对于儿歌中的游戏歌和手指谣，幼儿不仅掌握得很快，也会在课间、等待分餐、自由活动等不同时间一起念诵，一起游戏。幼儿对音韵的感受，对自我发音的修正，都是在每次诵读儿歌、古诗中完成的。儿歌、古诗的教学不仅激发幼儿"说"的欲望，使其体会语言学习的快乐，也为幼儿提供了大量积累个人口头语言经验的机会。

（2）幼儿对于文字符号的探索意识不断增强。首先，由于教室改造后幼儿处于较为丰富的文字环境之中，所营造的情境线索，包括文字线索（如区角规则、文字符号等）及非文字线索（如商标、指示标志）都能够促使幼儿开展语言文字的探索活动，尝试建立文字符号与字音、字义之间的联系。如在教学过程中，幼儿对主题墙上文字符号及阅读活动区角规则的关注等。每一次探索、阅读和尝试建立联系，都在不断丰富幼儿的书面语言经验。其次，教师对幼儿细致的观察和适时的引导，不仅帮助幼儿完成字形、字音、字义的连接，也强化并促进了幼儿探索文字符号、建立印刷品概念的意愿。所以，幼儿已经能够了解文字是传达信息的工具，他们在观察环境文字时已表现出高度的语意关切，从而促进其对文字符号的探索，并获得个人书面语言经验。

由此可见，幼儿是通过一次次张口"说"和"认真看"不断丰富个人语言经验的。通过第一阶段的国家通用语言学习，幼儿的音韵意识和对于文字符号的探索意识都在逐步增强，并反映出已获得部分口头语言和书面语言经验。在口头语言经验积累方面，虽然此阶段幼儿主动开口表达、与教师沟通的次数较少，但大部分幼儿已能够听懂教师的指令性语言，并尝试在真实情境下表达自己的意愿。在书面语言经验积累方面，虽然此阶段幼儿还不能独立完成自主阅读，阅读量也较少，但已建立基本的印刷品概念，并通过隐性教学活动积累了一些书面语言经验。

4. 幼儿尝试使用国家通用语言表达

通过第一阶段国家通用语言教学活动的开展，幼儿国家通用语言水平普遍有所提升。幼儿已能够听懂教师的指令性语言，大部分幼儿也开始有尝试使用国家通用语言的意愿。L老师认为："其实，这段时间里我自己在国家通用语言方面都有进步，更不要说孩子们了。以前说什么孩子们都不懂，也没有回声（回应），现在真的有变化，虽然不说话吧，但基本上也能听懂了。"W老师说："和以前相比，现在越来越多的孩子想要说国家通用语言了，虽然说得不是很准确，但还是愿意尝试的。"小组教师都认为幼儿的国家通用语言水平有所提高，能够听懂的内容更加广泛，想要与教师沟通的幼儿人数也逐步增多。由于班级中每名幼儿的语言学习能力、生活背景、认知水平不同，所以在使用国家通用语言表达的能力方面也呈现出因人而异的特点。小部分幼儿的语言学习能力进步较快，已能够使用简单的短语与教师或同伴互动，也有部分幼儿进步较慢，仍使用"电报句"。此外，第一阶段幼儿最先听懂的语言多为指令性语言，最开始表达的内容多为个人意愿，如"要，面包"等，从而说明丰富且真实的语言环境，是促进幼儿自主探索、学习、尝试使用国家通用语言的重要原因。

综上所述，通过第一阶段培养幼儿语言知觉能力方案的计划与实施，教室、教师、幼儿的变化都较为明显。对于教室，已从之前文字环境较为贫乏，逐渐转变为文字环境较为丰富；对于教师，小组教师已逐渐适应全语言教师的角色，并能够遵循全语言教学原则设计、开展教学活动；对于幼儿，从教学初期几乎听不懂国家通用语言，已逐渐转变为了解语言功能性，高度关注环境中的文字，能积极探索文字符号的意义并大胆尝试使用国家通用语言与教师沟通。因此，全语言教学小组基本完成第一阶段的预期目标。

二、培养幼儿语言功能意识的教学反思

在培养幼儿语言功能意识方案实施过程中，虽然幼儿、教师和教室都已发生变化，但在国家通用语言教学具体实践过程中，仍然有一些不足需要全语言教学小组教师反思并修正。同时，随着幼儿语言水平的不断发展，全语言教师、课程设置及教学方式都应做出调整，从而为后期国家通用语言教学中教师、课程设计和教学实践提供方向。

（一）教师方面

1. 促进教师成为幼儿学习的支持者

全语言教学原则中反复提出，教师在教学中需要尊重、接纳每名幼儿，并在适当的时候给予幼儿帮助，从而成为幼儿探索、学习的支持者。由于幼儿存在个体差异，当教学活动开展时幼儿的回应各不相同：对于较快回应且完成任务又快又好的幼儿，教师应给予及时肯定；对于回应较慢，不能独立完成学习任务的幼儿，教师应给予更多的鼓励，从而支持每名幼儿的成长和发展。首先，幼儿学习的过程本就是试误的过程，幼儿通过探索不断修正自我假设，最终获得正确经验，所以教学过程中教师对幼儿应更具有耐心。其次，全语言教学原则强调，在教学中教师应完全信任幼儿具有探索、学习的能力。正如瑞迪娜所言：幼儿是有成就的学习者、充满激情的探索者、充满爱的伙伴。当教师对幼儿充满信任和肯定时，幼儿会呈现出更多的自信。例如在教学中，小组教师为幼儿学习营造了宽松的学习环境，所以幼儿会大胆地尝试使用国家通用语言进行沟通。

本阶段前期，有些教师在教学中曾有急于求成的心态，这种不良的教学心态导致幼儿无法完全放松地投入学习，以及教学效果不理想。因此，在后期教学中教师应时刻审视自己的教育立场，尊重、接纳幼儿的个体差异，并相信幼儿具有探索、学习的能力，从而端正个人的教学态度，成为幼儿学习真正的支持者。

2. 促使全语言教学小组成为教学共同体

全语言教育理念认为，学习小组是学习探索、解惑、创新的必要组织，全语言教师需要加入一支支援其学习的组织中，于是团体成为全语言教师成长的重要环境之一，也是推进全语言教育的摇篮。首先，在本阶段的教学过程中，全语言教学小组不仅成为教师学习全语言教育理论、探讨教学问题、解答教学疑惑的团体，也是能够及时修正教师教学问题、缓解教师压力的学习、成长场所。本阶段教学能够较为顺利地达到预期目标，离不开全语言教学小组的每次学习、探讨、教研。虽然全语言教学小组已为教师的专业发展、制定个人教学目标、讨论疑惑提供了机会，但在此过程中一周一次的正式研讨形式并不能满足教学需要。当教学中出现信心不足、观察不足等问题时，应当及时解决，及时在非正式的教研活动中探讨解决，可见，小组的教研形式时效性不足。其次，本阶段教学往往是由教师独立完成的，教师仅在教研中探讨个人问题或分享教学有益经验，所以，本阶段教师在教学中相互借鉴学习的开放性还不足。

为了在后期教学中全语言教学小组能够发挥更大价值，提高问题解决的时效性，以及加深互学互鉴的深度，可以做如下调整：首先，将教研的活动时间从固定式转变为固定时间与机动时间相结合；其次，将教师个人问题或经验的教学研讨转变为开放性课堂互相学习。从而促进全语言教师相互学习、不断成长，并且促使全语言教学小组成为教师学习、教学、研究的合作共同体。

（二）课程设计方面

首先，在课程设计方面，实践小组教师通过本阶段教学发现，与幼儿联系紧密且符合幼儿生活经验和文化背景的课程内容往往具有较好的教学效果。但本阶段中涉及幼儿生活、民族文化的课程内容较少，在后期的课程设计中应加入一些关于幼儿生活或民族文化的课程内容。

其次，通过主题的形式进行课程设计，不仅符合当前国家提倡的整合课程要求，也符合全语言教育中的"整合"原则。因此，在后期课程设计中仍需注意课程的整合性，通过不同领域统一主题的课程设计，在扩大幼儿词汇量、加深主题词汇理解与使用的同时，促进幼儿全面发展。

最后，课程内容的选择是相对开放的，并非固定不可改变的。幼儿对于自己想要学什么、说什么有决定权，所以课程设计并非一言堂，而是以幼儿为中心，从幼儿角度出发选择教学材料，与幼儿共同探讨确定课程内容。例如，本阶段 L 老师尊重幼儿学习兴趣和学习意愿，在同一教学主题下开展了课程延伸教学活动"民间游戏"，不仅拓宽了主题广度，而且取得了较好的教学效果。所以，在后期教学中教师可以与幼儿共同探讨或延伸课程内容，从而使课程内容更加快乐且有意义。

（三）教学实施方面

1. 关注细节，把握教学机会

在全语言教学中教师是幼儿的观察者，细致地观察有利于教师了解幼儿，为幼儿适时提供支持，并为后期教学评价提供材料。本阶段课程设计不仅有显性教学活动还有隐性教学活动，可见，教师在教学中的观察不仅时间长而且范围广。由于观察时间和范围的要求，在初始阶段国家通用语言教学中，曾出现因教师观察不仔细与教学机会失之交臂的现象。随着后期教师在教学中不断修正，观察逐渐细致，进而在本阶段中也出现过多次随机、偶发的隐性教学活动。由于教师细致观察，及时把握教育时机，所以取得了较好的教学效果。细致地观察幼儿，不仅是本阶段教师必备的技能，而且是后期教学中依然需要保持的教学习惯。

2. 提升幼儿阅读能力

通过本阶段教学，幼儿已基本具有书面语言的功能意识，并已建立印刷品概念。大部分幼儿已注意到文字符号在生活中的用途，尝试了解文字符号背后所传递的信息，并发现通过阅读可以达到不同生活和学习方面的目的，如了解规则、了解故事内容等。通过对幼儿印刷品概念的观察记录可以发现，虽然此时幼儿已具备基本的印刷品概念，但对于图书的喜爱程度还不高，独立进行阅读活动的幼儿较少。这是因为本阶段幼儿的阅读能力还较弱，在绘本阅读中还未掌握阅读策略。所以，在后期教学中，教师应通过共读的方式逐渐培养幼儿阅读习惯，帮助幼儿理解故事内容的同时，提高幼儿语言互动的意识，进而逐渐提高幼儿的阅读能力。

3. 为幼儿语言表达创造机会

回看本阶段，部分幼儿表达意愿现象的出现与表达行为的尝试，普遍源于生活中真实情境中个人必要的需求表达。虽然大多数幼儿的开口尝试并不准确，但并不影响幼儿语意的传递。在本阶段末期，有越来越多的幼儿在教师积极回应与鼓励下开始大胆尝试开口表达，而语言表达仅仅是国家通用语言学习的初级目标。因此，在后期国家通用语言教学中，教师应通过显性教学活动和隐性教学活动为幼儿制造更多的表达机会。在显性教学活动中，教师可以利用谈话活动、故事内容讨论、学习内容选择等为幼儿制造个人表达的机会。在隐性教学活动中，教师可以通过与幼儿聊天的形式促进幼儿表达。在幼儿表达过程中，教师应积极回应，并不断鼓励，对于幼儿表达不清的内容可以尝试补充或询问，将幼儿语言表达的重点放于语意，而非语法或语序的准确。

第五章 第二轮行动研究：培养幼儿国家通用语言理解与表达能力

本章旨在呈现本书所述研究第二轮教学方案实施过程与观察记录，将教学实施历程和研究者开展行动研究过程中的反思与修正予以说明。本章将从三部分进行探讨：首先，从全语言教育理念出发，结合前一轮教学情况及教学不足，制定本轮培养幼儿国家通用语言理解与表达能力的教学方案；其次，根据全语言教学原则及新一轮教学计划开展语言教学；最后，讨论本轮国家通用语言教学实施效果，并反思教学中的不足及改进方式。

第一节 培养幼儿国家通用语言理解与表达能力的方案设计

通过前一阶段的学习，幼儿已经认识到国家通用语言具有功能性，在学习、生活中已积累部分个人语言经验，同时想要开口表达的欲望不断增强，所以，本阶段将重点培养幼儿国家通用语言理解与表达能力。其中，语言的理解能力是指幼儿在口头语言交流中对语言的理解，以及对故事内容的理解；语言的表达能力是指幼儿使用国家通用语言表达个人意愿、感受或观点。本阶段的语言活动重心在于幼儿对意义的表达和理解。幼儿的语言课程也必须先从意义的表达和理解出发，让语言活动建立在沟通的需要之上。本节将从全语言教师与全语言教室的改进计划、培养幼儿国家通用语言理解与表达能力的课程设计、培养幼儿国家通用语言理解与表达能力的教学设计三方面内容呈现本阶段方案设计。

一、全语言教师与全语言教室的改进计划

（一）树立全语言教师观

学前教师在教育过程起着重要的指导作用，当然，全语言教师在全语言教学实施过程中也具有重要的指导作用。在全语言教学中，教师更多时候是观察者、协同者、资源提供者及学习者。反思前一阶段的教学，虽然教师已初步完成从传统教师到全语言教师的转变，但在教学中完成全语言教师角色还略显不足，如作为观察者，观察还不够仔细，从而错失教育机会；作为协同者，对幼儿的接纳程度还不完全，从而出现急于求成、忽略幼儿感受等问题。因此，在本阶段教学过程中，全语言教学小组教师

还需要不断明确全语言教师角色，并成为真正的全语言教师。下面将进一步明确本阶段全语言教师角色的具体任务。

1. 成为更好的协同者

本阶段教师需要更加尊重、包容地接纳每名幼儿在语言学习方面的差异，不应用单一的标准衡量、要求每名幼儿，而是应协助幼儿在自身原有的语言基础上，发展个人理解与表达能力。教师作为协同者，教师应相信幼儿在语言学习方面具有无限潜力，并在适时适当的机会给予幼儿鼓励、支持和引导，激发幼儿口头语言表达的欲望，使幼儿在表达中建立使用语言的信心，在生活与课堂实践中积累口头语言经验。协同者应帮助幼儿学习、掌握必要的理解与表达技巧。在阅读中协助幼儿理解故事、掌握一定的阅读技巧，如故事情节预测、留意故事线索等；在表达中协助幼儿完成语意的传达，不断扩充幼儿词汇量的同时，使幼儿表述更加完整、准确，如人称代词的准确使用、关系连接词的使用等。

2. 成为更好的观察者

观察幼儿是全语言教师在教学过程中始终贯穿的活动。良好的观察与记录，将为教师了解幼儿、组织教学、研讨反思及制定教学目标提供有利材料，也是提高教学效果和提升个人教学能力的基石。在本阶段教学中，教师需要更加认真、细致地观察幼儿，并形成有效记录。观察中需要强调以下两项任务。

观察幼儿语言行为，适时给予支持和引导。只有通过细致的观察，教师才能及时地发现幼儿进行语言探索、尝试的行为，当幼儿在尝试过程中出现难以克服的困难时，教师需要及时引导和鼓励，成为幼儿探索学习的引导者、催化者和合作伙伴；当尝试行为发生且较为顺利时，教师应关注幼儿并给予及时的肯定和鼓励，成为幼儿语言实践的支持者。

观察幼儿在语言学习中的表现及变化，为客观真实地评价幼儿提供材料，为个人教学改进提供依据。在教学活动开展过程中，应细致观察幼儿学习过程、语言表达等，在课后及时形成观察记录。根据教学观察记录及时反思个人教学中存在的不足，以便为个人教学改进提供参考依据，从而提高个人教学能力。同时，观察材料应根据幼儿姓名分类保存，从而为后期评价幼儿语言学习情况提供过程性材料。

3. 成为更好的资源提供者

全语言教师既是幼儿学习资源的提供者，也是为幼儿提供语言表达机会的制造者，更是幼儿语言资料使用的引导者。全语言教育认为，文学作品中的语言通常较为精练、优质、多样化，有利于幼儿认识、储备语言资料，并且文学作品中的知识和经验较为丰富，教师应更好地利用文学作品，特别是图画故事书（绘本故事）能够丰富幼儿的语言、情感和知识。在本阶段的显性教学活动中，教师需要为幼儿提供更多文学材料，如绘本故事、生活故事等，通过教学促进幼儿阅读能力和语言理解能力的提高。教师还需要利用文学等语言材料，结合幼儿已有的生活经验选择话题，开展谈话活动，从而激发幼儿的表达欲望，积累个人语言使用的经验。在隐性教学活动之中，教师需要在生活的真实情境下，通过提问、游戏等方式为幼儿提供更多表达的机会。

（二）改进小组教研形式

在前一阶段的教学活动中，全语言教学小组教研活动是以小组为单位，每周固定一次正式教研的形式开展的。教研活动的时长，一般为一个小时左右，如果问题较多，则时间较长。研讨内容涉及著者本周观察情况总结、小组教师自我总结、本周教学问题探讨及未来一周的教学计划。但通过前一阶段的研讨过程总结，每周固定一次的教研活动有可能错过教学问题解决的最佳时间。并且小组教师往往只是在教研中相互讨论，并未进行更深入的相互学习。本阶段将通过调整教研时间和丰富教研形式改进小组教研活动。

首先，增强教研时间的灵活性。在本阶段教研时间内，在原有每周一次例行教研活动的基础上，增添临时教研活动，即当教师出现教学问题、在理论实践中出现疑惑时，可以随时与小组教师讨论教研。其次，提高教研形式的多样性。本阶段在原有正式教研的基础上，增加非正式研讨和小组教师相互听课的教研形式。小组教师可以利用课间或活动时间进行非正式教研活动，从而提高问题解决的时效性。同时，在教学活动中，鼓励小组教师在没课的时间互相看课，促进相互学习、相互交流。以上非正式教研活动的内容，将在每周一次的正式教研活动中进行总结，并请每名教师分享看课体会。

（三）逐步完善全语言教室

丰富且有利于幼儿阅读能力发展的语言文字环境将会为幼儿使用语言提供机会。前一阶段全语言教室区角、主题墙已逐渐完善，本阶段将在已有的文字环境基础上增添幼儿作品、与幼儿语言学习相关的语言文字材料。为了进一步丰富语言文字环境，增强幼儿与教室环境的联系，首先，可以将幼儿作品（如教室环境介绍、个人作品介绍等）陈列于教室内，这样不仅能满足幼儿的成就感，还能够为幼儿提供话题。其次，可以鼓励幼儿在阅读或教学活动中利用喜爱的绘本故事制作主题墙，丰富班级语言文字环境。从而在全语言教室中增添幼儿学习实践元素，为幼儿提供真实且多元的语言材料，促进幼儿在学习和生活中表达个人想法，以及激发幼儿对语言材料、文字环境的探索欲望。最后，本阶段应对班级图书角的图书进行调整和充实，由于幼儿园资金有限，增加新书的数量较为有限，教师可以采用班级之间图书互换的方式为幼儿增添新书目，扩大幼儿的阅读数量，丰富幼儿的阅读种类。

二、培养幼儿国家通用语言理解与表达能力的课程设计

本阶段将延续前一阶段的课程设计方案，以主题形式将课程分为显性教学活动和隐性教学活动，即针对课堂教学和一日生活中的教学活动两部分内容，进行课程设计。同时，在此基础上，增加家园共育、舞蹈音乐展示等活动，丰富幼儿在园学习内容，促进幼儿多元表达（如舞蹈、音乐、图画等多种表达形式）。本阶段的隐性教学活动将为幼儿提供更多亲身参与、亲自实践的机会，从而激发幼儿表达欲望，帮助幼儿在观察、聆听、理解、表达的过程中，积累个人语言经验。在显性教学活动中，由于大班幼儿整体国家通用语言水平已有所提升，本阶段大班幼儿的课堂教学将在儿歌教学的基础上增加阅读教学，通过阅读绘本故事、聆听生活故事、开展谈话活动，提高幼儿国家通用语言理解与表达能力。

（一）显性课程设计

在本阶段的显性课程中，教师将利用文学作品为幼儿创造更多且更丰富的情境，提高幼儿国家通用语言理解与表达能力。正如陈鹤琴所说："爱听故事是幼儿的天性。"当教师为幼儿绘声绘色呈现生活故事、绘本故事内容时，不仅是为幼儿示范如何阅读、扩充幼儿的知识、引发幼儿想象，也是培养幼儿的语言能力，即"故事里各种人物很多，各种动作也很多，形形色色，在当时幼儿只觉得听了有兴趣，哪知道无意之中，就学习了许多语言"。在阅读教学中，教师不仅应为幼儿示范正确的阅读方式，还应在阅读过程中帮助幼儿理解文字。例如，在生活故事中，应选取符合幼儿生活经验并能引发幼儿共鸣的材料；在绘本故事中，则需要帮助幼儿发现文字是解释说明图画内容的，通过逐页看插画并聆听教师讲解，可以帮助幼儿个人理解。

教师可以利用谈话、艺术教育等多种教学活动形式为幼儿提供表达的机会。全语言教育认为，表达是一种沟通能力，幼儿课程应提供幼儿发展多元的表达渠道，包括语言（含口语、文字、符号）、艺术、音乐、戏剧等。根据幼儿的文化背景和生活习惯，通过课堂教学活动，帮助幼儿发现表达的方式绝非语言一种，而是多元、多渠道的，进而为幼儿敢于表达建立自信。针对以上教学内容，幼儿是否理解故事、谈话的内容，将直接关系教学目标能否实现，所以，在教学中，教师需要通过提问的方式检验幼儿的理解程度，利用语言引导、戏剧表演等方式帮助幼儿正确理解内容。

（二）隐性课程设计

本阶段的隐性课程将延续上一阶段的教学方式，即在一日生活中利用真实的情境和及时发现幼儿学习、探索的兴趣开展教学，同时在此基础上，增加园内集体活动，从而为幼儿观察、学习和表达提供机会。本阶段需要培养幼儿语言的理解与表达能力，而一日生活中锻炼理解与表达能力的机会更多且更真实，所以隐性课程将为幼儿提供

更多观察同伴表达，以及自己理解与实践表达的经验。

三、培养幼儿国家通用语言理解与表达能力的教学设计

（一）学情分析

通过前一阶段的教学评价与总结，全班幼儿已能够主动关注环境中的文字符号，对国家通用语言学习具有较高兴趣。在国家通用语言的功能意识方面，能通过在生活与学习中认真观察教师，逐渐发现口头语言和书面语言具有传递信息、沟通交流等功能，并开始尝试探索文字符号的意义。在口头语言表达方面，已掌握部分简单的日常用语和主题词汇，如"老师，再见！""不！""中国"等，大部分幼儿已表现出渴望表达的欲望，个别幼儿可以使用简单的词或短语表达个人需求。在阅读方面，幼儿已初步建立印刷品概念，能准确指出书的组成部分，明白书是由作者创作的，书内图画的创作者是插图作者，能明白每个字在书中是由"空格"分开的。多数幼儿已出现模仿教师阅读的行为，知道正确的阅读顺序，但自主阅读的兴趣程度还不高。整体而言，全班幼儿在语言学习中已有明显进步，幼儿国家通用语言的表达欲望较为强烈，但个人表达能力差异较大。

从客观情况来看，由于受到疫情的影响，该学期开学时间一再推迟，在此期间幼儿园暂停一切教学活动，国家通用语言教学活动也无法正常开展。另外，全部幼儿居家期间，基本回归纯藏语环境，接触国家通用语言的机会较少。因此，此次返校后，幼儿学习的积极性与前一阶段末相比有所下降，语言表达欲望退回不敢说或较少表达的状态。

（二）教学目标

第二阶段在全语言教育理念下开展国家通用语言教学的教学目标是培养幼儿的理解与表达能力。下面将从语言理解与表达两方面制定具体目标。

首先，在培养幼儿语言理解能力方面，本轮教学将主要依托文学作品，通过教师讲解、示范，帮助幼儿理解故事内容，积累语言经验，提高幼儿的语言理解能力。本阶段课堂教学中的文学作品将以幼儿生活故事和绘本故事为主，儿歌和语言游戏为辅。在阅读过程中，教师需要引导幼儿掌握简单的阅读技巧，如预测故事发展、找出故事线索等，从而真正地理解故事内容，提高幼儿的阅读能力和理解能力。在隐性教学活动中，教师需要引导幼儿进一步探索文字符号，认真聆听故事或对他人表达，从而提高个人理解能力。

其次，在培养幼儿语言表达能力方面，教师在显性课堂教学中，需要为幼儿提供讨论、表达的时间和机会，利用提问引导幼儿表达个人想法、观点及情绪。在阅读活

动中，教师可以利用绘本情节、儿歌情节为幼儿创设表演机会，帮助幼儿理解故事的同时，学习书中语言表达，积累个人语言材料。在隐性教学活动中，教师应为幼儿提供多元表达途径，包括语言（口语、文字、符号）、艺术、音乐等，引导幼儿利用不同方式表达自己的想法、情绪。除了日常生活中多使用口头语言表达外，教师还应创造机会让幼儿了解并使用文字符号、涂鸦等方式表达。同时，应为幼儿提供聆听、观察、模仿成人或同伴表达的机会，利用真实的生活情境，激发幼儿的表达欲望，在实践过程中引导、修正、丰富幼儿的语言表达，帮助幼儿提高表达能力。

最后，在隐性课程及活动中，教师需要使用语言不断引导幼儿进行实践活动，帮助幼儿在真实情境中表达个人观点与想法。如果没有语言学习，幼儿的学习就会长期滞留在直接的经验水平，即幼儿在生活实践中获得的经验；如果没有语言总结或描述，则无法真正掌握技能或进行知识迁移。所以，实践活动中教师可以通过语言引导，帮助幼儿加深对实践步骤、内容的记忆与理解，这样不仅为幼儿提供了真实的表达情境，创造幼儿表达的机会，也为幼儿口头语言经验的积累创造了有利条件，从而利用多种材料，通过多样活动帮助幼儿提高语言理解与表达能力，培养幼儿敢于表达、乐于分享的语言态度。

（三）教学内容

本阶段教学主要分为国家通用语言显性教学活动和隐性教学活动两部分教学内容。显性教学活动主要以主题教学的形式开展教学，具体活动内容见表5-1，在本阶段教师将利用实地观察、绘本阅读、谈话活动等方式，加深幼儿对各个主题的认识与理解，将语言学习与自己的生活经验、文化背景相联系，从而表达个人观点、想法或感情。在本阶段教学活动中，教师还需要帮助幼儿了解语言表达虽然是表达方式中最常用的但不是唯一使用的，表达方式还有舞蹈、音乐、文字符号等。隐性教学活动主要涉及一日生活的常规活动和集体活动两个方面，具体活动内容见表5-1。隐性教学活动将为幼儿提供更多个人表达的机会，教师则需要鼓励幼儿表达个人需求、想法等，同时在表达过程中不断尝试使用新的词汇、句式，引导幼儿语句表达更加完整、准确。

表5-1 第二阶段教学活动内容

显性教学活动	
主题	活动内容
调整	复习前一阶段的教学内容； 采用儿歌、幼儿诗、绘本故事及语言游戏等形式
春	（1）春天来了。①语教活动：《好饿的毛毛虫》；②实地观察：春雨后幼儿园里的小动物；③艺术活动：美术活动"画一画春天"；④音乐活动：《春天在哪里》(可改编歌词)。

表 5-1（续）

显性教学活动	
主题	活动内容
春	（2）科教活动：春暖花开。 （3）社教活动：认识农具。 （4）健教活动：春天里要多喝水
新型冠状病毒	（1）语教活动：绘本阅读《病毒科普图鉴》。 （2）谈话活动：病毒是怎样传播的？ （3）科教活动：病毒怕什么？ （4）社教活动：为什么要隔离？ （5）科教活动：病毒和我比大小。 （6）艺教活动：病毒档案
我喜欢	（1）语教活动：谈话活动"我喜欢"。 （2）我喜欢小动物。①绘本阅读《是谁嗯嗯在我头上》；②科教活动"动物的臭臭不一样"。 （3）我喜欢去动物园。①绘本阅读《1、2、3到动物园》；②数教活动：5的组成。 （4）我喜欢唱歌：《我的家在日喀则》。 （5）社教活动：我喜欢的藏族节日
隐性教学活动	
主题	活动内容
签到活动	幼儿签到表
晨读与户外活动	晨读：手指谣、游戏歌、古诗。 户外活动：（1）《丢手绢》《老狼、老狼几点了》等游戏； 　　　　　　（2）跑步、早操
阅读与记录活动	师生共读： （1）自由讨论（师生、同伴）； （2）与幼儿共同选择阅读图书
早餐与加餐	（1）分配值日； （2）分发食物； （3）进餐与自由聊天
主题	集体教学活动
家园共育春耕活动	（1）认识种子； （2）认识农具； （3）和家长一起播撒种子
师幼共读	教师与幼儿共读一本书或开展语言游戏
歌舞训练	准备"六一"歌舞节目

第二节　培养幼儿国家通用语言理解与表达能力的方案实施

突然袭来的新型冠状病毒感染席卷了全球，也席卷了 BL 双语幼儿园的国家通用语言教学。开学的日子到了，但前一阶段的教学成果已被假期"啃噬"得不见踪影。这样的情境虽然让人难以接受又不知所措，但我们选择遵循全语言教育理念调整教学，从头再来。

一、成为全语言教师——学会坚持，学着相信

（一）坚持

学习本就是一件需要不断坚持且不可停止的事情，国家通用语言的学习同样需要不断地学、反复地练，正如荀子所说"故不积跬步，无以至千里；不积小流，无以成江海"。但受新型冠状病毒感染疫情影响，BL 双语幼儿园原本定于 2020 年 3 月初的开学时间被反复推迟，最终于 2020 年 4 月 25 日正式开园。近 4 个月的寒假时光，幼儿不仅没有接受国家通用语言教学，还完全处于纯藏语环境中，其间几乎没有使用国家通用语言的机会，所以，在本阶段教学之初，幼儿国家通用语言水平明显退步，幼儿再次回到不敢说的状态。这对全语言教学小组的教师来说，是一次情理之中却又意料之外的打击。W 老师说："好不容易开口回应了，现在又退回去了，真不知道该怎么办。"Z 老师也在课堂上无奈地说："你看，又都不知道了，真是让人着急。"针对幼儿语言水平整体退步的问题，全语言教学小组迅速共同教研，探讨教学计划。

在集体教研过程中，首先要确定本阶段、本周的教学内容，再次为教师树立信心。本阶段具体教学目标为培养幼儿国家通用语言理解与表达能力，但在幼儿语言水平恢复前，新阶段教学内容尚不能开展。而是应通过教师的共同努力，尽可能在较短的时间内帮助幼儿恢复语言水平。所以，本阶段暂时计划利用 1~2 周时间复习前一阶段所学内容。课程教学内容涉及儿歌、幼儿诗、绘本故事，阅读教学中书的组成部分及正确的阅读方式，户外活动中主要带领幼儿开展语言游戏。在隐性教学活动中，需要引导幼儿观察、探索环境文字，鼓励幼儿在区角活动中使用国家通用语言表达个人意愿。而全语言教师需要在这一阶段以教学小组的形式共同开展教学，相互支持、鼓励完成教学任务。全语言教学小组组长坚持为教师提供支持，帮助教师在全语言教学中树立"我们曾经已取得过进步，这一次不会太难"的意识。

（二）相信

在全语言教学中，教师应相信幼儿具有学习的天赋和语言学习的能力，同时，应

接纳、鼓励幼儿语言探索和尝试。所以，面对此阶段幼儿语言水平略有倒退的情况，教师面对幼儿应该更加具有耐心，相信幼儿国家通用语言水平能够重新回到前一阶段。本阶段教学之初，教师在保持接纳、信任的教学态度的同时，还应为幼儿提供更丰富的语言环境，为幼儿语言学习、探索提供支持和机会，并且在阅读、手指谣等教学活动中成为幼儿的示范者。

当小组教师摆正心态回归课堂后，教师利用显性教学活动和隐性教学活动帮助幼儿回忆所学内容，并鼓励幼儿尝试开口表达。在教学中，W 老师利用晨读时间与幼儿共同回忆手指谣、儿歌及古诗，在这一过程中教师不仅是示范者，也是幼儿回忆知识的伙伴。幼儿与教师一起快乐地复习了《金苹果与银苹果》《田里的番茄》《黑猫警长》《我们的祖国真大》《春晓》等。Z 老师说："其实，和幼儿一起复习就能发现他们是记得上一阶段学习内容的，这给我增添了信心。"在开展国家通用语言教学的一周时间里，教师为幼儿提供了丰富的文字环境，陪伴幼儿反复练习之前所学内容，幼儿很快就在宽松、愉快的学习氛围中回到曾经的语言水平。W 老师说："上了三四天课后，他们能很自然地告诉我'这是国旗，这是长城'，也会跟我说'老师，要牛奶''我要上厕所'。我觉得他们只是太久不用有些不适应，现在回到正常学习的状态，他们的语言就回来了！"

这一次小挫折让教师更加坚信幼儿具有语言学习的能力，即对于已掌握的语言知识不容易忘记。与此同时，在教学中，教师为幼儿提供了丰富的语言环境和学习机会，既是幼儿语言学习的引导者和伙伴，更是为幼儿建立信心的支持者。因此，小组教师将会把此次收获的教学经验运用到后面的教学实践中，成为幼儿学习的资料提供者、支持者和语言使用的伙伴。

二、文字环境——从有到多

前一阶段全语言教学小组为班级重新规划区角，同时在班级内外增添多面主题墙。在教师的精心规划与装扮下，大班教室成为语言文字环境较为丰富的全语言教室。从前，只能看不能玩的区角、图书角，经过改造后不仅可以玩，还充满了文字符号。其中角色"超市"区、图书角成为幼儿最喜欢的区角，在区角内幼儿沉浸于角色，轻松自然的氛围为促进幼儿语言表达提供了机会；不同主题的主题墙则成为幼儿探索文字符号、回忆教学内容的环境引导墙，主题墙为幼儿自主观察、学习提供了渠道。

首先，本阶段班级区角基本不变，但图书角图书、印刷品需要重新调换。由于 BL 双语幼儿园办园经费有限，本次调整将利用班级图书互换的形式丰富图书角图书和印刷品。其次，在本阶段教室装饰方面，将更多利用幼儿课堂作品及教学内容完成装饰，从而在拉近幼儿与教室环境距离的同时，对幼儿学习成果进行集中展示。同时，会将教学中所涉及的知识或特色教具重新布置，如春季的农具展示，教师将利用日常用品或微缩农具样品，为幼儿布置农具展等。最后，本阶段绘本故事阅读是课堂教学中最常使用的材料，因此，教师将利用幼儿筛选的绘本内容创设绘本墙。绘本墙中涉及的故事都是幼儿在课堂教学活动或阅读活动中已经阅读过的作品，所以，在经过绘本墙时会产生阅读话题，从而为锻炼幼儿的理解与表达能力提供机会。具体环境装饰说明见表5-2。

表5-2　环境装饰说明

图片	内容介绍
农具展 	在主题"春"的延伸活动中，教师为幼儿准备了一些当地农具模型和实物，帮助幼儿观察、了解藏族独特的传统工具。课堂观察后，教师利用收集制作的农具布置特色农具展
绘本墙 	绘本故事始终贯穿于本阶段教学，在教学中总有一些绘本是幼儿爱不释手、要求教师反复阅读的。经过幼儿共同筛选，五本绘本被评为本阶段幼儿最喜爱的绘本。教师根据五本绘本内容制作绘本墙

三、开展全语言教学——理解与表达能力的培养

对于第二阶段全语言教育理念下国家通用语言的教学内容，小组教师将利用丰富的语言材料提高幼儿的语言理解能力，丰富幼儿的词汇量，拓展幼儿表达中语句的完整性和复杂度，并为幼儿提供更多表达机会，从而帮助幼儿积累口头表达经验，提升幼儿语言表达能力。培养幼儿的语言理解能力，主要涉及培养幼儿口头语言的理解能力和阅读理解能力；培养幼儿的语言表达能力，主要涉及培养幼儿准确完整地表达个人想法、情绪的能力，以及发现表达具有多元性，尝试多元表达。本阶段将主要通过显性教学中的绘本教学锻炼幼儿的理解与表达能力，通过隐性教学活动为幼儿提供更多表达的机会，鼓励幼儿尝试多元表达。事实上，很多教学活动在帮助幼儿提高语言理解能力的同时，往往也为幼儿表达积累了经验，例如，教师会通过提问的方式考察幼儿是否理解绘本故事内容，此时幼儿根据个人理解进行作答，回答的同时也是对表达能力的训练。因此，本阶段将通过显性教学和隐性教学两部分教学活动的阐释，展现幼儿国家通用语言理解与表达能力提升的过程。

（一）显性教学中对语言的理解与表达

本阶段的显性教学中，国家通用语言教学活动将主要通过绘本故事、主题谈话等教学内容，提高幼儿的阅读理解能力与表达能力。本阶段选择绘本故事作为语言教学主要材料的原因在于，一方面，全语言的语文课程应培养幼儿对文学的爱好，长期使用文学作品教学是培养幼儿喜爱文学作品的重要途径；另一方面，文学作品中的语言较为精练、优质、多样化，是幼儿书面语言材料的重要来源。文学作品可以为幼儿提供口头语言和书面语言两个方面的经验，教师在示范讲述故事时，可以为幼儿提供口语表达的材料，当幼儿自主阅读尝试回应作品时，可以丰富幼儿的书面语言经验。

1.绘本故事教学中幼儿的理解与表达

新型冠状病毒感染疫情结束后，防疫宣传工作仍在继续，疫情期间幼儿经常通过电视、手机等媒体接触到关于新型冠状病毒感染的新闻，对于病毒是什么、病毒是如何传播的、应该如何预防新型冠状病毒都产生了小小的疑问。教师通过日常生活观察，发现幼儿对新型冠状病毒宣传栏非常关注，也会时不时向老师说起与新型冠状病毒有关的信息。通过与幼儿共同讨论，最后教师将通过"新型冠状病毒"这一主题向幼儿全面介绍新冠状病毒和有关防护的知识。

场景

我来说病毒

教师通过科普绘本《病毒科普图鉴》，向幼儿介绍关于新型冠状病毒的发生、发

现、传播及预防。该绘本于2020年3月出版, 绘本内容较为真实地反映了新型冠状病毒发生时幼儿的生活状态, 内容中有科学家研究病毒、医生救助病人等幼儿较为熟悉的场景, 并且向幼儿较为全面地科普新型冠状病毒的知识。教师利用疫情期间的短视频作为导入开展绘本故事教学, 在教师讲述绘本的过程中, 幼儿都听得非常认真, 能认真仔细地观察图片内容。讲绘本的过程中, 教师会引导性地提问, 促使幼儿在聆听过程中思考, 在理解后表达。

…………

Z老师: "那么病毒是怎么传染给人的呢?" (Z老师耐心地等待幼儿思考)

G-ZM2: "打喷嚏, 阿嚏——就传染给别人了!"

B-RZ: "他们不洗手吃东西, 就会生病!"

B-NM2: "他们不戴口罩!"

…………

Z老师: "你们说的都很有道理, 我们来看看书上是怎么说的!"

(孩子更加专注地看着老师) 原来, 嘴巴和鼻子是我们敞开的"大门", 当有病人咳嗽、打喷嚏时, 就可能会传播病毒。

课堂回答见表5-3。

表5-3 课堂问答

问题: (Z老师讲完绘本后, 反问幼儿) 为了防止病毒, 我们应该怎么做呢?	
姓名	描述
G-ZM2	G-ZM2 (走上讲台, 自信地回答): "我们要洗手! 洗手的时候要先这样 (小手搓掌心), 这样 (十指交叉搓手指), 再这样 (指尖立在掌心搓指尖)。"
G-ZM6	G-ZM6 (走上讲台, 干脆地回答): "我们要洗手, 吃饭前要洗手、回家要洗手、玩完玩具要洗手, 还要保护动物。" Z老师: "是不吃野生动物吗?" G-ZM6: "是的!" (说完后开心地回到座位)

表 5-3（续）

姓名	描述
G-JJ	G-JJ 很勇敢地举手，但走上前似乎又不知道该说些什么，腼腆地笑着。 Z 老师："我们要如何预防病毒呢?" G-JJ（低声地说）："洗手!" Z 老师："很对! 还有吗?"（用动作示意戴口罩） G-JJ："口罩。"（非常害羞地说） Z 老师带领全班幼儿一起为 G-JJ 鼓掌

场景背后

全语言教学认为，每名幼儿都是积极的语言学习者，他们往往对自己熟悉的、感兴趣的事情具有更高的学习热情，所以全语言教师在教学内容选择时要遵循"真实"原则，充分考虑幼儿的生活经验、文化背景，充分尊重幼儿的学习意愿。全语言教学小组在充分观察幼儿兴趣、了解幼儿生活经验的基础上，拟定"新型冠状病毒"这一教学主题。正式开展绘本阅读前，教师以疫情期间短视频为课堂导入，极大地激发了幼儿的学习兴趣。许多幼儿对视频的内容并不陌生，会情不自禁地说"病毒"等关键词。在绘本阅读过程中，教师通过有效提问与幼儿互动，问题一般为故事情节的预测或总结，引导幼儿结合自己的生活经验或回忆阅读内容进行回答。从而帮助幼儿在阅读过程中，结合生活经验理解故事内容或书中的一些新概念，构建语言结构意识，大致清晰故事内容的发展顺序。

这样的方式不仅可以真正检验幼儿对故事内容的理解程度，有效检测幼儿在聆听中的表现，也可以帮助幼儿学习阅读技巧（如推测、总结等）。在回答问题的过程中，幼儿可以回忆、参考绘本内容，结合自身经验完成回答。故事本身的词句已为幼儿提供了大量语料，从而扩大幼儿词汇量的同时，也能促进幼儿完整表达句子。同时，绘本内容与幼儿生活联系紧密，很容易帮助幼儿联想起自身的生活经验，如玩完玩具要洗手等。由此可见，绘本故事阅读不仅能够提高幼儿的理解能力，学习阅读技巧，还能为幼儿表达提供大量语料，激发幼儿表达欲望。

2. 谈话活动中幼儿的理解与表达

在"我喜欢"这一主题内容中，内容涉及多部绘本。同时，通过与幼儿沟通发现，幼儿对藏族节日有着特殊的感情，每名幼儿想表达或描述的内容较多，因此教师将"我喜欢的节日"纳入该主题活动，让幼儿在深入了解本民族传统节日的同时，体会表达方式具有多样性，语言表达只是表达方式中较为常用的方式之一。

场景

藏族节日

在甘南藏族自治州，每逢农历六月中旬，会迎来传统民俗节日——香浪节。除此之外，随着近年来旅游业的开发，每年7—8月甘南藏族自治州都会举办最大的旅游综合性节日——香巴拉艺术节。虽然许多幼儿还不太了解节日背后的文化背景，但大多幼儿亲身感受过草原节日的盛大和欢快。在当地，大型节日中都会有一些传统节目，如藏戏、传统体育项目、歌舞表演等。在香巴拉艺术节中，当地会组织事业单位人员和公务人员在草原上一同进行万人锅庄表演，BL镇的教师和乡政府工作人员也都会参与其中。

该场景话题问答片段如表5-4所列。

表5-4　话题问答片段

问题一："过节的时候都会做什么呢？"
（幼儿纷纷举手抢着回答） B-DZ2："吃好吃的！" W老师："什么好吃的？"（W老师给幼儿充分的思考时间） B-DZ2："肉！……酸奶！" W老师（补充道）："是的，吃羊肉，喝酸奶！还有吗？" G-ZM2："妈妈会给我做糌粑，我和妈妈都很漂亮，穿……（藏袍）。去帐篷坐着，还会唱歌。"
问题二："在节日里都会有什么表演呢？"
B-RZ："摔跤！……戏！（藏戏）唱歌！很多人一起跳舞！" B-NM1："骑马！摔跤！跳舞！"
问题三："在节日里你最喜欢的事情是什么？"
B-AX："我喜欢看摔跤。" G-ZM6："我喜欢看他们跳舞，和他们一起跳舞。" G-BJ1："唱歌，我最喜欢唱歌了！我妈妈就会唱歌，我也会。"（她自豪地说）
与W老师一起回忆节日中高兴会做的事情——唱歌、跳舞

在关于"藏族节日"谈话活动中，幼儿对于自己熟悉的话题都有着强烈的表达欲望。虽然幼儿在表达中所使用的句子还不长，部分专有词语还不知该如何表述，但在

表达过程中都能尽力描述，完成意义传递，且表达的意愿较为强烈。在谈话活动中，大多数幼儿基本都能做到认真聆听他人发言，但插话、抢答的现象也频繁发生，对于错误的表述幼儿能够反驳。许多幼儿在发言过程中，是复述前一名幼儿的回答内容完成发言，但教师并没有阻止，仍然鼓励并肯定每名积极表达个人观点的幼儿。

场景背后

该场景反映出本阶段幼儿已能在谈话活动中积极发言，能理解教师提问，根据问题表达个人观点，或联想个人经历进行回答。讨论中基本形成和谐、欢乐的谈话氛围，幼儿基本能做到轮流举手发言，但对于知道的问题容易出现抢答、随意插话的现象。幼儿的语言表达与本阶段之初相比，词汇丰富了，句子也逐渐变长。描述事件时，经过多名幼儿回答，事件逐渐完整清晰，但重复模仿前一名幼儿回答的现象较为普遍。幼儿在话题活动中，通过聆听他人信息，模仿他人回答或回忆亲身经历进行回答，加入讨论，积累个人语言使用经验。

在谈话中，W老师设计的问题大多为开放性问题，在没有对错统一答案的环境中开展讨论，幼儿更加放松，也更愿意表达。谈论的话题与个人生活密切相关，都是幼儿已有的生活经验，所以幼儿在表达过程中往往更投入、更充分，表达的感受也更加轻松愉快。活动最后，W老师请幼儿回忆"节日中大家高兴、开心时会做什么事？"引导幼儿表达的方式多种多样，例如表达快乐时，不仅可以说"我很快乐"，而且可以唱歌、跳舞抒发自己的感情，这也帮助幼儿明白表达方式具有多重性，而语言是最常用的方法。由此可见，谈话活动是在实践过程中，帮助幼儿通过观察、聆听积累语言材料，利用回答问题锻炼幼儿表达能力，并且在轮流回答问题的过程中逐步培养交流的意识和礼仪。

3. 其他活动中幼儿的理解与表达

本阶段教师通过绘本阅读、谈话活动等语教活动，帮助幼儿理解、积累更多语言材料的同时，也为幼儿提供了更多表达的机会。但通过对语言教学活动进行观察，教师发现积极回答问题且敢于表达的幼儿，与沉默不语且较少表达的幼儿呈现明显的两极分化。W老师回忆"班上有几个孩子，真的很少开口，说什么话题都不发言"，Z老师也发现了这一问题，她说："是的，当我问他时，能够发现他好像也知道点儿，就是从来不回答问题。"Z1老师说："通过我的观察，确实爱说的孩子总是举手，也获得了更多锻炼的机会。那些越沉默的孩子，越是没有去表达、去锻炼国家通用语言的机会。"

针对这一问题，全语言教学小组详细了解幼儿情况，发现"不会说""有点不敢"是幼儿羞于表达的共同原因。因此，全语言教学小组认为不仅要在语教活动中为幼儿提供更多语言表达的机会，而且应在其他教学活动中为幼儿营造轻松、愉快的表达氛围，同时为幼儿创造更多与同伴和教师讨论的机会，从而促进幼儿在实践过程中加深语意理解，在活动中增强表达意愿，最终提高个人的语言理解与表达能力。

场景

有趣的农具

在开展家园共育种植活动中，教师发现幼儿对当天所使用的农具非常感兴趣。于是，便结合藏族民间农具和当地农具，为幼儿开展"认识农具"的社教活动。活动中，幼儿可以从家带一些小型农具，并为大家介绍所带农具的功能。在活动中，教师为幼儿展示了一些农具模型，如铁锹、架子车、背篓、锄头等。教师分别介绍不同农具后，将模型分给各组幼儿，请小组幼儿一起参观、讨论，最后请幼儿演示讲解。

农具观察记录见表5-5。

表5-5　农具观察记录

农具	用途	幼儿解释
牛鞭绳	牛鞭绳是一种当地牧人用来赶牛、羊的鞭子。在圆布的位置可以放置石头，牧人可以通过牛鞭绳将石头甩向远处的牛羊，以此达到赶牛、赶羊的目的	W老师："B-AX，你让大家看看牛鞭绳，讲讲它怎么用的。" B-AX："这个是可以打牛的，就这样（边做边说），啪，打过去，牛就回家了。" W老师："说得很对，你们也可以来试试啊。" …………
布袋与背篓	布袋学名褡裢，当地人俗称布袋、肩袋，是牧人跨在肩膀上放口粮等物品的袋子。 背篓在当地是常见的物品，藏族人经常用背篓背牛粪、木材	B-DZ3："这个给你。（把布袋搭在同桌肩膀上）好了！" G-ZM1："不行，掉了！"（布袋滑落） B-DZ3："要装吃的。"（假装放进去，又将布袋搭到同桌肩上，用手扶着） B-ZX4："这个背篓，给你！" B-DZ3："不，你背上捡木头。" …………

表 5-5 （续）

农具	用途	幼儿解释
簸箕 	牛粪是当地人取暖、生火做饭的重要燃料。日常需要用簸箕收集干牛粪	B-CR："你去捡牛粪，我来做饭咯！这个都用完了！" B-HJ："好！（用簸箕假装捡牛粪）好了，已经好了！"
常用农具： 板车、锹、锄头 	当地许多牧民还是过着游牧生活，所以牧民常用板车拉牧人的帐篷、生活用品。 当地为半农半牧区，藏族人使用这些工具种植青稞等农作物	B-ZX3（拿起锹）："我爸爸，就是这样挖土，在后面。"（边说边演示） G-ZM3："我爷爷还用了这个，这样。"（拿起锄头演示） W 老师："是说上次幼儿园的春耕活动吗？" 幼儿："嗯！"（点头）

认识农具的活动中，教师特意将幼儿分成小组。分发农具后，幼儿以小组为单位进行观察、讨论和解释。在小组活动过程中，刚开始不常表达的幼儿很少参与讨论，就算参与也是使用藏语简单地说一句。随着小组讨论、体验的深入，幼儿逐渐放松并露出笑容，开始模仿同组幼儿说简单的词语，如"背篓""你背"等。反观此次活动，所有幼儿都参与其中，并且以小组的形式开展讨论。部分国家通用语言表达能力较强的幼儿（如 B-RZ，B-AX，G-ZM2 等），在各自小组中能起到带领、引导作用，从而激发小组中不善表达的幼儿加入体验、参与讨论。

场景背后

首先，在本次"认识农具"的教学活动中，幼儿不仅深刻、直观地了解了藏族独特的传统工具，而且能在小组合作中充分观察、讨论农具。小组学习的方式有效带动了全班幼儿参与分享讨论，并且促使幼儿口头表达的效果较为良好。在小组讨论中，有的幼儿敢于表达，也愿意尝试，从而为其他幼儿营造了一种轻松的交流气氛，在同伴的带动下，部分羞于开口的幼儿也能尝试加入讨论。而良好的谈话不仅需要有趣的话题，还需要充分的讨论机会和时间。所以在本次活动中，W 老师将幼儿分成小组并给予其充分的时间观察、体验、讨论，从而为幼儿表达个人想法提供了机会和时间。

与此同时，教学活动中真听、真看、真实践的教学过程，既能丰富幼儿的个人实践经验和个人认知，也能为幼儿提供相互讨论、游戏的机会。

其次，在表达中就某一话题联系个人生活经验展开讨论，说明部分幼儿的表达能力在逐渐提高。在本次教学活动中，部分幼儿已能够联系之前家园共育活动的情节，分享自己父亲、爷爷使用农具的经验或场景，带动小组幼儿一同回忆并讨论。整个活动在轻松愉悦的氛围中度过，每名幼儿都能认真聆听教师讲解，仔细观察农具，并积极参与讨论。由此可见，在课堂中通过小组学习的形式，可以有效促进同伴互动，激发幼儿的表达意愿，从而为解决班级幼儿口头语言表达能力两极分化的问题找到出口。

（二）隐性教学中语言的理解与表达

幼儿园隐性教学活动主要指教师通过对一日生活中幼儿行为的观察，及时给予支持和引导，从而帮助幼儿完成语言学习的自主探索、尝试与模仿，最终积累个人语言使用经验。在本阶段的隐性教学活动中，教师将为幼儿提供更多表达的机会，鼓励并支持幼儿表达个人意愿、情绪、建议等。同时，为幼儿提供更多聆听师生、同伴之间讨论的机会，帮助幼儿在聆听他人对话的过程中积累个人语言经验，了解更多词句意义，并鼓励幼儿尝试在自己的表达中使用部分他人对话词语、儿歌词语或故事语言。

1.语言环境创设表达机会

第一阶段，教师为幼儿规划班级区角、创设主题墙，其目的在于引导幼儿发现语言的功能意识，关注并尝试探索文字符号及文字符号的意义。本阶段，教师仍然需要利用班级中的语言环境和丰富的语言材料，引导幼儿在前一阶段的基础上使用语言，表达个人想法、建议、情绪，或为教师、同伴描述事件、情节。在教学初期，幼儿的国家通用语言理解能力还不强、语言表述还不完善，所以，在一日生活的真实情境中，教师可以利用提问和回答问题，或利用重复正确语句等方式，帮助幼儿理解教学内容，为幼儿示范正确的表达方式，从而在生活的点滴中积累口头语言经验，提高个人的理解与表达能力。

在区域活动中，隐藏着语言教育机会。区角活动为幼儿创设了较为真实的游戏环境，在游戏中幼儿尝试使用语言与同伴共同协作，所以，幼儿情境中使用的语言自然且有意义。《指南》中明确指出，幼儿语言学习与发展的首要任务是帮助幼儿成为积极的语言运用者，在交往中逐渐学习理解和表达。所以，全语言教师应为幼儿创设宽松的语言交流环境，关注幼儿在一日生活中的交往行为，从而适时给予幼儿语言支持，促进幼儿语言能力的提高。在角色扮演区，幼儿身处游戏情境，扮演不同角色，并尝试使用情境中的语言自我表达、沟通，虽然在本阶段开始，幼儿自身的表达能力还不强，理解能力也较为有限，但尝试表达就是一个良好的开始，也为教师语言教学与引导提供了机会。

场景

游戏区角的理解与表达

一日区角活动中，B-NM1 又来到"超市"区，自己兴致勃勃地摆弄着"超市"中的"商品"。此时，B-AX 走进"超市"开始观察"商品"。

B-NM1 看看 B-AX，问道："要什么？"

B-AX："不要！"

（B-AX 虽然什么都不要，但似乎没有要离开的意思）

B-NM1："这个好！"（手里拿着可乐罐）

B-AX："不要！娃哈哈好喝！"（B-AX 拿起娃哈哈 AD 钙奶）

B-NM1："哦……"（B-NM1 似乎想说，但不知道怎么说）"没交钱呢！"（用藏语对 B-AX 说）

（B-AX 还在看商品，似乎没有听到）

W 老师对 B-AX 说："娃哈哈要收钱的。"

B-NM1："嗯！（看着老师，点点头）钱！"（拍拍 B-AX，伸出手）

B-AX："给！"（他假装从兜里掏出了钱，放在 B-NM1 手上）

W 老师问 B-AX："为什么娃哈哈好呢？"

B-AX："它有营养！"

W 老师："那可乐就没有营养吗？"

B-AX："嗯！它（手拿可乐瓶上下摇晃）就会爆炸！在你的肚子里就，BOOM！炸了！"

B-NM1："哈哈哈！爆炸！BOOM！BOOM！"

W 老师也笑起来："哦，原来是这样，那还是喝娃哈哈吧！"

场景背后

区角活动为幼儿创设了更为真实的交流、交往环境，也为幼儿使用语言提供了时间和机会，所以，宽松且真实的语言情境是幼儿认真聆听、尝试表达、积累个人语言经验的有效途径。在全语言教育中，反复强调在幼儿语言表达之初，教师不应纠结于幼儿的语法、语用，而应关注语音的传递。所以，在以上场景中，虽然 B-AX 和 B-NM1 使用国家通用语言表达时语言的完整性还不强，部分语句的语法也不准确，但 W 老师并没有上前打断幼儿表达、妨碍幼儿语意的传递。而当对话陷入困境，W 老师则给予适当支持，为 B-NM1 争取收费的同时，也为 B-NM1 示范国家通用语言的表达方式。最后，W 老师围绕幼儿谈话内容对 B-AX 进行提问，实则是为 B-AX 提供口头表达机会。幼儿和教师在欢乐的气氛中结束了简短的交流，为幼儿表达提供了较为良好的聆听、表达经验。

通过以上场景可以发现，幼儿在一日生活中的谈话形式、内容都较为随机，因此更需要教师细致的观察，以便为幼儿提供支持和引导。并且，教师参与幼儿对话，为幼儿语言表达提供了更多的机会，所以本阶段教师不仅需要认真观察幼儿的语言行为，还需要参与幼儿活动并成为幼儿的伙伴，为幼儿口头表达创造机会。此外，幼儿国家通用语言的理解与表达能力的发展是伴随着日常交往发生、发展的，因此，教师应鼓励更多的幼儿参与到对话中，在对话过程中提高幼儿聆听、理解与表达能力。

除了区角活动为幼儿提供了较多表达机会外，主题墙中的主题、图片、文字符号不仅为幼儿的语言理解提供了多种途径，也为幼儿语言表达提供了更多话题。随着幼儿语言功能意识的逐步增强，幼儿对环境文字中文字符号的关注度也在不断提高。所以，丰富的语言环境在培养幼儿语言功能意识的同时，也为幼儿谈话、个人表达提供了材料和话题。

事实上，对话可以锻炼幼儿聆听和表达两个方面的能力，只有幼儿在聆听的过程中理解对方的语意，才能表达自己的想法，对提问做出回应。在这一场景中，幼儿的表达较为简短，多使用词语或短语，短句中仍有语法错误。但此阶段幼儿已具有强烈的表达意愿，在一日生活中幼儿渴望与教师、同伴对话，从而在使用语言的过程中积累语言经验。

由此可见，丰富的语言环境为培养幼儿口头表达能力提供了更多机会和话题，同时为幼儿探索语意提供了途径。本阶段幼儿在对话过程中虽然使用的词句较为简单，句子的完整性也不高，但表现欲和表达的积极性明显提高。话题讨论过程中幼儿希望教师、同伴加入话题讨论，他们通过认真聆听、观察教师或同伴的语言表达，及时给予回应，并为自己积累语言经验。在开学之初，许多幼儿虽有表达欲望，但还不能自主、自信表达，他们在语言活动中可以认真聆听，能在对话中对教师或同伴做出眼神、面部表情的回应，并尝试理解教师或同伴的语言。因此，本阶段教师在仔细观察幼儿，积极引导幼儿表达的同时，还需要给幼儿更多鼓励，激发幼儿自主、自由地表达。

2. 日常生活中的语言表达

幼儿园一日生活是幼儿语言学习的主要情境，生活中幼儿参与的不同语言活动都会对幼儿的语言发展产生潜移默化的影响，如聆听教师间的谈话、与同伴一起做游戏、向教师提问等。教师需要关注幼儿的一日生活，善于在生活中发现、确立话题，灵活组织隐性教学活动，为幼儿提供充分的对话、聆听、表达机会，促进幼儿理解与表达能力的发展。

生活中必要的需求表达是幼儿在最初尝试表达时的原始动机，所以在第一阶段末期，部分幼儿就已尝试使用语言表达"去厕所""要（面包）"或向老师告状。第一阶段中幼儿告状时只能说出"老师""他"简单的人称代词，事件的过程往往是教师推测的。但随着幼儿语言能力的提高，幼儿在本阶段日常告状中的语言表达也更加完整。

场景

争论中的叙事表达

一天早餐结束后，Z 老师在整理餐盘，听到教室中有孩子的哭声。走出盥洗室，看到全班大多幼儿聚集在教室中央，发现原来是 B-NM1 和 B-ZX1 发生了争执。当 Z 老师走到孩子中间，幼儿开始描述事件：

G-ZM6："老师，他打他，他打他！"（一边说，一边指给老师看）

Z 老师："是谁先动手打人的？"

B-ZX1："他！"（指着 B-NM1）

孩子们争先恐后地说："他，他，他！"（指着 B-NM1）

（B-NM1 气呼呼地看着 B-ZX1，好像有些不服气）

Z 老师："那为什么要动手呢？"

B-NM1："没有……"

MC："老师，他（指着 B-ZX1）抢了他（指着 B-NM1）的鸡蛋。"

B-NM1："他先抢的。"（指着 B-ZX1）

B-AX："老师，是他抢了 B-NM1 的鸡蛋，B-NM1 打了他。"

B-ZX1："他打我的。"

Z 老师："老师明白了，是 B-ZX1 先抢了 B-NM1 的鸡蛋，后来 B-NM1 生气打了 B-ZX1，对吗？"

孩子们纷纷回答："是，是！是的。"

…………

后来 Z 老师告诉 B-ZX1 抢东西的行为不正确，B-NM1 更不应打人。最后，两人握手表示互相原谅，还是好朋友。

场景背后

幼儿相互争吵或有矛盾的现象在一日生活中较为常见，如果教师能抓住机会适当引导，则会成为有效的语言教学活动。大班幼儿发生矛盾面对教师提问时，双方都有为自己解释的迫切需要，所以在解决矛盾时，幼儿都具有较强的表达动机。虽然在本阶段初，幼儿独立描述事件经过的能力还不强，但在教师提问引导下，幼儿通过共同合作、相互补充，可以使事件经过逐渐清晰。解决矛盾的整个过程，教师没有打断幼儿表达，只是简单询问事情经过，引导幼儿描述、叙事，参与表达的幼儿也逐渐从两名幼儿发展成全班幼儿集体回忆描述事件经过。可见，教师在解决矛盾的同时，也为幼儿提供了良好的表达机会，通过提问引导提高幼儿叙述事件的能力。

由此可见，一日生活中的诸多小事都是锻炼幼儿语言理解、表达能力的良机。由于生活中发生的事件具有真实性，幼儿的需求往往更加真实，从而想要表达的动机也更强烈。生活中的事件具有偶发性，没有课程的预设，发生得自然且随机，所以在不同事件中教师使用的词汇往往不同，从而可以扩充幼儿的词汇量，帮助幼儿积累语言经验。

3. 游戏中的语言描述

在游戏活动中，教师不仅仅是观察者，还应融入幼儿活动，成为幼儿游戏的伙伴。当然教师作为游戏活动的组织者，需要把握班级整体的游戏情况，当幼儿分组开展游戏时，教师需要观察各小组的游戏情况，对于需要教师支持，或渴望与教师沟通的幼儿，教师应及时给予回应。游戏活动本身就为幼儿小组互动、师幼交流互动，以及语言练习和使用提供了机会，所以教师更应在游戏中给予幼儿适当引导，帮助幼儿掌握简单的表达技巧，如叙事性表述、说明性表述等。

积木拼搭类玩具对幼儿来说具有很大的吸引力，在拼搭建构的过程中不仅可以刺激幼儿的创造力、动手能力，还可以锻炼幼儿的合作能力和语言能力。在拼搭游戏中，教师需要协助幼儿规划、组织玩积木的活动，并鼓励幼儿把想法表达出来，以便幼儿能从玩积木的活动中取得最大的收获。在开展游戏活动中，教师首先应认真观察幼儿在做什么，在幼儿需要帮助时通过与幼儿互动给予他们支持和鼓励，最终完成搭建。

场景

我来介绍

由于下雨，原定的户外活动改成室内游戏，教师将幼儿分成 5 个小组，开展搭建积木游戏。在观察中，Z1 老师认真记录幼儿的表现，并及时回应，给予幼儿支持与鼓励。本次幼儿游戏活动观察记录见表 5-6。

表 5-6　幼儿游戏活动观察记录

序号	观察	思考	回应
1	B-RZ 似乎在搭建一个游戏场景。他将拼搭小人手牵手，围成圈，然后坐在一旁为它们唱歌	此时，B-RZ 能够利用积木搭建出某一特定场景，并能够向教师表达"是小朋友拉手""在唱歌"，或者扮演游戏中的角色，并为其唱歌。	Z1 老师："这里是小朋友手拉手吗？大家在做什么呢？" 提供一些新的材料，如新的小人、标志等。

表 5-6 （续）

序号	观察	思考	回应
1		搭建过程虽然也有不顺利的时候，但能够克服困难，展现毅力，完成作品。 思考：如何帮助 B-RZ 与同伴完成建造	鼓励他与旁边的幼儿共同参与搭建游戏："你可以和 B-NM1 一起，让这些小朋友鼓掌或跳舞。"
2	B-AX 利用管状积木完成"枪"的拼搭。与身边的 G-ZM1 说："我的枪可以把你们都打到，嘟嘟嘟""我还要让它更长，打得更远！可以吗？" 	B-AX 能够使用语言与其他幼儿共同进行游戏。在表达过程中，能够使用较长的句子对话。针对教师提问，B-AX 说"这是武器，大武器，是枪"，努力使用不同的词语说明自己创作的作品。以上语言行为说明 B-AX 的语言表达能力在不断提高。 思考：教师应该如何帮助他将"枪"搭建得更精美	为他提供其他管状积木，提出建议："你的枪应该有一个瞄准器，这样一定可以打得又远又准。"
3	第一阶段： B-NM1 似乎在搭建时遇到了一些问题，其他幼儿都已经开始拼搭了，但他还迟迟没有动手。他在思考，并没有要放弃 	第一阶段： B-NM1 遭遇困难，却仍然在坚持，当面对困难时，他表现出了不放弃的品质。 思考：教师应该如何帮助他，并鼓励他开始拼搭呢	第一阶段： Z1 老师："你想要搭建什么呢？" B-NM1："炮！枪！" Z1 老师："是两个吗？" B-NM1："是一起。" 建议：先摆出底部，再加建炮和枪

表5-6（续）

序号	观察	思考	回应
4	第二阶段： B-NM1通过思考完成搭建，并能够表达出自己的设计意图。"你看这个是枪，这个是炮！它还可以动！" 尝试与其他幼儿一起游戏："我们来玩吧！" 	第二阶段： B-NM1能够按照自己的想法完成搭建，并能够对自己的设计进行解释说明。解释中能够使用较长的语句，说明此阶段他的语言表达能力有所提高。 在向教师展示时，为自己的作品起名"炮枪"，可以发现B-NM1已经准确理解文字的意义，并尝试使用他理解的意义创编词语。 最后能够使用语言邀请幼儿参与游戏，表达个人意愿。 思考：应该如何让其他幼儿与他共同游戏呢	第二阶段： B-NM1："看，炮枪！" B-AX："哇，我想这是你的一项发明，炮枪！" B-NM1："对啊！可以玩了！" 建议：B-AX可以和B-NM1一起用枪作战，并且在作战时不断加固自己的武器

场景背后

在积木搭建游戏中，三名幼儿虽搭建的物品各不相同，但都能够在搭建前预设自己搭建的场景或物品外形，并且能够使用语言描绘所搭建的场景或物品。在游戏过程中，首先，Z1老师认真观察幼儿，在不同时间介入，与幼儿讨论他们的作品，在互动中鼓励幼儿描述自己做了什么、如何做的，或给出建议该怎么做。并且，Z1老师将游戏重点聚焦于构建的过程，而非构建的最终作品，鼓励幼儿产生新奇的想法，并帮助幼儿从搭建的错误中吸取经验。其次，在情境中教师使用的词汇不仅有利于幼儿理解、记忆，也有利于幼儿在该情境下模仿和使用。即在师幼互动过程中，幼儿认真聆听教师对物品的描述，可以有效扩充幼儿词汇，如"在……下面""为……增加……""……比……高"等，这些词汇的意义在拼搭过程中更容易被理解。最后，对于个别搭建过程遇到阻碍的幼儿，Z1老师蹲在幼儿身边给予支持和引导。教师在游戏活动中，起到了引导和推动作用。有些幼儿在搭建过程中遇到困难，如场景中的B-NM1，教师需要在适当的时间介入，给予支持，推动游戏向下一阶段进行。游戏的过程为幼儿提供了许多表达机会，同时为幼儿聆听、理解提供了时机。基于游戏中真实的情境，教师参照搭建物品演示并讲解，为幼儿提供了较好的语言学习、模仿机会。同样情境下，也为幼儿尝试使用所学词汇提供了契机。所以，游戏活动不仅能锻炼幼儿的合作能力、想象能力、动手能力，也能为其语言学习、表达提供良好时机。

由此可见，一日生活中丰富的活动内容，为幼儿对话、倾听、表达提供了丰富话题和多重机会。在本阶段的隐性教学活动中，教师首先需要细心观察幼儿语言行为和兴趣爱好，选择幼儿熟悉、感兴趣且有一些个人经验的话题，鼓励幼儿发表个人观点、想法、感受，促进幼儿在对话中提高理解与表达能力。其次，教师需要在一日生活中为幼儿营造一个宽松、积极并能及时得到回应的语言表达氛围，为幼儿观察成人对话、与教师对话提供机会。从而不断扩充幼儿词汇量，丰富其语言经验，激发幼儿想要表达、敢于表达、乐于表达的积极性。在幼儿表达过程中，教师能够遵循全语言教学原则，认真聆听、不限制且不随意打断幼儿表述，将语言的意义传递至语法、语用之前，通过重复或回应帮助幼儿修正表述。最后，表达的方式是多种多样的，语言表达是表达方式中最常用的一种。教师需要在隐性教学过程中，帮助幼儿认识到表演、唱歌、跳舞等也是表达的方式，并鼓励幼儿尝试多种方式表达。

（三）集体活动中幼儿的理解与表达

在本阶段的隐性教学活动中，涉及另一个完整教学板块——幼儿集体活动。集体活动是不同于幼儿一日生活的隐性教学，它具有一定的组织性，即教师组织进行的集体活动；同时，具有一定的松散性，即在活动过程中幼儿相对自由，表达的时机、方式、内容较为随机。在集体教学活动中，教师引导幼儿语言表达，鼓励师幼、同伴间交流，为幼儿创造观察、聆听成人或同伴交流的机会，并观察记录幼儿的语言活动。本阶段集体教学活动主要包括家园共育春耕活动、师幼共读活动及歌舞活动。在集体活动中，幼儿处于相对放松的环境，获得的语言经验更加真实，表达的方式也不受限制，因此为提高幼儿国家通用语言理解与表达能力提供了较好的教学机会。

场景一

在家园共育春耕活动中，幼儿园邀请家长与教师和幼儿共同为幼儿园种植区种植作物。春耕活动先由教师介绍各班划分区域，各班家长和幼儿在种植区前集合，在教师向幼儿介绍完种植作物后，便请家长与幼儿一起埋下作物。种植作物有格桑花、青稞、菜等，各家庭齐心协力、相互配合，挖坑、施肥、播种、填土、浇水、培土。

活动中幼儿的表达机会较多，观察教师使用语言的机会也很多，所以整个过程不仅有师幼互动、同伴互动，还有幼儿模仿教师语言表达的语言尝试。师幼互动中，M老师举起一粒种子说："这是青稞，它是我们常吃的一种食物！你们知道吗？"幼儿沉默了，有的小声嘀咕着"青稞"。M老师说："它就在糌粑里呀！"幼儿恍然大悟。在种植过程中，W老师也会时不时地问"你种的什么啊""知道它们长出来是什么样吗"，幼儿会回答"格桑花""青稞""菜"。其中G-ZM2的回答非常细致，她说："格桑花是最漂亮的，夏天就会开花。粉色的，非常——非常——好看。"同伴间的互动中，幼儿常说"你种了？""我看看""你来看"，部分幼儿也会回应"我看！""花"等。当然，幼儿也会在种植过程中观察教师的语言，并且模仿教师的语言，比如，W老师在前面边走边问，B-AX跟在教师后面学说："你种的什么啊？"

回顾整个活动，"春耕"是本学期开学初的第一次集体教学活动，虽然教师为幼儿提供了较多的语言表达机会，但他们使用国家通用语言表达的欲望还不强烈，表达中使用的词句也较为简单。多数幼儿选择与父母使用藏语沟通，在与同伴交流中也多数使用藏语。由于家长全部是藏族同胞，基本听不懂国家通用语言，教师在使用国家通用语言为幼儿介绍完分工、内容后，还需要用藏语向家长解释。这样的语言环境无形中促使幼儿选择使用藏语沟通表达。所以，本次集体活动虽然完成了春耕的亲子活动目标，但未能完成培养幼儿敢说、敢表达的语言目标。

场景二

在本阶段师幼共读活动中，幼儿不仅在语言表达能力上有了明显的变化，而且在阅读能力方面也有所提高，从而有助于幼儿理解故事情节并表达个人观点。在本阶段初期，教师与幼儿一同共读的内容包括前一阶段的儿歌、绘本故事、幼儿诗等。幼儿普遍喜欢《五只小猴荡秋千》这首手指谣，但在共读活动初期幼儿表达意愿并不强烈。随着教学活动的深入，在后期的师生共读活动中，幼儿主动选择这首儿歌，想与教师一起游戏。此时幼儿不仅会完整地复述儿歌，而且会在原版儿歌的基础上改编内容，如幼儿一边比画一边说"老师，六只小猴荡秋千""十只小猴荡秋千"等。Z1老师根据儿歌内容，为幼儿分发头饰，邀请幼儿根据儿歌进行情景表演。这次短小的情景剧游戏，不仅加深了幼儿对语言的理解，而且极大地激发了幼儿参与表演、使用国家通用语言表达的积极性。在整个师幼共读过程中，全班幼儿能积极参与，每名幼儿都参与其中，并能够大声地完成儿歌叙述。幼儿还能够根据表演人数的多少改编儿歌内容，可见幼儿对文本已完全理解。

在绘本阅读方面，本阶段教学多采用师幼共读一本书的方式开展绘本阅读。采取这一方式的原因在于，前一阶段幼儿接触的文学作品以儿歌、幼儿诗为主，幼儿普遍没有掌握阅读技巧，自主阅读的能力和兴趣还不高。所以，本阶段采用师幼共读的方式，在阅读中逐渐引导幼儿学会阅读、爱上阅读。

教师对于绘本的选择，一方面考虑幼儿文化生活背景和幼儿个人意愿，另一方面考虑故事内容线索、语言表达等应由易到难、由简至繁。绘本故事《母鸡罗斯去散步》的故事线条单一，内容简单且不失风趣，幼儿通过观察画面能够理解故事情节，同时，故事发生在农场背景下，狐狸想吃掉母鸡的故事情节，不仅符合幼儿生活背景及阅读水平，还能够引发幼儿阅读兴趣。通过阅读该绘本，Z1老师通过问题线索，引导幼儿思考，学习在阅读中预测、验证，如"狐狸向前一跃，你们猜猜它有没有抓住母鸡？""这次狐狸会成功吗？""这次狐狸会不会遇到困难？"等。幼儿从回答简单的"抓住了"或"没抓住"，"成功"或"没成功"，逐渐仔细观察图画思考故事情节，根据图画细节预测故事的情节和结局并完整表达，如"它会掉进水里""上面有这个，它会打它"等。幼儿在回应教师问题的同时在认真观察、思考，并通过预测故事情节发展，验证自己的预测。在师幼共读活动中，教师通过提问，引导幼儿理解文学作品，厘清作品的主要情节结构和故事内容，提高幼儿阅读理解能力，使其掌握一定的阅读技巧。同时通过幼儿与教师互动，提升幼儿的表达、看图说话及探究能力。

由此可见，阅读文学作品的过程中，可以促进幼儿多方面能力的发展。以《五只小猴荡秋千》为例，在师幼共读过程中，随着幼儿对作品熟悉程度的加深，便开始编创儿歌内容，将五只小猴扩大至十只小猴，说明幼儿对于儿歌的内容已经完全理解，创编儿歌内容更是幼儿语言能力提高的表现。对于每当吃掉一只小猴时，幼儿会数一数还剩几只小猴，则是在语言游戏过程中自发地学习数学内容十以内的减法。而对于绘本故事的阅读，教师的问题设置是引导幼儿掌握阅读技巧、提高阅读理解能力和回答问题表达能力的关键。教师通过多种类型的开放性问题，如探究原因、提出假设、概况归类、逻辑检验等，启发与帮助幼儿思考，问题设置应以故事情节为主要依据，设计关联性较强的问题，帮助幼儿在阅读中思考，在思考中提高个人阅读理解、口头表达等多种能力。

综上所述，本阶段教师能够在不同教学活动中积极寻找时间和机会，尽可能多地引导幼儿聆听和表达，并且能够使用鼓励、肯定的语言为幼儿增添表达信息，帮助幼儿积累语言经验。对于个别幼儿的谈话，则需要根据幼儿进行的活动事件，利用提问或参与其活动，引导幼儿聆听与表达。幼儿争论是鼓励双方进行表达的良好时机，让实际情况通过幼儿个人或更多幼儿的表述逐渐清晰。

第三节　培养幼儿国家通用语言理解与表达能力的教学效果与反思

全语言教学是一项涉及全员且持续改变的教学过程，所以，全语言教学评价也是一项涉及全部成员、持续性的评价过程。本阶段教学评价将主要针对幼儿国家通用语言理解能力和表达能力进行过程性评价，并且在部分阅读技巧、表达频次方面延续前一阶段的评价内容进行量化评价。对于教师，全语言教学评价的目的在于监督自身教学，确保教学方法、计划、目标的实施与完成；对于幼儿学习的评价，其目的在于解决幼儿学习问题、记录幼儿学习效果，以便为幼儿语言学习提供更好的支持和帮助，从而更好地实现教学目标。

一、培养幼儿理解和表达能力方案的实施效果

（一）逐渐胜任全语言教师角色

1. 稳定的全语言教学心态

本阶段全语言教师的教学心态更加稳定。在这一阶段中，全语言教学小组对教研活动的时间和形式进行了调整，将过去每周一次的定期正式教研方式，转变为每周正式教研一次和不定期非正式教研相结合的方式。教研方式的转变，对于解决教师教学问题、平稳小组教师心态、强化团队意识都有较为明显的帮助。

针对教研活动调整，小组教师也有自己的体会。首先，非正式教研活动增强了全语言教学小组教研活动的灵活性和时效性，教师可以利用课间活动时间或课后休息时间开展讨论学习，从而及时地解决教师疑惑，帮助教师在教学中修正个人教学方法。问题得到及时的解决，不仅使教师教学方法得到修正，而且使教师的教学心态更加平稳。其次，非正式教研活动为教师创设了轻松的教研环境，有利于教师真实地反映个人教学困惑。对于在正式教研活动中不好意思提的问题，也可能够通过非正式教研活动得到解决。W 老师表示："非正式的教研活动，使我更加放松，有什么问题就很直接地和 Z1 老师说。现在，也就不会有太多顾虑，怕说错或问题太简单。"L 老师表示："我的国家通用语言水平不太好，年龄也大一些，有时候也不好意思说，现在说得就更放心了。"同时，正式教研与非正式教研相结合的方式对小组教师更具有针对性和总结性。在非正式教研活动中，问题提出和解决都更具有针对性，如 L 老师在教学中发现"回答问题的幼儿总是那么几个，要如何引导其他幼儿发言"的疑惑，于是，在非正式教研中建议使用小组合作讨论代表回答、点名回答、轮流回答等方式激发幼儿回答问题的积极性，并取得了较好的效果。在正式教研活动中，则可以总结一周内教师个人教学问题，为小组教师提供教学参考或借鉴。

由此可见，本阶段灵活的教研形式使教学小组成员在教学中更加放松，并且教学心态更加平稳。对于教学问题能够有针对性地及时讨论、解决，对于具有普遍性的教学问题能够在正式教研中引起组员重视，并集体讨论解决方案。随着教学活动的深入、教研活动的灵活开展，教师的个人教学经验不断丰富，小组成员的教学心态越来越平稳，对开展教学研讨的积极性越来越高。

2. 能够熟练运用全语言教学原则

在本阶段教学中，小组教师能够更加独立地完成课堂教学、活动组织，能够在活动中利用多重渠道为幼儿提供聆听与表达的机会；能够接纳幼儿语言发展水平的不一致；能够时刻保持对幼儿语言发展的信心，并在教学中及时给予幼儿肯定与鼓励。无论是在隐性教学活动中还是在显性教学活动中，教师都是活动的主要参与者、引导者、

资料提供者。本阶段教师在坚持理论学习和实践探索中，对于全语言教学原则已有了较为深刻的认识，能够较为熟练地运用教学原则完成教学目标。由于本阶段幼儿语言表达还不完整，语言理解能力还有待提高，因此更需要教师在活动中起到引导、支持、鼓励幼儿的作用。教师依据整合、真实、创造且以幼儿为中心的原则设计活动，组织教学，与幼儿生活相关的教学内容往往更能引起幼儿共鸣，使其在描述、表达的环节更加积极。

与此同时，本阶段还需要帮助幼儿提高语言理解能力。所以，教师为幼儿提供更多聆听、观察成人、伙伴间表达的机会，促使幼儿在参与对话的过程中提高口头语言的理解能力，并引导幼儿掌握一定的阅读技巧，提高自身阅读理解能力。在教学过程中，教师始终通过完整的情境、故事、实践为幼儿提供整合的语言理解与表达经验，从不将口头语言或书面语言拆解为零碎片段进行教学，也不因教授阅读技巧而使之抽离故事情境；始终尊重幼儿的学习兴趣和个人选择，通过与幼儿协商的方式确定教学内容、共读绘本，帮助幼儿完全沉浸于真实的情境积累个人语言经验。本阶段教师对幼儿评价的方式更为多元、更加客观全面，因此也更加相信幼儿具有语言学习的能力，更加接纳幼儿在语言学习中的个体差异。与前一阶段相比，本阶段教师不以幼儿语言水平的进步多少为评判标准，能够不将幼儿与其他幼儿比较，发现幼儿个体的进步，及时给予鼓励，并且能够利用多种方式帮助语言进步较慢的幼儿，如利用合作学习、小组讨论、轮流回答等方式，促进幼儿发言。

由此可见，随着全语言教学小组教师对全语言理论的熟悉，以及在教学中不断实践积累较多个人经验，本阶段教师对全语言教育理念的运用也更加熟练，能始终将整合、真实、创造且以幼儿为中心的教学原则贯穿于教学过程，在教学评价中能更加全面地评价幼儿语言能力，接纳幼儿的个体差异。

3. 关注全语言教学活动细节

本阶段小组教师已能够根据幼儿语言水平、生活经验设计幼儿感兴趣的主题课程，并且在教学中尽可能地为幼儿提供真实的语言学习情境和有意义的语言学习机会，从而为幼儿提供聆听、观察的机会，激发幼儿表达的欲望，并使其掌握一定的阅读理解技巧。但由于现实教学中幼儿的情况各不相同，所产生的教学问题也各不相同，因此本阶段教师在灵活运用教学原则的同时，还应关注语言教学的细节。

在本阶段的显性教学活动中，小组教师在初期对课堂中师幼互动的细节关注较少。课堂中虽然有互动，但互动的质量不高，在绘本故事教学中虽然依据故事内容提问，但问题之间没有形成问题链接。同时，设置开放性问题的种类较少，多以预测性问题为主，较少设置探究原因的问题及逻辑问题。例如，在绘本故事《好饿的毛毛虫》教学活动中，教师可以设计以下问题：①细节性问题。毛毛虫是从哪里来的？②概括性问题。毛毛虫很饿，它都吃了哪些好吃的？③预测性问题。吃了这么多好吃的，毛毛虫会有变化吗？变成了什么样？④假设性问题。如果你是毛毛虫，你还想吃些什么？⑤开放性问题。你喜欢故事里的毛毛虫吗？为什么？在教学中教师应通过丰富问题的种类，引导幼儿根据故事情节展开思考、联想并进行表达，设置开放性题目鼓励幼儿大胆表达，从而利用问题线索帮助幼儿在理解故事情节的同时，激发幼儿表达的欲望。

在后期教学中，小组教师通过研讨调整教学细节，在师幼互动中丰富提问的类型，并增强问题的开放性，改变幼儿只回答"是"或"不是"的现象。例如，在《母鸡罗斯去散步》教学活动中，教师提问"这个有趣的故事里，你喜欢谁？为什么？"B-AX 回答说："蜜蜂，蜜蜂救了母鸡，把狐狸赶跑了！"B-RZ 说："狐狸吧，它太好笑了。"也有部分幼儿表示喜欢母鸡，因为它很聪明。在表达内容逐渐丰富的同时，幼儿语句表达的完整性也有所提高。就课堂中师幼互动而言，故事活动中教师提问的类型及问题的设置等细节问题，都需要教师反复考量，从而保证取得良好教学效果。由此可见，在全语言教育理念下国家通用语言教学实践中，教师所遇到的教学问题不仅具有共性，也具有特殊性。虽然全语言教学已明确了基本的教学原则，但在现实教学中教师仍然需要关注并不断完善教学细节，以增强教学效果。

（二）进一步完善全语言教学环境

1. 利用幼儿作品装饰教室环境

在本阶段教学中，教师利用幼儿的手工作品、图画装饰教室环境，为幼儿语言表达创造机会，提高幼儿学习的兴趣与积极性。事实上，在教室中展示幼儿作品的同时，也为幼儿提供了语言表达的机会。在隐性教学活动中，教师可以邀请幼儿介绍自己的作品，询问幼儿作品的制作方法，以及他们喜欢作品的哪一部分等，同时，通过这样的活动向幼儿传达"他们的作品是有价值的，要好好爱护"的信息。

2. 利用教学元素装饰教室环境

教师利用幼儿熟悉的文学作品或教学元素装饰教室环境，可以加强幼儿与语言环境的联系，并为幼儿表达提供话题。本阶段教师将幼儿喜爱的绘本内容及活动教学中部分农具作为主题墙内容。从绘本的选择到绘本展示形式的确定，都是教师与幼儿共同讨论的结果。幼儿从之前的绘本故事活动，以及师幼共读活动读过的绘本故事中，选择了《好饿的毛毛虫》《从头到脚》《彩虹色的花》等五本绘本，作为主题墙推荐绘本，选择的原因在于幼儿认为绘本内容较为有趣，图画较为精美。幼儿参与设计绘本主题墙的整个过程，不仅为幼儿提供了较多表达的机会，也为后期的同伴交流、师幼交流提供了话题。

本土农具展示，不仅是当地藏族同胞文化生活的展现，也是幼儿学习内容的展示。幼儿通过参与"春耕"主题单元的课程学习，以及参与集体活动"春耕"，已积攒大量关于农具、种植的生活经验。所以，当幼儿经过展示区时，总会停留观察或与同伴讨论，话题涉及农具的名称、用途及活动中自己种植的经历等。无论是绘本主题墙的设计，还是农具展示区的布置，都为幼儿增添了熟悉的学习元素，无形中让幼儿认识到学习、阅读是具有意义的活动，并成为幼儿表达个人想法、描述个人经验的话题。

由此可见，利用幼儿作品和教学元素装饰教室环境，不仅可以为全语言教师提供语言学习材料，还可以为幼儿语言表达提供话题和机会。在原有区角和主题墙布置的基础上，利用幼儿熟悉、喜欢或自己制作的作品装饰全语言环境，可以进一步缩小幼儿与环境的距离，为幼儿在全语言环境中自由地表达、积极地互动创造空间和机会。

（三）幼儿语言理解与表达能力得到发展

在开学之初，全语言教学小组教师与幼儿共同经历了语言休整期，此时幼儿的语言水平似乎退回从前"沉默不语，金口难开"的阶段。小组教师也有些惆怅，Z 老师表示："这一个疫情弄得，孩子的国家通用语言也一夜回到'解放前'了，现在又不开口了。"W 老师表示："孩子在家太久，都不会说国家通用语言了，跟我也是一直讲藏语。"L 老师说："真是担心会退回去，教的都回来了。"通过两周的教学调整，暂时不上新内容，大量复习前一阶段所学儿歌、幼儿诗、绘本故事，并且教师在一日生活中多讲国家通用语言的方式为幼儿营造语言环境，最终幼儿语言水平回到前一阶段的教学末期水平。短暂的休整期后，幼儿的语言水平快速恢复，让教师对幼儿的语言学习能力产生了较大信心。通过本阶段的语言学习，幼儿在国家通用语言的理解与表达能力方面，都有较为明显的进步。

1. 幼儿国家通用语言理解能力的提高

在本阶段国家通用语言教学中，能够观察到幼儿国家通用语言理解能力得到提高，印刷品概念更加清晰。语言理解离不开认真聆听，在本阶段的显性教学活动中，幼儿上课时的专注度明显提高；在隐性教学活动中，对于教师要求的完成度也明显提高。W 老师说："上次让他们'到中班帮老师拿一下音响'，孩子就去拿出来了，一下就觉得真的进步了。"Z1 老师说："孩子的理解能力已经越来越好，在课堂上提问回答的人数越来越多，从侧面说明能听懂问题的孩子越来越多。"

教学活动中，教师往往利用提问的方式考察幼儿的语言理解能力，如教师提出指令性要求，观察幼儿能否完成任务或提出问题，观察幼儿回应是否与教师问题相符，等等。在教学中选择四名幼儿作为幼儿理解能力观察记录代表，他们分别为语言水平较高、积极发言的 B-AX；自信且认真，但国家通用语言水平一般的 G-ZM6；腼腆少语，但具有好奇心的 G-BJ1；常常沉默，很少说国家通用语言的 B-ZX3。幼儿在教学中的具体表现如表 5-7 所列。

表 5-7 幼儿理解能力观察记录表

显性教学活动					
教学内容	互动内容	B-AX 表现	G-ZM6 表现	G-BJ1 表现	B-ZX3 表现
绘本故事《好饿的毛毛虫》教学	教师提问："能不能指一指小小的蛋在哪里?"	用手边指边说"在这,这里",且回答正确	认真地看着教师没有回答	当教师提问,目光看向她时,就腼腆地笑着,但没有回答问题	看看教师,看看同学,似乎没有听到教师的提问
师幼共读《五只小猴荡秋千》	师生共读手指谣,邀请幼儿参与表演:"谁想上来和老师一起表演?"	能准确快乐地完成手指谣的动作,且背诵内容无误。主动举手参与	能准确快乐地完成手指谣的动作,且背诵内容无误。能明白教师要求,但似乎不敢举手上前表演	能准确完成手指谣的动作,大致背诵儿歌内容。大致理解教师要求,没有参与表演	能大致完成手指谣的动作和背诵儿歌内容。不太清楚教师要求,在其他幼儿表演时,与旁边幼儿说话或自己玩儿
	邀请幼儿上前表演	主动上前,并在教师引导下根据人数改编儿歌内容。理解教师要求并理解儿歌内容	主动上前,并大声念诵儿歌内容。理解教师要求,附和改编内容	主动上前,并大声念诵儿歌内容。理解教师要求,附和改编内容	主动上前,并大致完成儿歌念诵内容。理解教师要求
绘本故事《病毒科普图鉴》教学	提问"病毒是从哪里来的?"邀请幼儿说说洗手步骤	回答"不知道",当教师翻页时,便快速说出"动物身上"。理解教师要求,并愿意上前展示	沉默,当教师翻页时,在同学回答时说出"动物"。明白教师要求,想要上前展示	沉默,当教师翻页时,在同学回答时说出"动物"。明白教师要求,不好意思上前展示	沉默,但能够较专注地聆听故事。大致明白教师要求,但不愿展示

表 5-7（续）

隐性教学活动					
教学内容	互动内容	B-AX 表现	G-ZM6 表现	G-BJ1 表现	B-ZX3 表现
户外活动	教师参与幼儿游戏，询问幼儿在玩什么，或询问"我们玩什么呢?"	回答："打篮球，老师你也打!" 能理解教师问题，并邀请教师参与游戏	回答："快跑，她来了。" 能理解教师问题并回答	回答："这个。"（向老师展示手里的沙包） 能理解教师问题并回答	似乎不太明白教师的问题，没有回答，笑着跑远了。 不理解教师问题
搭建游戏活动	教师询问幼儿搭建了什么	"我摆的枪，老师你过来，我打你。" 能理解教师问题，并邀请教师参与游戏	"是花园。" 能理解教师问题，并完成作答	"篮子。" 能理解教师问题，并完成作答	"枪。" 能理解教师问题，但回答内容与拼搭物品不符，似乎在模仿其他幼儿作答

　　从表 5-7 可以看出，随着教学的持续推进，幼儿的理解和表达能力都在逐渐提高。四名幼儿代表了班级中四类不同语言理解能力的幼儿，较为客观地反映出班级整体的语言理解和表达能力水平。通过观察能够发现，无论幼儿起初的语言理解能力如何，在本阶段末期，幼儿的语言理解、表达能力都有所提高。B-AX 从开始能够理解教师提问、完成教师要求，到逐渐能在回应过程中就该内容进行简单的讨论，说明幼儿不仅能够理解教师要求，使用语言的能力也在提高。G-ZM6 认真好学，她从最初能够明白教师要求，到完全理解故事、儿歌内容，进步较快，但是使用语言的能力还不强。G-BJ1 在本阶段教学中，经历了逐渐从大致听懂到完全理解的过程，虽然在活动中的表达简单，但已能够理解教师要求和故事内容。B-ZX3 虽然进步较慢，但他的语言理解能力也在悄悄进步，能在本阶段末期大致理解教师要求和故事内容，这已经是一个不小的进步。

　　本阶段幼儿对印刷品概念逐渐清晰，阅读理解能力普遍提高。本阶段教师通过大量的绘本故事教学和师幼共读活动引导幼儿掌握阅读技巧，理解故事内容，并通过实践练习提高幼儿阅读能力。本阶段大部分幼儿已能够认真仔细地聆听故事，简单地复述故事情节。在阅读过程中，幼儿能在教师引导下根据故事线索预测情节发展，并通过阅读验证自我猜想。在回答问题时，幼儿能根据情节联系自己的生活经验完成作答。所以，与前一阶段相比，这一阶段幼儿对印刷品概念的认知水平普遍提高，同时掌握了一定的阅读技巧，如预测、检验、观察故事线索等。本阶段教师再次根据印刷品概念行为观察表（见附录一）中的 16 项内容对幼儿进行观察，幼儿的具体变化如图 5-1

所示。

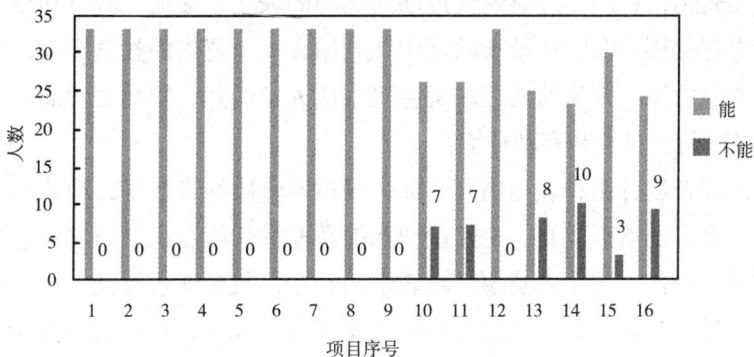

图 5-1 第二阶段印刷品概念观察结果图

通过图 5-1 可以看出，前 9 项内容幼儿全部能够完成，在第 10~16 项内容中，虽然不是全部幼儿都能完成，但与前一阶段完成人数相比，已明显增加。而对于第 10 项和 11 项，仍有较多幼儿不能完成，原因是本阶段阅读活动多以师幼共读为主，幼儿自主阅读、向教师主动借书的机会较少。对于第 13 项"能复述故事，能够推测故事、回应故事"，能够完整复述故事的幼儿极少，部分幼儿能在教师引导下以回答问题或填空补充情节的方式简单复述故事。对于第 14 项"复述故事，能联系自己的生活"，能通过阅读故事联系自己生活经验的幼儿较少。由于该项内容联系自己的生活经验，是对幼儿表达能力的考验，因此口头语言表达能力较弱的幼儿往往无法完成，能够完成第 14 项的幼儿基本具有较好的表达能力。能够完成第 15 和 16 项的幼儿较多，原因是本阶段教师利用问题引导，培养幼儿养成阅读过程中预测、检验的能力，经过反复实践练习，多数幼儿已具有预测、检验的能力。

由此可见，通过本阶段国家通用语言教学，幼儿的理解能力普遍有所提高。在日常生活或教学活动中的语言理解方面，幼儿能认真聆听、认真思考、努力理解。教学活动中，教师利用提问监控幼儿对故事或教师语言的理解程度。通过本阶段学习可以发现，幼儿对显性教学内容的理解程度逐渐提高，在隐性教学活动中，幼儿已能够理解教师更细致的要求。在阅读理解方面，幼儿已逐渐明确印刷品的概念，能掌握正确的阅读方式，大部分幼儿已掌握预测、检验、寻找线索的阅读技巧，能够在教师的支持下理解故事大意。

2. 幼儿国家通用语言表达能力的提高

通过本阶段国家通用语言教学，幼儿国家通用语言表达的欲望得到提高，表达能力普遍得到提高。与前一阶段相比，幼儿在教学中的口头语言表达欲望及频次都有所提高，同时在表达内容上更加丰富。在本阶段教学中，教师在显性教学活动和隐性教学活动中，尽可能地为幼儿提供更多表达的机会和时间，营造宽松的教学环境，并鼓励幼儿表达个人想法、建议和情绪。在显性教学活动中，教师能根据教学内容，利用提问引导幼儿表达，利用小组讨论促进幼儿之间的表达、交流、聆听和模仿，利用表演丰富幼儿语言材料。在隐性教学活动中，利用真实、宽松的教学环境，引导幼儿使用语言达成个人意愿，并为幼儿提供机会观察成人、幼儿、师幼之间的表达，为幼儿个人表达提供时间、机会和有利环境。

在口头语言表达意愿和表达内容方面，经过本阶段语言教学，幼儿的表达欲望更加强烈，表达内容也逐渐丰富、完整。幼儿能在前一阶段意识到语言具有功能性的基础上，尝试使用语言达成个人意愿。在教学活动中，教师通过提问、小组讨论、小组或个人表演引导幼儿表达，从最初个别幼儿参与课堂互动，被动参与互动，逐渐转变为全班幼儿参与互动，且主动性增强。在表达过程中，幼儿所使用的语言也逐渐从词语向较长句子发展，虽然表达时需要边说边想，但语言的内容明显丰富，使用语言的能力明显增强。通过对教学活动的观察，可以将本阶段幼儿语言表达情况大致分为以下五个阶段：全体幼儿沉默阶段、个别幼儿早期表达阶段、集体无秩序表达阶段、大部分幼儿积极回应阶段、全班幼儿有序互动阶段。在不同阶段，幼儿的具体表现如表5-8所列。

表5-8 幼儿表达阶段特征

阶段	幼儿表现特征
全体幼儿沉默阶段	假期结束返园后，幼儿回到语言沉默阶段。对于教师的提问多是腼腆一笑，对于个人意愿的表达几乎全部选择母语，班级内同伴间的交流也全部为母语
个别幼儿早期表达阶段	在班级中，B-AX，B-RZ，G-ZM2等不到10名幼儿能在课堂互动中积极回应教师提问；在隐性教学活动中，能使用简单的国家通用语言表达个人意愿。其余幼儿回答问题的积极性不高，使用国家通用语言表达的意愿较弱。无论是显性教学活动还是隐性教学活动，幼儿表达的内容都以词语或短语为主
集体无秩序表达阶段	幼儿在课堂上与教师互动时，喜欢大声无序地回答问题，多数幼儿开始模仿个别幼儿回应教师，回答方式较为自由，单独回应较没有自信。在隐性教学活动中，幼儿会模仿同伴或教师重复个别词语或短语，能够使用国家通用语言表达个人意愿，邀请同伴或教师参与游戏。在表达内容方面，多使用短语

表 5-8（续）

阶段	幼儿表现特征
大部分幼儿积极回应阶段	大部分幼儿可以在教师引导下按照顺序回答问题，表达意愿明显增强。在显性教学活动中，幼儿能够积极举手回答问题，回答内容多为重复同伴回答内容，表达的词语逐渐丰富。在隐性教学活动中，大部分幼儿能够向教师表达个人需求、意愿或邀请教师参与活动。个别幼儿能够尝试使用较长的句子回答问题，或表达个人意愿
全班幼儿有序互动阶段	对于幼儿熟悉的主题、绘本或有亲身体验的话题表达意愿强烈，参与度高。在显性教学活动中，能较为完整地描述故事情节、活动步骤等。在隐性教学活动中，能与同伴讨论，表达个人想法，个别幼儿能纠正同伴表达。在表达内容方面，能够模仿故事或教师的语言，表达语句逐渐完整，表达内容逐渐丰富

由此可见，经过本阶段国家通用语言教学，幼儿的语言表达能力普遍得到提高。虽然在开学之初幼儿经历了短暂语言休整期，但很快便开始使用词语或短语表达个人意愿。随着教学的深入，教师努力为幼儿创造表达的机会和时间，为幼儿营造轻松的表达环境，从而促使幼儿的语言表达能力得到提高。从幼儿的表达意愿、表达频次和表达内容来看，幼儿的表达意愿不断增强，表达频次不断增加，表达内容也逐渐丰富、完整，且个别幼儿能够在表达中反问、质疑或为同伴纠错。这表明幼儿使用语言的能力在逐步增强，幼儿的国家通用语言表达能力在不断提高。

3. 个别幼儿尝试使用国家通用语言沟通与交流

在本阶段末期，部分语言水平较好的幼儿已表现出想与同伴或教师交流沟通的意愿。随着使用语言能力的提高，个人语言经验的丰富，利用语言表达个人想法、实现个人意愿的能力增强，幼儿开始使用语言邀请他人参与游戏，或讨论绘本内容。这样简单的沟通在日常教学活动中发生的真实且自然。在与 W 老师的非正式访谈中，她说："户外活动的时候，我站在那看着他们，孩子过来说'老师我们来玩跳绳'，我说'你们玩，我的肚子不能玩'（W 老师怀孕 5 个多月），G-ZM2 便对旁边的孩子说'老师肚子里有个宝宝，不能玩'，然后转过身对我说'老师，你小心哦'。当时我很惊讶，她怎么突然说得这么好，G-ZM2 是在尝试沟通。"在本阶段后期的教学活动中，也能发现个别表达能力较好的幼儿已经开始尝试与教师或同伴交流，使用语言要求他人，如搭建游戏活动中 B-AX 主动邀请教师参观自己的作品，并邀请教师一起游戏。

由此可见，能尝试使用国家通用语言沟通的幼儿，普遍具有较好的语言理解和表达能力。当幼儿通过观察、聆听、阅读积累大量语言材料时，便开始模仿他人尝试使用语言。此时教师应为幼儿营造宽松、丰富的语言环境，给幼儿充足的表达机会和时间，帮助幼儿在实践中积累沟通经验，建立表达信心。

二、培养幼儿理解和表达能力的教学反思

本阶段在培养幼儿语言理解和表达能力方案的实施过程中，虽然幼儿、教师和教室环境都已在前一阶段的基础上不断优化，幼儿国家通用语言理解和表达能力已明显提高，但在国家通用语言教学实践过程中仍有不足之处，所以，需要全语言教学小组教师及时反思并修正。根据本阶段教学反思，对全语言教师、课程设置及教学方式做出调整，为下一阶段国家通用语言教学中教师、课程设计和教学实施提供方向。

（一）教师方面

1. 提高教学抗风险能力

本阶段教学受疫情影响，正式开展教学较晚，且由于幼儿长期处于母语环境，因此幼儿语言水平明显倒退。同时，本阶段初期国家通用语言教学进入休整期。反思其原因，教师教学经验不足，对于假期幼儿国家通用语言学习未做规划。针对之后幼儿可能因长假期间缺失国家通用语言环境而出现语言水平倒退的现象，教师应利用信息技术为幼儿营造语言环境，提高教学的抗风险能力。教师可以通过在线教学或微课的形式，帮助幼儿完成每日一学，还可以利用家长微信群为家长和幼儿推荐优质绘本、视频资料等，为幼儿提供语言学习材料的同时，促进亲子关系。因此，减小因长期在家缺少国家通用语言环境和学习材料的学习压力，加强教师在假期生活中对语言学习的指导作用，可以提高国家通用语言教学的抗风险能力。

2. 进一步明确教师角色

本阶段教学中，全语言教学小组改变教研模式，利用正式教研和非正式教研的形式及时发现教学问题，调整教学方法。通过教研活动，在幼儿语言能力进步的过程中，教师往往因角色不清而忽视或提前干预幼儿理解、表达，幼儿表达不充分的现象时有发生。全语言教师不仅仅是幼儿语言学习的协同者、材料提供者，还是语言教学的研究者。协同幼儿开展语言教育活动时，由于本阶段幼儿的语言能力发展较快，不应盲目给予幼儿支持，当幼儿表达不完整或错误时，可以引导幼儿修正并完成表述。本阶段由于个体差异，幼儿的语言理解和表达能力也各不相同，这就需要教师更加关注幼儿，成为一个细心的观察者，同时应该根据幼儿的语言情况研究教学方法，缩小幼儿间语言能力的差距，并为幼儿的语言发展搭建桥梁。

3. 关注教学活动细节

与前一阶段语言教学相比，幼儿之间语言能力的差异更为明显，有的幼儿已能使用短句表达个人意愿，有的幼儿仅能使用词语简单表达。对于幼儿在国家通用语言学

习中呈现的个体差异，一方面教师应接纳并鼓励幼儿表达；另一方面应在教学方法、鼓励引导方式等细节方面进行调整。在显性教学活动中，教师常利用提问引导幼儿理解故事情节，监控幼儿的理解能力。受课堂教学时间限制，当教师请幼儿回答问题时，如果幼儿 3 秒后还没有开口回答，教师则会请其他幼儿作答或帮助幼儿作答。这样一来，幼儿不仅失去了表达的机会，也失去了表达的信心。所以，在请幼儿回答问题时，教师应给予幼儿充分的时间和信任。当幼儿尝试表达失败时，教师可以及时引导、支持幼儿回答，从而丰富幼儿的语言使用经验，提升幼儿的表达信心。在隐性教学活动中，幼儿活动较为分散，教师往往在回答幼儿问题的过程中，忽视个别语言表达能力较弱的幼儿。所以，教师应引导个别语言表达能力弱的幼儿加入小组活动，促进同伴间互动或师幼之间互动，以便提高个别幼儿的语言表达能力。由此可见，教师在教学活动中还应不断审视自身的教学细节，从而为幼儿的语言发展提供更好的支持。

（二）课程设计方面

1. 利用教学活动培养幼儿交流礼仪意识

在阶段教学中，应将培养幼儿沟通与交流的礼仪纳入课程内容。随着幼儿口头表达能力的提高，在教学活动中幼儿回答问题、讨论问题的积极性也逐渐高涨。但本阶段幼儿在回答问题或与教师对话的过程中频繁出现抢答、集体回答的现象，教师虽在教学中做简单引导，但往往"教师不说，幼儿不做"，整体效果不佳。因此，教师应在后期教学中有意培养幼儿在对话交流中养成良好的聆听习惯、树立规则意识，以及掌握简单的沟通策略。首先，教师应在显性教学活动和隐性教学活动中明确提出交流要求，明确告诉幼儿在对话交流中应该怎么做。例如，回答问题请举手，不能随意大喊；别人讲话的时候要认真听，等别人说完再回答，不能在回答问题时打断别人；等等。其次，教师应通过示范并与幼儿练习，帮助幼儿掌握和巩固所学规则。最后，在教学过程中，教师可以利用眼神和手势等方式提醒幼儿注意聆听，用言语提示幼儿现在应该轮到谁讲，并可以通过示范和重复的方法向幼儿展示对话交流中使用的语言。

2. 利用文学作品帮助幼儿丰富语言表达

通过观察本阶段幼儿的语言表达能力变化可以发现，在本阶段末期，幼儿的口头表达词汇更加丰富，句子的完整性逐渐增强，句子的长度也逐渐增长。虽然在绘本故事阅读的过程中，幼儿能够在教师引导下理解"……像……""因为……所以……"等句子结构的逻辑关系，以及比喻、拟人等修辞手法，但在口语表达中幼儿使用逻辑连接词或修辞手法的能力较弱。反思其原因，在前一阶段和本阶段的语言教学中，儿歌、幼儿诗和简单的绘本故事是教学的主要文学材料，语料的丰富程度还不高，文学作品中句子长度较短；教学中虽鼓励、引导幼儿表达，但引导幼儿运用文学作品中学习的词汇、短句较少。所以，在下一阶段的教学中，一方面，教师应在教学中加入幼儿故事、散文或文字量适当的绘本故事；另一方面，教师应在教学中利用文学作品语言注重幼儿语言积累，促进幼儿在对话中使用一些文学作品中习得的短句。

3. 利用集体活动促进幼儿沟通与表达

集体教学活动符合全语言课程设计原则，即语言活动应该是具有功能的、真实的，又与幼儿相关的，应该是为幼儿提供语言实践的良好时机，但本阶段集体教学活动的教学效果并不好。回看本阶段集体活动"春耕"，虽为幼儿创设了真实、轻松的语言环境，也为幼儿提供了亲身体验的学习经历，但在教学活动中幼儿使用国家通用语言的意愿不强，且机会不多。反思其原因，首先本阶段教学之初幼儿的语言表达能力较弱，多数幼儿仅能使用"电报句"表达个人意愿。其次，"春耕"活动是一次全员性的家园共育活动，幼儿在活动中与家长在一起的时间较多，且较为分散，所以教师组织活动开展教学的时间较短，幼儿使用国家通用语言的机会较少，多以母语沟通表达为主。因此，随着幼儿语言理解与表达能力的提高，在后期教学活动中，还应利用集体教学活动为幼儿创造沟通与交流的机会。同时，应汲取本阶段集体教学经验，在活动中多以师幼活动为主，促进幼儿与同伴、教师间的沟通，帮助幼儿在真实、轻松的语言环境中将课堂所学的语言表达运用于交流实践。

（三）教学实施方面

1. 通过阅读活动培养幼儿阅读习惯

本阶段阅读活动以师幼共读为主，通过师幼共读帮助幼儿理解故事内容，培养幼儿正确的阅读方法，掌握一定的阅读技巧。本阶段末期幼儿已基本掌握正确的阅读方法，能够对故事情节进行预测和检验，并对阅读绘本、聆听故事产生了较高兴趣。随着幼儿阅读理解能力的提高，部分幼儿已能够通过读图完成自主阅读，因此，在后期的阅读活动中，应通过增加阅读机会和丰富阅读形式培养幼儿阅读兴趣和阅读习惯。教师可以利用课堂教学、阅读活动和自由活动（或利用固定时间进行阅读活动等方式）增加幼儿的阅读机会。同时，教师可以利用自主阅读、小组阅读等形式丰富阅读形式，为幼儿阅读营造宽松、有趣的环境，促进幼儿之间在阅读过程中的分享、交流，培养幼儿爱书、读书的良好习惯。

2. 通过合作学习促进幼儿沟通与交流

通过对本阶段幼儿语言理解和表达能力的观察发现，幼儿的语言能力有两极分化的趋势。部分理解和表达能力较好的幼儿，在语言学习中往往呈现正循环的学习状态，即在一日生活中或课堂教学中都表现得更加积极，表达的欲望更强，积累的口头语言经验更多，因此语言使用的能力逐渐增强。而对于个别语言能力发展较慢的幼儿来说，语言学习往往呈现负循环的学习状态，即教学活动中表现得更加沉默、消极，由于语言表达能力较弱，表达意愿较弱，参与讨论的积极性较低，积累的口头表达经验较少，从而语言能力发展更为缓慢。为了逐渐缩小幼儿语言能力的差异，教师应在后期教学中利用小组学习、合作学习的方式，为语言发展较慢的幼儿提供更多参与学习、观察、聆听的机会，帮助他们参与小组阅读、讨论。教师在教学过程中，不仅要接纳幼儿的个体差异，还应鼓励、引导、支持幼儿使用国家通用语言表达。

3. 教学中创造个别化成功机会

随着幼儿语言能力的不断发展，参与讨论、回答问题的积极性日益提高，教师应利用个别化成功机会，激发幼儿表达欲望和学习积极性。反思个别幼儿表达意愿较弱的原因，一方面，由于问题的难度较高，或没有适合个别幼儿难度的任务；另一方面，幼儿使用语言的能力较弱，从而在教学中失去表达的机会和时间。因此，教学中的幼儿需要看到自己是个可以成功的学习者、语言使用者，教师也应如此看待幼儿，并创造机会让幼儿成功。尤其对于对语言活动缺乏参与、兴趣和能力的幼儿，教师应寻找适合其能力的个别化问题或活动，在过程中给予必要的协助，让其完成任务，并得到教师和同伴的肯定，从而帮助他们增强信心、激发学习兴趣。在以后的教学中，教师不仅需要接纳幼儿个体差异，还应为能力较弱的幼儿制定个别化教学方法，为其提供个别化成功机会，鼓励幼儿在不同的情境中使用语言，增强表达的信心。

第六章 第三轮行动研究：培养幼儿国家通用语言沟通与交流能力

本章旨在呈现本书所述研究第三轮教学方案实施过程与观察记录，将教学实施历程和研究者开展行动研究过程中的反思与修正予以说明。本章将从三部分进行探讨：首先，从全语言教育理念出发，结合前一轮教学情况及教学不足，制定本轮培养幼儿国家通用语言沟通与交流能力的教学方案；其次，根据全语言教学原则及新一轮教学方案开展语言教学，并对幼儿国家通用语言学习情况进行观察；最后，讨论本轮国家通用语言教学实施效果，并反思教学中的不足及改进方式。

第一节 培养幼儿国家通用语言沟通与交流能力的方案设计

通过前一阶段的学习，幼儿对国家通用语言理解与表达能力已有所提高，在学习、生活中已积累大量个人语言经验，同时想要沟通和交流的欲望不断增强，所以，本阶段将重点培养幼儿国家通用语言沟通与交流能力。本阶段对语言沟通与交流能力的培养，是在前一阶段国家通用语言理解与表达能力的基础上，进一步提升幼儿国家通用语言的使用能力。通过课堂教学和一日生活引导，帮助幼儿更加完整、全面、准确地表达个人情绪和想法，进一步学习如何起始、持续及结束话题，培养如何适时地提问、回应等文明交流的语言习惯。本节将从全语言教师的改进计划、培养幼儿国家通用语言沟通与交流能力的课程设计、培养幼儿国家通用语言沟通与交流能力的教学设计三方面呈现本阶段方案设计。

一、全语言教师的改进计划

（一）适时适度的支持与引导——协同者

1. 抓住时机适时引导

在前一阶段的教学中，由于幼儿国家通用语言理解与表达能力还不高，教师在与幼儿沟通时会经常对幼儿不准确、不完整的表述进行完善，帮助幼儿发现、修正自己的表达内容。但随着幼儿语言经验的丰富，他们在表达和理解过程中，已逐渐展现出自我纠错、修正的能力。因此，本阶段在师幼互动中，首先，教师应充分观察、倾听、鼓励幼儿表达，并相信幼儿可以成为更好的语言使用者。在交流期间，当幼儿因出现交流障碍产生退缩情绪时，教师应及时给予引导，帮助幼儿完成交流，并为其建立语言表达的信心。其次，在课堂教学中，教师可以通过提问、重复等方式引导幼儿更加完整准确地表达个人想法，培养幼儿沟通与交流的能力。例如，在阅读教学中，通过提问帮助幼儿回忆故事内容，完成故事信息搜索与表达。最后，当幼儿对某一话题具有浓厚的兴趣时，教师可以通过谈话、相关资料收集等延伸活动，帮助幼儿在活动过程中与教师和同伴合作学习，促进幼儿主动沟通与交流。

2. 把握分寸适度支持

在全语言教学中，教师是给予幼儿学习引导、帮助、合作的协同者，但在支持幼儿的同时应把握适度原则。维果茨基认为幼儿具有两种水平：其一是现有发展水平，即幼儿能够独立解决智力任务的水平；其二是最近发展区，即幼儿还不能独立解决的任务，但在成人帮助下，在集体活动中通过模仿能解决这些任务。所以，对于幼儿能够独立表述的语言，教师不应进行干预，而应认真倾听，当幼儿完成表述后，教师可以给予赞同或针对幼儿谈话内容进行讨论交流，从而促进幼儿积累对话交流的语言经验。而对于还不能独立解决语言问题的幼儿，教师可以给予支持，此时教师更多的是引导、建议幼儿继续尝试表达，或探索用其他词汇继续表达，最终帮助幼儿完整表达个人意愿。但在这一过程中，应注意不要过度支持，即发现幼儿沟通时出现困难，就直接告诉幼儿如何说、怎么说，省略幼儿探索、尝试的环节。

（二）为幼儿提供语言交流的机会——资源提供者

全语言教学认为，教师是幼儿语言学习材料的提供者，为了促进幼儿语言水平不断提高，在教学中，教师要利用不同材料为幼儿提供更多交流、互动的机会和时间。本阶段中语言的沟通与交流能力，除了幼儿口头语言的沟通与交流，还包括多种形式的交流，如制作贺卡等。同时，教师应为幼儿提供与成人的互动机会。幼儿需要观察成人使用语言进行交流、交往的现实行为，即在现实生活中认识沟通与交流的实用性。因此，教师可以为幼儿开展更多活动，如家园共育、幼儿园集体活动等，以便幼儿在参与过程中观察成人之间的沟通方式、成人的交流礼仪等，进而丰富个人表达词汇，积累个人语言经验。此外，本阶段教师还应在课堂中利用文学作品为幼儿创造交流机会。例如，针对同一个绘本开展延伸讨论，讨论的方式可以是集体讨论、小组讨论，或者以戏剧表演的方式演绎绘本，幼儿通过模仿故事情节进行对话，体验真实的对话交流过程。

（三）观察幼儿，研究教学——学习者

教师往往被认为是教学理论的接收者、执行者，但全语言教师的许多教学知识往往来源于其他教师、学者、课堂实践或教研活动。所以，全语言教师在教学中首先是

一名学习者。全语言教师教学经验的积累来自教师对幼儿的细致观察、幼儿行为解读及教师个人反思，这些经验将帮助教师建构个人教学的默会知识，并帮助教师不断成长。随着教师个人实践的深入，已有的"旧观念"将被替换，"新观念"将被建立，所以在全语言教学中教师需要不断地观察、反思并调整教学，在教学的同时成为持续改良个人教学的学习者。其次，全语言教师也是教学的研究者。教室为研究场域，幼儿为研究对象，全语言教师将从观察记录中提炼出新的教学策略，从而建构语言学习和教学的理论。因此，全语言教师不仅是语言教学的学习者，而且是幼儿语言学习的研究者。

通过上一阶段的国家通用语言教学，幼儿国家通用语言的整体水平有所提高，但也表现出较为明显的个体差异。在本阶段，教师不仅需要更加细致地观察幼儿学习情况，还需要在教学过程中不断反思，及时调整个人教学方式。支持幼儿学习的同时，将幼儿作为自己的研究对象，探索、总结更符合幼儿特点的教学方式，帮助幼儿提高语言的沟通与交流能力，感受语言学习的快乐。

二、培养幼儿国家通用语言沟通与交流能力的课程设计

本阶段将继续通过显性课程（课堂教学）和隐性课程（一日生活中的常规教学活动和集体活动）进行课程设计，锻炼幼儿同教师、同伴的沟通与交流能力。首先，本阶段将延续前一阶段的课程设置，以主题的形式开展教学活动。同时，在教学中将为幼儿提供更多集体活动机会，促进幼儿同班内伙伴、教师沟通与交流的同时，还为幼儿同其他班级幼儿和教师交流创设条件。课堂教学将继续选择生活故事、绘本故事作为教学重要的语言材料，同时结合课堂内容和生活实践进行谈话活动。其次，本阶段需要继续开展阅读教学，帮助幼儿不断熟练所学阅读方法，进一步提高幼儿的阅读能力，并为幼儿创造讲故事、讨论故事情节的机会。在一日生活中，要在鼓励幼儿沟通与交流的同时，培养幼儿的交流礼仪。例如，在别人讲话时需要认真聆听，等对方讲完以后再发言；交流过程中应面向要谈话的对象，并看着对方；等等。同时，鼓励幼儿在游戏中使用语言相互交流、互相合作，如"你能帮我……吗？"或者"我们一起……吧"等。

（一）显性课程设计

在本阶段课堂教学中，教师需要将幼儿视作有主见、有选择权的独立个体，尊重、鼓励幼儿发表见解、提供建议，并就一个问题与其尽可能深入地探讨。首先，教师可以利用文学作品、幼儿兴趣爱好等和幼儿息息相关的话题与幼儿展开主题讨论，或者就某一集体活动（如本班应该选择什么音乐或舞蹈表演）和幼儿沟通与交流。其次，利用文学作品帮助幼儿掌握一些常用的简单句型，如感叹句、疑问句等；在阅读教学

中利用主人公对话，帮助幼儿体会人物在不同情绪下的语言表达，如在《小蝌蚪找妈妈》中，小蝌蚪好奇地问："鲤鱼阿姨，我们的妈妈在哪里？"以及后文中乌龟笑着说："我不是你们的妈妈……"从而在学习中丰富个人表达的词汇、句式，在实践中不断提高个人交流能力。

（二）隐性课程设计

本阶段的隐性课程将通过集体活动（如"六一"庆典、参观小学等）为幼儿提供更多与同伴、教师交流的机会。首先，在集体活动和一日生活中，幼儿的交流更自然、更真实且更有意义。集体活动为幼儿提供了共同的生活经历和新的话题，所以本阶段教师应在幼儿参与活动的同时，仔细观察幼儿，为幼儿就一个问题讨论、交流提供机会和时间。其次，帮助幼儿在生活中逐渐尝试、总结与他人交流的方式。例如，使用"你知道这是什么吗？""你在看什么？"等提问的方式开始交流。同时，通过隐性课程的教学，帮助幼儿认识到使用语言在生活中具有重要作用，深刻体会到沟通与交流是知识获取的方式，是与同伴建立友谊、参与同伴活动的有效途径，也是个人快乐的源泉，从而培养幼儿敢于、乐于使用国家通用语言交流的语言态度，并在交流中不断丰富个人的语言经验、提升自己的表达能力。

三、培养幼儿国家通用语言沟通与交流能力的教学设计

（一）学情分析

通过前一阶段国家通用语言教学，幼儿已重新找回语言学习的状态。在国家通用语言的表达能力方面，幼儿已对语言表达表现出强烈的欲望和浓厚的兴趣。在阅读教学中，幼儿已在原有的基础上，能够回答教师关于故事内容的提问，能够回应故事，或在教师的引导下联系自己的生活实际。本阶段大部分幼儿已能够根据教师提示完成简单的故事内容复述，并且对阅读活动的喜爱程度有所提高。

在课堂教学中，幼儿能够基本理解教师语言，较为积极地回答问题并融入谈话活动。在手工课中，幼儿能参照使用说明，或按照教师提示步骤完成手工制作，但在表达过程中使用的词句依然较为简单，描述内容也不够丰富。在集体实践过程中，幼儿表现得积极且兴奋，能够认真观察教师的语言表达，仔细聆听并体会教师的语言意义。同时，在活动中幼儿与同伴交流的机会较多，且环境更加自由放松，因此在活动中表达的意愿更强烈，表达的次数也比课堂学习中更加频繁。总体而言，通过前一阶段的教学，幼儿语言理解与表达能力都有所提高，且表达的欲望和频率也明显提高，部分幼儿已能够使用简单语言描述事件，但大部分幼儿表达时的语言还较为单一、简短且与教师主动表达个人想法、情感的情况较少。

（二）教学目标

第三阶段在全语言教育理念下开展国家通用语言教学的教学目标是培养幼儿的沟通与交流能力。下面将从两方面制定具体目标。

首先，本阶段教师需要利用教学活动不断扩充幼儿的词汇量，拓展语句的完整性和复杂度，并且培养幼儿在学习和生活中使用国家通用语言的能力和态度。一方面，在课堂教学中要继续丰富幼儿探索文字和使用国家通用语言的经历，逐渐将课堂阅读、教学知识应用于学习和生活中。在课堂教学中，教师不仅要为幼儿提供更多沟通与交流的机会，还要为其提供交流的时间，鼓励、观察并引导幼儿在情境中沟通与交流，并且要保证活动时间的充足。通过阅读和主题活动，帮助幼儿增加词汇量，拓展语句的完整性和复杂程度。另一方面，教师需要在课堂教学中协助幼儿提高语言使用的能力，培养其乐于与他人分享自己的经验、观点和想法的交流态度，即在对话中，尝试根据不同情境、对象调整自己的对话方式、内容等，并且能够掌握一定的交流礼仪。语言规则的具体内容如下：

（1）能够利用语言加入正在进行的对话活动；

（2）知道如何参与讨论事物；

（3）在交流中可以适时回应；

（4）明白交流时声音不可以过大；

（5）在不明白时，可以通过提问帮助理解；

（6）知道交流是轮流进行的；

（7）能够等别人说完再接话；

（8）能够就一个话题讨论。

其次，教师需要利用集体教学活动为幼儿提供真实的语言交流情境，促进幼儿沟通与交流。在活动过程中，一方面，将课堂中所学的语言规则实际运用于日常交流；另一方面，帮助幼儿利用语言交流达成个人生活需求、分享个人经验及参与同伴游戏。最终通过教学活动，帮助幼儿建立交流的信心，提高幼儿沟通与交流的能力，培养幼儿使用国家通用语言的习惯。

（三）教学内容

本阶段教学内容主要分为国家通用语言显性教学活动和隐性教学活动两部分。显性教学活动主要以主题教学的形式开展，教学活动内容如表6-1所列。在显性教学活动中，教师将在同一主题下开展语教、健教、社教、科教、艺教活动，从而在教学内容上更加整合。不同领域的学习将在语言教学的基础上开展，这不仅能够加深幼儿对该主题知识的认识与理解，有利于幼儿将所学知识迁移和运用于其他领域学习，而且能够促进幼儿针对同一话题展开探讨。在本阶段教学中，首先，教师将为幼儿表达创造机会与时间，同时将支持、引导幼儿通过不同途径表达个人的想法、情绪。其次，本阶段的隐性教学活动主要涉及一日生活和集体活动两个方面。在一日活动和集体活动中，幼儿更多的是在做中学，通过实践、体验获得知识和经验，实践的过程涉及与同伴、教师的交流。因此，隐性教学活动是在真实情境下促进幼儿沟通与交流的有效途径。在隐性教学活动中，幼儿将实践以往课堂所学和日常生活中由自己观察、探索积累的语言经验，并不断探索、修正、积累不同的语言表达方式、交流方式，从而内化为个人交流经验，提升个人沟通与交流能力。

表 6-1 第三阶段教学活动内容

显性教学活动	
主题	活动内容
快乐的夏	（1）实地观察：山下的夏天； （2）语教活动：《小蝌蚪找妈妈》； （3）科教活动：蝌蚪变青蛙； （4）社教活动：保护环境； （5）健教活动：草原上的防虫知识； （6）艺教活动：歌曲《小青要回家》
快乐的端午节	（1）语教活动：儿歌《过端午》，绘本阅读《伊伊，端午节快乐》； （2）科教活动：龙舟为什么不会沉； （3）社教活动：节日里的习俗； （4）健教活动：好吃的粽子不能吃太多； （5）艺教活动：绘制"藏戏面具"，绘制"龙舟"； （6）数教活动："龙舟"的立体和平面
我要毕业了	（1）语教活动：幼儿散文《我要毕业了》，"我想对你说"谈话活动； （2）社教活动："参观小学"实地考察，"成为小学生"谈话活动； （3）艺教活动：绘制"毕业卡"，制作"毕业帽"； （4）数教活动：我们班有多少人
隐性教学活动	
主题	活动内容
签到活动	幼儿签到表
晨读与户外活动	（1）晨读：儿歌、古诗或自主阅读； （2）户外：早操；舞蹈、体育游戏、自由活动
阅读与区角活动	（1）师生共读并就书中一个问题讨论； （2）幼儿自主阅读：自由讨论（师幼、同伴）；尝试记录或请教师帮助记录； （3）角色扮演、建构区

表6-1（续）

隐性教学活动	
主题	活动内容
早餐与加餐	（1）分配值日； （2）分发食物； （3）进餐与自由聊天

第二节　培养幼儿国家通用语言沟通与交流能力的方案实施

在前一阶段的教学中，幼儿经历了从语言水平退步到语言水平恢复，到大部分幼儿想要表达，再到个别幼儿尝试交流的巨大变化，让所有小组教师备受鼓舞。虽然多数幼儿还不能流畅地交流与沟通，但小组教师更加相信幼儿具备语言学习的潜力。

一、全语言教师作用——为幼儿提供支持

（一）全语言教师的核心作用是为幼儿提供支持

经历两个阶段的全语言教学理论学习与实践，本阶段全语言教师最需要思考的问题是"如何能为幼儿国家通用语言学习提供更好的支持"。回看全语言教学小组教师的学习实践历程，不难发现教师的全部活动始终以幼儿为中心，从理论学习到教室环境重塑，再到显性教学活动与隐性教学活动的课程设计和教学引导，其核心问题在于实时且适当地为幼儿提供支持。细致地观察幼儿，以便了解幼儿并及时发现幼儿的学习困境，从而及时为幼儿提供鼓励与支持，帮助幼儿完成探索、总结、学习及知识迁移。为幼儿提供丰富的语言环境和材料，以便帮助幼儿在沉浸于文字环境的同时，发现文字符号、口头语言的功能性，促使幼儿探索、模仿并最终掌握生活中常见、常用的词语、句式。带领幼儿尝试多元的表达方式，以便幼儿认识、体会口头语言表达只是众多表达方式中的一种，当幼儿想要尝试表达时，可以通过不同渠道表达自己的想法、情绪和感受。所以，在全语言教学中，教师关注的核心角色是幼儿，关注的核心问题是为幼儿学习提供支持。

（二）为幼儿提供沟通与交流的路径

首先，本阶段教学中，教师将在之前教学的基础上进一步为幼儿提供更多参与实践的机会，帮助幼儿从个人表达走向现实生活中的沟通与交流。如L老师所说："其实，我们就是一直在给孩子搭桥，他们现在自己能说的多了，我们就要帮助他们相互交流。"集体活动为幼儿沟通与交流提供了更多机会，如在游玩中发现小虫子，就可以

引发幼儿一系列对话。并且，在活动中幼儿身处真实环境，表达与交流的欲望更加强烈，如一起进餐、一起游戏等，都为幼儿提供了更多坐在一起交流的机会和时间。W老师说："经历上一阶段的活动，我就发现他们（幼儿）在活动中好像更加放松，不像以往在课堂中我提问他们时可能还会害羞啊、紧张啊，所以在集体活动中，发现一些平时不怎么说话的孩子也会参与表达。"在集体活动中，教师仍然需要参与幼儿的活动，成为幼儿活动的同伴，并且在此过程中对于表达受阻的幼儿需要及时给予支持和鼓励。

其次，本阶段在为幼儿创造沟通与交流机会的同时，需要通过课堂教学丰富幼儿的词汇，扩充句子的完整性和复杂度，以及引导幼儿学习简单的交流技巧和礼仪。Z老师认为："仅用活动充实幼儿的语言实践经验是不够的，我们还需要利用课堂丰富幼儿的词汇、句型。幼儿现在的表达还是以简单的短语为主，所以，还是需要做好语言输入。"绘本故事中的图画情节在帮助幼儿理解故事的同时，为幼儿创设了一个真实完整的情境。在阅读过程中，教师可引导幼儿针对某一情节展开讨论交流，鼓励幼儿发表个人见解；故事中的对话，也成为幼儿交流模仿的范本，教师可以利用多种形式帮助幼儿体会对话时人物的情绪、模仿情境中的对话等，丰富幼儿表达词汇，拓展幼儿（表达）语句的完整性。

总而言之，本阶段教师需要利用显性教学为幼儿词汇、句式及积累个人交流经验提供示范和参与体验的机会。同时，要为幼儿在真实情境中沟通与交流创造机会，利用集体活动让幼儿在宽松、自然、真实的情境下，开展有意义的探索与交流，从而提高个人的沟通与交流能力。

二、开展全语言教学——培养沟通与交流的能力

对于第三阶段全语言教育理念下国家通用语言的教学内容，小组教师将利用丰富的语言材料和语言实践活动提高幼儿的语言沟通与交流能力。培养幼儿的语言沟通与交流能力，主要涉及幼儿在日常生活中能与他人自然互动交流，并且能针对某一问题展开讨论的能力；通过观察、探索与实践，学习一些交流中简单的规则，积累个人交流经验。本阶段将主要通过显性教学中的绘本教学为幼儿示范语言交流中不同的句式（如肯定句、感叹句、疑问句等），以及交流的简单技巧（如倾听、轮流对话等）；同时，为幼儿提供与教师、同伴相互交流的机会与时间，从而促进幼儿表达与交流，提高幼儿语言的沟通与交流能力。通过隐性教学活动，为幼儿提供真实、自然且有意义的交流机会，帮助幼儿将所学的词汇、句式真正应用于生活交流之中，从而丰富个人的语言经验，提升个人的沟通能力。本阶段将通过显性教学、隐性教学活动开展国家通用语言教学，展现幼儿语言沟通与交流能力提升的过程。

（一）显性教学中语言的沟通与交流

首先，在本阶段的显性教学中，语言教学材料涉及经典童话故事、幼儿散文、幼儿绘本故事和主题谈话。同时，在主题单元中除语言教育外，还包含社会教育、语言教育、艺术教育等五大领域的课程内容，不仅为幼儿大量输入语言材料，而且为幼儿创造更多的对话交流机会，以便提高幼儿沟通与交流的能力。其次，本阶段在教学过程中依然坚持以幼儿为中心的教学原则；在教学内容选择方面，能够尊重幼儿的兴趣爱好、文化背景和生活经验；在选择学习形式方面，能够为幼儿提供灵活多样的学习方式，促进幼儿合作、探索、讨论，为幼儿的沟通与交流提供机会和时间。最后，在学习过程中，教师依然为幼儿提供真实的语言学习情境，以及亲自聆听、观察、体验的机会，从而使幼儿在活动中开展有意义的语言学习、积累个人语言经验，促进幼儿语言能力的发展。

1. 文学作品教学中幼儿的沟通与交流

在主题活动"快乐的夏"中涉及实地考察"山下的夏天"，于是在教师的带领下，幼儿前往 BL 双语幼儿园后山脚下感受夏天。一路上，幼儿不仅看到了连绵的山丘、油绿的草场和湍流的 BL 河，还看到了金黄的油菜花、含苞待放的格桑花等。在实地考察中，幼儿在小河边发现了蝌蚪，认真观察的同时，还与教师、同伴一起讨论小蝌蚪会不会长大、长大后会变成谁等问题。最终，在实地考察过程中，幼儿与教师共同确定了经典童话故事《小蝌蚪找妈妈》的学习内容。

场景一

在幼儿参与"山下的夏天"活动中，教师带领幼儿在山脚下观察夏天的植物，组织幼儿讲故事、做游戏、吃西瓜。活动中教师组织全体幼儿围成大圈席地而坐，一起回忆从幼儿园到山脚下的景色。教师提问后，幼儿便积极抢答，有的说"花"，有的说"蒲公英"，有的说"河"，一时间回答的声音此起彼伏。此时，教师向幼儿示意举手，并利用儿歌"回答问题，请举手！别人说话，我不抢！别人说完，我再讲！"规范幼儿行为。回答问题前教师向幼儿提出要求，回答问题时不需要起立，但需要举手，并且要仔细聆听其他人的发言。实地考察活动观察记录见表 6-2。

表 6-2　实地考察活动观察记录

活动	幼儿回答
1. 讨论沿途风光 	W 老师："说说你看到了什么景色？" B–CR："有黄色的花，有蒲公英，有山。" W 老师："黄色的花是什么花啊？" B–CR 腼腆地摇摇头。 W 老师："有谁知道呢？" …………（孩子们沉默了几秒，有的孩子用藏语说出名称。） W 老师："对的，就是油菜花。" 幼儿（边笑边模仿老师）："油菜，哈哈哈，油菜花。" W 老师："大家看看草地上有很多蒲公英，它们像什么？" G–BJ1（声音不大，有些害羞地说）："像雪花。" W 老师："嗯，吹开它就像小雪花一样飘呀飘。" 幼儿（模仿老师手势）："飘呀飘，雪花飘呀飘。" …………
2. 游戏互动 幼儿玩《丢手绢》的游戏，输的同学要表演一个节目作为惩罚 	在该环节中，B–AX 为大家讲了《孙悟空打妖怪》的故事，并表演了该儿歌。 B–RZ 为大家表演了儿歌《黑猫警长》。 G–ZM2 为大家表演了舞蹈《咖喱咖喱》。 在节目表演过程中，其他幼儿也会与表演幼儿互动，或加入幼儿的表演
3. 观察小河 有些幼儿提出想去河边看一看，为了保证幼儿安全，教师带领幼儿分批到河边观察 	在小河边观察时，幼儿看到河里有小鱼和蝌蚪，于是惊喜万分，并展开了关于"蝌蚪"的讨论。 B–AX（边说边指着蝌蚪）："快看，蝌蚪，这里！这里！啊！快看！B–NM2，B–ZX1 等一群男生立刻加入观察的队伍说着"哪里？""我看，我看""在哪？"非常兴奋。 B–AX 也立刻回应，"你看，这里"，边说边在水里抓蝌蚪。

表 6-2（续）

活动	幼儿回答
	B-AX（回过头）："老师，你看！"（他双手捧着水和蝌蚪，开心地说） W 老师："看看就要把它放回去，好吗？" B-AX："好的！"（旁边的孩子都来围观这只小蝌蚪） G-ZM6："老师，蝌蚪要放在水里，才能长大，不然就会死的！" W 老师："你说的很对，所以 B-AX 一定要把它放回去哦！" G-ZM6："快把它放回去，不然它会死的。" B-AX："它长大了就会变成青蛙！" （身边有的孩子说"不，是变成大蝌蚪"，有的说"是青蛙"，孩子们开始争论。于是在教师引导下，幼儿确定将《小蝌蚪找妈妈》作为集体学习的内容）

场景背后

本阶段实地考察活动不仅涉及艺术教育、社会教育、语言教育等众多领域知识，而且能在活动过程中促进幼儿交流、交往，激发幼儿学习的兴趣。幼儿通过参与实地考察、文艺表演、亲子游戏等实践，获得真实且直观的体验和感受，快乐、轻松的活动过程为幼儿沟通提供了自由、宽松的环境，所以，在实地考察活动中幼儿的表达欲望更加强烈，沟通交流的机会更多。通过对以上场景中幼儿表现的观察，不难发现幼儿参与实地考察活动能丰富个人经验、扩大词汇量，并不断激发讨论、交流的欲望，从而自然而然地参与话题讨论与交流。

具体而言，在讲故事环节，幼儿在欢乐的气氛中主动分享儿歌或故事，并能够完成自主讲述，且语言表达较为流畅，说明幼儿已积累了一定的文学作品，语言表达能力较前一阶段有明显提高。在观察小河的环节中，幼儿发现蝌蚪并就"蝌蚪"与同伴、教师展开讨论，讨论过程中幼儿能认真聆听教师或同伴的表达，知道同伴间应轮流表达，并对具体问题进行补充或提出疑问，说明幼儿使用语言的意识和语言规则意识不断增强，并且已能够使用简单的交流技巧，如反问、补充等。

场景二

Z1 老师："还记得我们看到的小蝌蚪长什么样吗？"

B-AX："是黑色的，后面还有尾巴。"

G-ZM2："它前面是圆圆的，后面是尾巴，摇着的。"

B-NM1："黑色的，在水里游。"

B-ZX2："它的头是圆形的，后面是细细的尾巴。"

其他幼儿："……"（幼儿回答问题的积极性很高，几乎每个人都对蝌蚪进行了描述）

Z1 老师："蝌蚪就是长这样（幻灯片展示），全身黑黝黝的，有圆圆的头和细细的小尾巴。你们说得都很对，我要为你们鼓掌（为幼儿鼓掌，幼儿也跟着鼓掌）。那你们说蝌蚪长大了会变成谁呢？"

B-AX："（不假思索地说）青蛙！"

B-RZ："（紧跟着 B-AX 回答）青蛙！"

Z1 老师反问："可是蝌蚪和青蛙长得一点儿也不像啊，你们看（展示对比幻灯片）。"

幼儿："……"（幼儿有些不确定，有的在悄声低语）

Z1 老师："那你们相互讨论讨论。"

在幼儿讨论过程中，Z1 老师在各小组巡视，并认真倾听幼儿的讨论。小组讨论记录见表 6-3。

表 6-3　小组讨论记录

小组	讨论内容
1组	B-AX："是青蛙！" G-ZM1："可是他们不一样，你看！"（指着幻灯片） B-AX："是青蛙！我妈妈给我讲过！" G-ZM1："……是蝌蚪长大了。" B-NM2："是蝌蚪，我知道！" B-RZ："就是青蛙！" Z1 老师："（对 B-RZ 说）真的吗？你确定就是青蛙？" B-RZ："嗯，它会变的！最后就是（变成了）青蛙。" B-AX："老师，就是青蛙。我妈妈都告诉我了，蝌蚪长大就是青蛙！"（骄傲而坚定地回应老师） ……………
2组	G-ZM2："它长大了就是鱼。" B-ZX2："不对，是青蛙。"（不是很肯定地说） Z1 老师："那你们说呢？" G-JJ："嗯……它反正会长大，可我不知道（它会变成什么样）。" G-LM："我也不知道……" Z1 老师："那我们一会认真听故事，在故事里找答案吧！" ……………

于是幼儿和教师带着这个问题一起开启《小蝌蚪找妈妈》的学习，在讲故事的过程中，Z1老师引导幼儿对故事情节进行预测，再验证幼儿预测。同时，引导幼儿仔细观察幻灯片中小蝌蚪的变化，如是否长出小脚、尾巴等。最终在故事结尾发现青蛙是小蝌蚪的妈妈，此时的小蝌蚪已经变成了一只小青蛙。Z1老师再次回顾教学开始的问题："小蝌蚪长大了会变成谁呢？"幼儿齐声说道："青蛙。"

场景背后

《小蝌蚪找妈妈》是本阶段初期的教学内容，在课堂中能够观察到幼儿不仅与教师对话沟通的积极性较高，而且在小组讨论中幼儿也能就一个话题展开讨论，表达个人想法或反驳他人观点。反思本节课教学效果较好的原因：一方面，实地考察中幼儿的亲身经历及认真观察小蝌蚪的生活经验，是幼儿在课堂中积极回应教师的前提；另一方面，随着幼儿理解和表达能力的发展，使用语言的能力逐渐增强，虽然表达的语句较为简单，但已能够在教师引导下互相交流。所以，在利用文学作品开展语言教学活动时，首先，应考虑幼儿是否具有该主题的生活经验，如果没有，则需要利用好其他活动或方式，如一次实践活动、视频观看、图片观察等，帮助幼儿做好经验准备。其次，教师需要根据文学作品的内容引出问题，为幼儿沟通与讨论提供机会，同时为幼儿讨论提供支持。由于在本阶段初期，幼儿沟通与交流的能力还不强，在讨论中容易出现无法继续或不知该如何表达的现象，因此，教师在细致巡视小组讨论过程中，可以利用提问、讲解等方式辅助幼儿表达，为幼儿沟通与交流提供示范，帮助幼儿积累语言使用的经验。

文学作品不仅能为幼儿讨论交流提供机会，还能扩充幼儿词汇量，帮助幼儿掌握更多句型，并且提高幼儿的语用水平，如感叹、疑问等语气的变化等。在本阶段文学作品教学中，不仅要让幼儿理解故事，而且要帮助幼儿独立复述故事，从而记住并掌握故事中的字句。以《小蝌蚪找妈妈》为例，该故事结构是童话故事中典型的三段式结构。故事中描写了四件内容相似但故事角色相异的事件，即小蝌蚪分别询问了鲤鱼、乌龟、天鹅和青蛙，最终找到妈妈的故事。三段式的故事结构，使故事主题鲜明，并能够给读者留下深刻印象。这样同中有异、异中有同的故事情节，不仅让幼儿体会变化的有趣，还有利于幼儿理解和记忆故事内容。

2. 谈话活动中幼儿的沟通与交流

幼儿园的谈话活动旨在创造良好的语言环境，帮助幼儿学习聆听别人谈话，并围绕一定话题进行谈话，习得与别人交流的方式、规则，培养与人交往的能力，因此，谈话活动也是培养幼儿交流能力的重要途径。《指南》中明确指出，幼儿的语言能力是在交流和运用过程中发展起来的。本阶段随着幼儿语言理解与表达能力的提高，教师需要为幼儿提供交流的话题、环境和机会，从而帮助幼儿在实践中发现使用语言不仅能够表达个人想法、达成个人意愿，还能够为人际交往搭建桥梁。因此，本阶段应在教学中为幼儿创设宽松的语言交流环境，鼓励幼儿与教师、同伴或其他成人交流，从而提高幼儿交流、交往的能力。

在"我要毕业了"主题活动中，幼儿不仅参观了 BL 小学，体会到即将成为小学生的激动与欣喜，也在语言教学活动中学习了散文诗《我们毕业了》，认识到毕业就是一场离别，多少都有些悲伤。在这一主题下的谈话活动中，幼儿显得有些忧伤。

场景一

说说我的心里话（一）

在《我们毕业了》散文诗中，有几句内容提到有话想对老师说，如"亲爱的老师，亲爱的老师，我有很多话想对您说：三年前我第一次来到这里，玩具满地，还要发脾气""亲爱的老师，亲爱的老师，我从心里感谢您"，于是，教师以"老师，我想对您说"为话题，与幼儿讨论他们想对老师说的心里话。

在几名幼儿表达对老师的感谢后，G-ZM6 举起小手，缓缓地站了起来。

Z1 老师（很期待地看着她）："你有什么话想对我说呢？"

G-ZM6（耷拉着小脸）有些忧愁地说："老师，您太辛苦了！"（沉默了 4~5 秒，但还没有坐下）

Z1 老师："这都是老师应该做的啊！"

G-ZM6："老师，您每天照顾我们，给我们上课、讲故事……（她眼睛里泛着泪花，用哽咽的声音坚持表达）给我们叠被子、带我们玩，我们还不听话，发脾气，您太辛苦了！老师谢谢您！我喜欢您！"（边说边抹眼泪）

幼儿（许多孩子随声附和）："谢谢老师！谢谢老师！"

Z1 老师（不敢直视孩子的眼睛，默默地擦掉眼泪）："我也喜欢你们，喜欢你。老师看到你们每天都在长大，就不觉得辛苦。"（走上前，抱了抱 G-ZM6）

在课堂上，我不仅觉得幼儿语言能力提高了，也从发言中感受到他们对老师真挚而又单纯的情感。尤其是 G-ZM6 今天的发言，真的让我很感动，看着她边说边流泪，我自己也不由得掉泪。以前，G-ZM6 国家通用语言水平很一般，但她一直非常认真，在课堂上、生活中都能认真聆听、努力表达。今天，在她的发言中不仅使用了长句，还举了例子，最后表达了对老师的喜爱和谢意。看到她语言水平的提高，我真的无比开心，谢谢你 G-ZM6，谢谢你们。

场景背后

本阶段谈话的主题，多数是由教师与幼儿共同确定的，"老师，我想对您说"这一谈话主题，正是在幼儿散文诗学习过程中被确定的。本阶段后期，幼儿国家通用语言能力都有较大提高，不仅对口头语言、故事内容的理解能力增强，表达沟通的能力也在快速发展。以上这段场景中，能够看到本阶段末期 G-ZM6 使用语言的能力明显提高。在她的发言中，不仅使用了长句，还能够在描述时举例子，同时句子完整、情感真挚、语气准确。在她表达个人对教师的感情时，也引起了班级其他幼儿的共鸣。G-ZM6 的发言与教师及时的回应，是一次真正利用语言完成的情感和交流。可见，G-ZM6 已具备沟通与交流的能力。从她的语言表达可以发现，G-ZM6 在日常生活中善于观察，在课堂学习中认真聆听，并能够将散文诗中的语言很快地运用在自己的表达中，如"发脾气""不听话"。另外，在这一主题活动中，幼儿通过参观小学和欣赏幼儿散文诗，已对"毕业"有了一定的认知和感受，所以，在教师引导下，幼儿的发言淳朴且真挚。由此可见，G-ZM6 语言沟通与交流能力的提高，不仅离不开幼儿个人认真聆听、敢于开口的学习习惯，也离不开教师为幼儿提供表达机会、创设真实语言情境和宽松、友爱的谈话环境。

场景二

说说我的心里话（二）

同是在这次谈话活动中，B-AX 表现得有些与众不同，以往积极主动的他，在这次谈话活动中一言未发。当谈话快要结束，B-AX 起身放小椅子时，走向 Z1 老师，小声地问了一个问题。

B-AX："老师，你是妈妈吗？"

Z1 老师："我吗？"

B-NM2（走过来说）："你是妈妈！哈哈！"

Z1 老师："你们是说我'像'妈妈，对吗？"

B-AX（在老师身边，点点头）："嗯！"

Z1 老师（蹲下身）："我和妈妈哪里像呢？"

B-AX（认真地回答）："给我讲故事、陪我玩……嗯……给我盖被子。"

B-NM2："带我们去玩……"

B-AX（努力地回忆）："还给我讲道理，打篮球。"

Z1 老师："所以我非常非常像妈妈？"

B-AX 和 B-NM2（两人一起点头）："嗯，非常非常。"

Z1 老师："嗯，要记得妈妈只有一个哦，我是非常像妈妈的老师。"

B-AX："老师，您还来吗？"

Z1 老师："我会回来看你们的。"

B-AX（上前拥抱老师）："嗯。"

幼儿看到纷纷上前拥抱老师。

记得与B-AX妈妈访谈时，她说："B-AX其实不是很活泼，性格有些内向，不怎么说话。"我当时反驳她："并没有，B-AX不仅国家通用语言水平比较好，回答问题很积极，还能当老师的小助手，并且，在一日生活中也经常和老师聊天。"B-AX妈妈说："他一定是和你熟悉了，也喜欢你。"在今天的谈话活动中，B-AX让我感觉到他的害羞但不失真诚的表达。沟通过程中，不仅是语言的交流，还是情感的交流，B-AX和B-NM2的样子深深印刻在我的脑海中，想起时总让我心中一阵温热。

场景背后

本阶段随着幼儿国家通用语言水平的提高，幼儿语言的理解与表达能力不断提升，所以能够较为轻松地与教师对话交流。幼儿在使用语言过程中，从意识到语言具有功能性，逐渐使用语言达成个人意愿，到本阶段认识到可以利用语言传递个人情感、进行交流。对于本阶段末期的B-AX来说，完全能够分清"像"与"是"，但对Z1老师他选择"是"，并在教师引导下说出选用"是"的理由，即"非常非常"像妈妈。通过教师引导，B-AX可以通过本次沟通掌握程度副词的使用方法，从而帮助B-AX语言水平不断发展。在与教师对话中，他能够听懂教师表达，使用较长的句子进行描述，同时，能在过程中反问教师，可见B-AX已掌握基本的沟通与交流方法，并具有沟通能力。

由此可见，幼儿能够深入自己感兴趣、有体会或已有经验的话题，在交流中能够使用语言生动形象地描述事件、人物形象，并表达自己的真情实感。在沟通交流过程中，教师不仅要为幼儿提供宽松、自由的语言环境，还应利用问题不断引导幼儿表达，给幼儿更多鼓励和爱。

3. 其他活动中幼儿的沟通与交流

本阶段的主题课程除语言教育外，还涉及艺教、科教、社教等五大领域内容，在课程方面依然坚持全语言教学的整合原则。幼儿的语言学习不仅发生在语言教学活动中，也发生在其他学习之中，发生在一日生活之中。所以，本阶段教师不仅需要在语言教学活动中支持、引导幼儿沟通交流，而且应利用其他教学活动鼓励幼儿表达、沟通，以及与教师或同伴交流，从而让幼儿在不同情境下开展语言实践活动，积累个人语言经验，掌握交流礼仪，提高沟通、表达能力。

在"快乐的端午节"主题活动中，教师通过语教、艺教等活动向幼儿全面介绍我国传统佳节——端午节。教师不仅利用绘本故事，带领幼儿了解端午节的来历和习俗，还与幼儿共同制作了手工"端午龙舟"，帮助幼儿更加具体、直观地感受端午佳节。

场景

背景介绍：BL 镇藏族民众在端午节期间一般没有特殊的庆祝活动，但由于 BL 镇在地理位置上与临夏回族自治州较近，镇里除本地区藏族民众外，还有部分来自临夏回族自治州的回族或汉族民众。当地的回族和汉族民众较为重视端午节，在端午节时他们会全家一起吃团圆饭，也有给幼儿挂香包、戴五彩绳的习俗，预示着来年幼儿平平安安、吉祥健康。近些年来，受文化的相互影响，当地有些藏族同胞也会在端午节与家人去餐厅吃一顿藏餐，以表庆祝。

我的龙舟

W 老师和幼儿按照步骤一起做手工，每步都先说明要领并完成示范。幼儿听得很认真，能按照步骤认真完成。这款"龙舟"需要幼儿先将木板取模，再为木板涂色，最后完成木板拼搭。当幼儿遇到困难时，便会主动请老师帮助，"老师，你过来""老师，我不会""老师怎么拼"。W 老师随即告诉幼儿："请各小组合作完成龙舟，大家相互帮助，遇到解决不了的困难可以叫老师。"做手工的过程为幼儿提供了更多交流和相互学习、帮助的机会。

在第一组中，G-ZM2 是做得又快又好的一位，所以 G-ZM2 在小组中承担起帮助同伴的任务。只见她有模有样地指导同伴"你要选一个颜色，涂在这儿""两个，你怎么少了一个"……

B-ZX1（他的龙舟似乎怎么也拼不上）："G-ZM2，你看！"

G-ZM2："这样不对，它反了！"

B-ZX1（自己反过来试了试）："还是不行啊！"

G-ZM2（走到 B-ZX1 身边，拿过木板）："这样的，好啦！"（把拼好的龙舟还给 B-ZX）

B-ZX1："哈哈哈！老师，我的好啦！"

几乎每个小组都有一位"G-ZM2"，大家相互讨论、互相帮忙，最终全部完成了个人作品"龙舟"。

W 老师："谁想来展示自己的龙舟？"

幼儿纷纷站起来要展示。

W 老师："回答问题！"

幼儿："请举手！"

W 老师："别人说话！"

幼儿："我不抢！别人说完，我再讲！"

W 老师利用儿歌提醒幼儿注意交流礼仪，孩子们也在唱完儿歌后主动举手发言。

幼儿对龙舟的介绍如表 6-4 所列。

表6-4　幼儿对龙舟的介绍

幼儿	介绍内容
G-LM	"这是我的龙舟！" （W老师："说说你是怎么做的。"） "先涂上蓝色、黄色、粉色。我还给它粘了眼睛。然后把这个插进去，这边也插进去，就好了！"
B-DZ2	"老师，这是我的龙舟！您看漂亮吧？" （W老师："是的，真漂亮，你是怎么做的呢？"） "要把这个拿出来（指着木板），然后涂颜色。嗯……拼好就好了！"

最后教师和幼儿一起将全部"龙舟"作品置于班级展示柜，如图6-1所示。

图6-1　"龙舟"展示

场景背后

在上面这个场景中，可以分为三段细节，分别为合作学习时相互交流、过程中的语言规则引导及完成作品的个人表达。在第一段细节中，W老师利用小组合作学习的方式，为幼儿创造沟通的机会和体验语言交往的乐趣。G-ZM2在帮助同伴的过程中表现积极，帮助同伴一起完成了作品，让幼儿共同体会到交往的快乐。在整个合作学习过程中，每组幼儿都在边做边交流，他们相互学习、互相帮助，在交流中完成作品，在完成作品时分享快乐。在第二段细节中，能发现幼儿对于作品展示的渴望和积极的态度。此时W老师利用儿歌引导幼儿回忆语言规则，并修正个人表达的方式。幼儿在教师引导下轮流展示作品，过程中能认真聆听他人发言，做到不插话、不抢答。在最后一个细节中，幼儿基本能够独自介绍制作步骤，并在描述中使用较长的句子，条理较为清晰，描述较为仔细。由此可见，幼儿对于亲自动手做的事情记忆较为深刻，能够根据制作过程完成描述。同时，幼儿的语言规则意识增强，能在教师的提醒下注意沟通与交流礼仪。在合作学习中，幼儿能够使用语言相互交流、学习，同时感受交往的乐趣。整体而言，幼儿在这一阶段的语言表达能力、沟通与交流能力，以及语言规则意识都有所提高。

（二）隐性教学中语言的沟通与交流

《指南》明确指出：幼儿的语言能力是在交流和运用的过程中发展起来的。因此，教师应为幼儿创设自由、宽松的语言交往环境，鼓励和支持幼儿与成人、同伴交流，让幼儿想说、敢说、喜欢说并能得到积极回应。在上一阶段中，教师抓住一日生活中随机发生的事件，通过问题引导、鼓励幼儿表达个人想法、观点和情绪。在隐性教学过程中，幼儿能够认真倾听教师、同伴的表达，理解词句意义，并在相似场景下尝试使用所学词句。虽然幼儿国家通用语言理解与表达能力普遍有所提高，但自主沟通的能力还不强，多为教师引导下的表达且使用长句子的频率还不高。因此，在本阶段的隐性教学中，教师将从引导幼儿表达向引导幼儿间自主沟通与交流过渡，支持幼儿从使用词或短语表达向使用简单长句交流过渡。

1. 丰富的语言环境促进沟通与交流

通过第一、二阶段国家通用语言教学，幼儿已能够在教师引导下表达个人想法、观点和情绪，但自主沟通与交流的能力还不强。本阶段教师在隐性教学活动中可以利用室内外文字环境，为幼儿提供沟通的机会，并为幼儿沟通与交流制造话题。对于全语言文字环境的创设，教室内的语言材料几乎都与幼儿息息相关，既有主题教学中实际的主题墙、区域活动的各类区角，也有丰富的图书和幼儿自己制作的手工作品。在这样丰富且熟悉的语言环境中，幼儿对语言材料的敏感程度也在不断提高，生活中、游戏中也会不自觉地和教师、同伴谈论与之相关的话题。所以，在本阶段中，语言环境在强化幼儿语言功能意识的同时，还为幼儿沟通与交流提供了空间、话题和氛围。

场景

这些我都会

在户外活动前，幼儿准备整队出发，此时 B-ZX2，G-ZM1，B-RZ 等一些幼儿围在交通工具主题墙旁讨论着什么。走近一看，他们在讨论交通工具，B-ZX2 是这场讨论活动的"主持人"，他像模像样地有问有答。于是 Z 老师没有立即整队出发，而是安静地走到旁边观察幼儿。

B-ZX2："这个是什么？"

B-RZ："公交车！"

B-ZX2："嗯！这个呢？"

G-ZM1："摩托车，摩托车！"

B-ZX2："这个？"

G-ZM1："……"

B-RZ1 等幼儿："拖拉机！"

B-ZX2："救护车、消防车、警车！这些我都会！"

B-RZ，B-AX："我也会！"

B-ZX2："我家还有警车！"

B-RZ："我（也）有！"

B-ZM1 和 B-AX 等幼儿纷纷说："我（也）有！我（也）有！"

Z 老师："那警车是谁开的车？"

幼儿："警察啊！"

Z 老师："开警车去干什么呢？"

B-ZX2："去抓坏人的。"

B-AX："老师……消防车可以灭火！"

Z 老师："你们说的都很对啊！"

B-RZ："站队。"

幼儿离开主题墙，Z 老师集合，全班幼儿前往操场。

场景背后

在本阶段，幼儿已能够参照主题墙内容开展自主对话交流，过程中幼儿能够依据主题墙内容提问与回答。全语言始终强调，教师需要为幼儿提供丰富的语言环境和语言材料，依据不同阶段对幼儿能力培养的侧重点不同，语言材料的作用也会变化，在教学初期，语言文字环境主要帮助幼儿发现语言具有功能性，随着幼儿语言能力的发展，丰富的语言材料逐渐成为幼儿沟通与交流的话题来源和交流材料。所以，本阶段中丰富的语言文字环境，不仅进一步强化了幼儿的语言功能意识，还能够为幼儿提供沟通与交流的话题，提高幼儿沟通表达欲望。在幼儿语言能力方面，本阶段幼儿已呈现出较高的交流欲望，能够使用国家通用语言自主与同伴交流，交流过程中能融入自己的个人生活经验，如"我家还有警车"。虽然幼儿在交流中使用的语言还较为简短，但在语序、语用方面已逐渐趋于准确。与此同时，Z 老师在一日生活中能认真观察幼儿的语言动机，给予幼儿充分交流的机会和时间，也为幼儿语言发展提供良好的语言环境。

2. 教师支持幼儿沟通与交流

生活中有关幼儿的小事，往往都可以成为幼儿沟通与交流的话题。幼儿的语言发展和行为习惯与他们的文化背景及生活环境息息相关。因此，无论是在隐性教学活动中还是显性教学活动中，教师都应该充分考虑并尊重幼儿的文化背景与生活习惯，从而营造包容、接纳、宽松的学习氛围。藏族同胞在日常生活中有不杀生的习惯，从幼儿到老人都对生命充满崇敬，无论是蚂蚁还是牦牛，在藏族同胞眼中它们的生命都值得被尊重。

场景

对生命的尊重

6月是甘南的雨季，雨总是连夜下个不停，昼夜温差较大，中午艳阳高照，而晚上的气温可能只有5~10℃。不过，五六月的雨是草原牧人的期待，草场的草进入了生长期，雨后的草更高了，草原一派生机勃勃景象。夜雨后云雾笼罩下的幼儿园，如同仙境，操场上时不时有青蛙跳过，还能看到很多蚯蚓在地上蜷缩打滚。

【事件1】

去过卫生间后全班幼儿回到教室，Z1老师走在最后，刚一进教室就看到幼儿里三层外三层地围着B-DZ1说个不停。

大家你一言我一语地说："你踩了！踩死了！"

B-DZ1低着头不说话。

Z1老师："怎么了？"

幼儿一下拥了上来，争先恐后地喊着："老师！老师！是他踩的，是他踩死了！"

Z1老师："踩死了什么？"

B-RZ："是——蚯蚓。"

B-NM1："这样是不好的。"

B-AX："不能踩蚯蚓，它就死了！"

G-QC："踩它是不可以的，这样是错的！要爱护它！"

Z1老师："你们说的很对，蚯蚓是有生命的，我们要爱护它。B-DZ1，我想你一定是不小心踩到的，对吗？"

B-DZ1（低着头，快哭的样子）："嗯！"

Z1老师："B-DZ1不是故意的，我相信他以后会注意的。雨天大家都要小心路上的蚯蚓，不要踩到它们！好不好？"

幼儿异口同声地说："好！"

B-ZX1（在Z1老师身边小声地说）："我们要爱护它们，不能踩！"

Z1老师："是呢！你说的很对。"

【事件2】

没过几天，教室窗台边出现了一只飞蛾，幼儿都凑到窗边去看。Z1老师走近才发现，原来幼儿不是在观察飞蛾，而是在一起想办法把它送出窗外。

G-QC（她拿来了簸箕）："用这个。"

G-ZM1："不行，它会死的。"

G-BJ1（她从老师的讲台上拿了一本书）："用这个。"

大家："不行！它会飞！"

就在 Z1 老师想去帮助他们的时候，B-RZ 走上前。只见他用自己的小手轻轻地，一只手托，另一只手盖，把飞蛾捧在手里，送出窗户。飞蛾飞走了，幼儿都大叫起来："哇！B-RZ 你真棒！""哇！真棒！"还情不自禁地鼓起掌。Z1 老师站在幼儿中间也为他们鼓掌祝贺！

场景背后

从上面两个事件可以看出，藏族幼儿从小就有较强的生命意识，他们爱护小动物的行为和那份单纯的爱心显得别样珍贵。在以上两个事件中，幼儿都能够针对同一个问题展开交流和讨论，在讨论中多数幼儿都展现出较多的表达、沟通欲望。【事件 1】中，幼儿能够针对 B-DZ1 不小心踩死蚯蚓的现象进行评论，说出各自批评的理由，并告诉 B-DZ1 应该保护动物；【事件 2】中，幼儿能一起讨论，尝试用多种方法合作营救飞蛾，最终成功放飞飞蛾。

两个事件都是生活中的偶然事件，过程中幼儿能够使用国家通用语言交流、合作解决问题，交流的语言较为简单，沟通过程互动较多，能够相互理解语意，并针对一件事情讨论。这充分说明，此阶段幼儿使用语言的能力在不断提高，沟通交流的能力在逐渐提升。虽然在语言表达方面仍存在个别语序问题，但并不影响幼儿相互沟通和语意理解。教师则需要在日常生活中为幼儿提供更多观察、交流的机会，从而为幼儿积累语言经验，逐渐促进幼儿表达的完整性和准确性。

3. 在一日生活中培养幼儿良好的沟通习惯

一日生活中的常规活动包括接送园、幼儿签到、早餐、午休、离园前自主阅读等。这些活动是全体幼儿每天都参与的班级活动。本阶段教师在常规活动中鼓励并引导幼儿相互交流，给予幼儿交流的空间和时间。在交流过程中，教师会引导幼儿建立良好的语言行为习惯，如交流时声音不能过大、懂得按次序轮流讲话、在对方难过的时候应给予安慰等；同时，教师将利用常规的阅读活动，巩固前阶段幼儿已掌握的阅读技巧（如正确的阅读方法、故事内容预测等），进而提高幼儿的阅读兴趣，培养幼儿的阅读习惯。

本阶段幼儿在接送园过程中已能够准确使用词句向教师问好、告别。早晨入园会对老师说："老师，早上好！"下午入园会对老师说："老师，下午好！"不再像之前错将"老师，早晨好"认为是问好的语言，不分早晚都使用"早上好"。在早餐或加餐环节，教师不会刻意禁止幼儿讨论、交流，而是给幼儿自主交流的机会和时间，引导幼儿形成良好的语言行为习惯。对于幼儿来说，用餐时间往往是轻松愉快的，他们讨论的话题也逐渐丰富，如酸奶比牛奶更好喝、香蕉好吃、邀请老师一起吃早餐等。

分完早餐后回到座位休息，就看到几个孩子聚在一起看面包，并且在小声地说着什么。B-AX说："老师，老师！"教师走上前询问什么事情。孩子们说："老师，面包不一样了！"当时教师看看面包，大小、形状都没有什么改变，所以告诉孩子们，"没有啊，还是一样的面包"。孩子们举起面包，认真地边指边说："你看，这个是粉色的，以前是黑色的！""它们不一样的，老师！""面包变了！"教师才恍然大悟，原来是面包上小糖点的颜色不一样，以前是黑色的（巧克力味），现在是粉色的（草莓味）。我表扬孩子们观察得很认真，说得也清楚。

这件小事让著者发现幼儿是观察的小能手，并且在语言方面已经从渴望交流逐渐朝敢于也乐于与人交流的方向发展。在交流过程中，B-AX等幼儿知道在公共场合交流时不能大声喧哗，所以请教师过来讨论，同时，幼儿在说明问题时懂得按次序轮流讲话，尽量等前一名幼儿表达完后，自己再讲话。可见，教师通过日常活动反复引导、示范正确的沟通礼仪已见成效，幼儿在沟通与表达能力不断提高的同时，良好的语言行为习惯也在逐步养成。

随着教学活动的深入，教师在签到环节也做了一些调整，如表6-5所列。起初，教师使用照片的方式签到，幼儿入园后找到自己的照片，放入签到兜完成签到。随后在第二阶段教师使用签到表，请幼儿自主签到，起初效果并不是很好，后来随着幼儿越来越熟悉这样的签到方式，便可以自己在签到表上完成标记，表明自己已到。本阶段教师继续使用签到表的方式签到，个别幼儿开始尝试在签到表上填写名字完成签到。在第二、三阶段签到过程中，教师通过念幼儿名字请到园的幼儿签到，告诉幼儿签到可以用自己喜欢的图形，也可以用自己的名字，签到具体方式由幼儿来选择。起初，幼儿对自己的国家通用语言名字较为陌生，教师需要帮助幼儿指出签到位置。进入本阶段后，幼儿已能够找到自己的名字并完成签到，但大部分幼儿还不能选择使用符号或趋向汉字符号完成签到。在这一过程中不难发现，5—6岁的幼儿已呈现出想要使用文字符号的意愿，并且愿意尝试书写自己的名字。

表6-5 签到对比表

第一阶段签到	第二阶段签到	第三阶段签到
	大（1）班签到表	大（1）班签到表

第二阶段签到表

序号	名字	签到	序号	名字	签到
1			8		
2			9		
3			10		
4			11		
5			12		
6			13		
7			14		

第三阶段签到表

序号	名字	签到	序号	名字	签到
1			8		
2			9		
3			10		
4			11		
5			12		
6			13		
7			14		

表 6-5（续）

第一阶段签到	第二阶段签到	第三阶段签到
幼儿将自己的照片放入签到兜，未到园幼儿的照片在教师手中	在第二阶段初期，幼儿不太适应这一签到方式，对于不愿意自己签到的幼儿，教师进行代签。在第二阶段末期，幼儿已熟悉并乐于自己签到。如旦增尼玛在 5 月的签到如下：	本阶段幼儿开始尝试书写自己的名字，个别幼儿进步较快，如旦增尼玛在 6—7 月的签到如下： （6月） （7月）

在阅读环节中，本阶段延续上一阶段的阅读活动，但也进行了相应调整。在阅读活动时间上，将不固定时间调整为固定时间，即每天下午课外活动后、离园前。在阅读活动的形式上，从以师幼共读为主，转变为自主阅读、小组阅读等多种方式，阅读方式更为灵活。在阅读活动内容上，从以儿歌、简短绘本故事阅读，转变为多种文学作品阅读，如与幼儿生活相关的幼儿故事、文字量适度的绘本故事、经典的童话故事等，阅读内容更加丰富。

经历前一阶段阅读活动的开展，幼儿已逐渐熟悉阅读活动，并越发喜欢阅读。在自主阅读活动中，幼儿更喜欢选择曾经与教师有过共读经验的图书，如《孙悟空打妖怪》《从头到脚》《棕熊，棕熊你在看什么》等一度成为各个小组必选的、反复阅读的书目。无论是自主阅读还是小组阅读，都为促进幼儿沟通与交流开辟了新途径。在阅读过程中，幼儿有充分的时间、机会讨论交流，幼儿依据书中内容相互讨论或为彼此讲故事，对于阅读中不懂的地方，幼儿会抱着书主动向教师寻求帮助，从而为促进幼儿沟通与交流、积累口头语言经验提供了机会和路径。

《指南》中明确指出，我国 3—6 岁幼儿语言学习与发展的目标分为口头语言的学习发展目标和书面语言的学习发展目标。《指南》针对 5—6 岁幼儿指出，会说本民族或本地区的语言和国家通用语言，发音正确清晰。少数民族聚居地区幼儿，基本会说国家通用语言。在书面语言学习中，虽然没有明确指出民族地区幼儿发展目标，但仍应培养幼儿阅读兴趣习惯，使其具有初步阅读理解能力及早期书面表达的愿望和初步技能。本书所述研究中，随着国家通用语言教学活动的开展，幼儿的语言能力也有了明显提高。首先，本阶段幼儿已表现出更强烈的沟通表达欲望，与前两个阶段相比较，使用语言的能力更强，交流中句子表达更加完整、准确，能够主动使用国家通用语言与教师、同伴相互交流。其次，幼儿阅读的兴趣逐渐提高，能够根据绘本故事中的情节进行讨论，能够主动与同伴商量互换图书。在文字符号方面，本阶段的幼儿渴望尝试动手书写与自己相关、熟悉的文字符号，如数字、姓名等。

在一日生活的常规活动中，幼儿呈现出对语言学习的积极性。在口头语言和书面语言方面的协同发展，是语言学习具有整合性的体现。全语言教育理念认为，幼儿语言能力发展中听、说、读、写本就是一个整体，是不能拆分的。所以，语言能力的提高是听、说、读、写能力的整体提高，当幼儿口头语言经验不断丰富时，对文字符号的敏感度也在不断提高，幼儿在丰富的语言环境中，自主打开绘本尝试阅读，通过观察教师绘画与书写，自然会对涂鸦、书写产生兴趣。在全语言教学中，幼儿的语言学习更加自主，教师也完全信任幼儿是积极的语言学习者，并为幼儿提供更多尝试、选择的机会、空间和时间。因此，这也是本阶段幼儿口头语言能力进步的同时，对书面语言、文字符号产生浓厚兴趣的原因。

4. 集体活动中语言的沟通与交流

在本阶段的隐性教学活动中，除一日生活外，还延续了前一阶段的集体活动。本阶段将增加集体活动次数，并丰富集体活动形式，在积累幼儿社会经验的同时，为幼儿创设更多真实的沟通、对话情境，以及更多沟通与交流的机会。正如《指南》中明确指出"幼儿的语言学习需要相应的社会经验支持"，应通过多种活动扩展幼儿的生活经验，丰富语言的内容，增强其理解和表达能力。所以，本阶段教师应为幼儿创设宽松、自由、包容的交流环境，在真实的生活情境中引导、鼓励幼儿自然而然地沟通与交流。本阶段集体教学活动分别有特色"六一"、夏日郊游、参观小学和毕业典礼四次活动，如表6-6所列。

表6-6　集体教学活动内容

主题	活动内容
特色"六一"	（1）节目表演； （2）美味的午餐； （3）亲子游戏
夏日郊游	（1）集合走向小溪旁； （2）自由活动； （3）讲故事； （4）捡垃圾
参观小学	（1）前往 BL 小学参观； （2）"小学"谈话活动
毕业典礼	（1）校长讲话； （2）颁奖； （3）合影； （4）"我毕业后"谈话活动

场景

　　活动背景：每年"六一"都是当地幼儿园、小学最为隆重的节日，"六一"活动会持续2~3天。在当地，"六一"演出当天也是学校的开放日，学校教师、幼儿、前来参加活动的家长，普遍会穿上藏族服饰以示隆重。除教师、幼儿、家长，还有周边的居民，大家可以观看幼儿的"六一"演出，还可以在演出结束后坐在学校草地上聊天。

　　本次幼儿园集体活动中，主要设有幼儿节目表演、特色午餐和亲子互动游戏三项内容。儿童节这一天，幼儿会早早入园为节目表演做准备，家长则会从家里带来现挤的牛奶、前一天准备好的羊肉，以及做饭炊具，在幼儿园内架起大锅为幼儿和教师准备特色午餐。欢乐的节日气氛感染着每名参与者。幼儿在节日里轻松、自由、快乐，就连一些平时不爱表达的幼儿，也会开心地与同伴讨论、嬉戏。

　　特色午餐活动在幼儿园操场举行，教师和幼儿坐在遮阳伞下，家长为了避免打扰教师，会坐在旁边，与教师和孩子保持一定距离，大家一起品尝美食。午饭主食是花卷和羊肉汤，饮品为现做奶茶，餐后有现酿酸奶。看到家乡的美食，幼儿当起了解说员。其中，特色午餐对话见表6-7。

表6-7　特色午餐对话

场景	对话内容
	J老师："这羊肉汤真的好喝！" B-NM2："你要吃肉呀，肉好吃！" J老师："这是什么肉？" B-NM2："羊！" J老师（尝了一口羊肉说）："这个肉真香！" B-NM2（自己也吃了一块羊肉）："哈哈哈，我也觉得！" J老师："羊汤里面还有什么呀？" B-NM2："这个……"（似乎不知道用国家通用语言怎么说） J老师："粉条、土豆。" B-NM2（腼腆地重复）："土豆。" J老师："这个呢？" B-NM2："菜！" J老师："嗯，油菜！" B-NM2："油菜。"（旁边孩子们也跟着说油菜） ……………

表6-7（续）

场景	对话内容
	坐在老师旁边的孩子都在为老师介绍美食。 B-RZ（指着旁边的奶茶）："老师，这个好！" X老师："这是用什么做的？" B-AX："牛奶和茶！" G-ZM2（指着自己杯子里的一颗红枣）："还有枣子！你看。" X老师："嗯，你们在家也喝奶茶吗？" G-ZM2："喝呀！（藏餐）餐厅里也有！" X老师："你们都喜欢喝奶茶吗？" B-RZ："我喜欢喝酸奶！" 孩子们纷纷说"喜欢酸奶" …………
	Z1老师对X老师说："你看这个花卷做得真好！" G-QC："这是馍馍！" Z1老师："是花卷。" G-QC："是馍馍！" W老师："我们这里都叫馍馍。" Z1老师："哦，原来G-QC是对的！"

场景背后

　　特色"六一"活动是本阶段初期的大型集体活动，此时幼儿使用语言表达观点、沟通交往的能力还较弱，同伴间的交流以藏语居多。但活动过程中，幼儿在真实情境中与教师有较多沟通的机会，幼儿身处于欢乐的气氛中更加放松，且更愿意与教师、同伴交流互动。在午餐活动中，幼儿可以观察食物的制作过程，并与同伴、教师和家长一起分享美食。享用午餐时，幼儿主动为教师介绍食物，能够在教师引导下进行简单交流，并在交流中扩充个人词汇。个别幼儿在交流过程中能针对对方提出疑问或进行补充，说明幼儿已能够认真聆听他人对话，具有纠错意识，并且口头表达能力在不断提高。由此可见，集体活动中幼儿能有更多聆听、观察成人交流的机会，能在活动过程中与教师、同伴自由交流，在真实情境中体会多元表达方式。

　　在集体教学过程中，教师能尊重幼儿意愿，鼓励幼儿相互交流，并引导幼儿认真聆听、遵守语言规则，帮助幼儿在沟通实践中提高使用语言的能力，并培养对话礼仪。由此可见，集体活动在不断积累幼儿生活经验，丰富其语言内容，为幼儿提供自由、宽松、真实交流机会的同时，通过实践培养幼儿对话的规则意识，从而增强幼儿的理解和表达能力，促进幼儿与同伴或成人的交流、交往，以及交流礼仪的养成。

综上所述，本阶段幼儿使用语言的能力明显提高，他们敢于也更乐于与教师、同伴交流。在沟通与交流方面，与前一阶段相比，幼儿的沟通往往呈现出双向性，即沟通与交流的过程互问互答，而非只答不问，幼儿交流的互动性更强。在词句使用方面，本阶段幼儿沟通与交流的语句更长，且完整性更强，出现"电报句"的现象已消失。在沟通礼仪方面，经过教师的引导、示范，幼儿已逐渐养成回答问题先举手、轮流表达等良好的沟通习惯。在阅读活动中，幼儿的阅读理解能力和口头表达、交流能力也呈现出明显的进步，他们能在自主阅读或小组阅读中根据图画理解故事内容，对于熟悉的故事，能够完成简单且完整的描述，能够在阅读中根据故事情节开展交流、讨论，并且对阅读活动的兴趣不断提升。

第三节　培养幼儿国家通用语言沟通与交流能力的教学效果与反思

首先，全语言教学评价是面向全语言小组全部成员，始终贯穿于整个教学过程之中的评价。从全语言教育理念下不同阶段的国家通用语言教学来看，教学评价已与教学融为一体，是国家通用语言教学不可分割的一部分。所以，对于国家通用语言的教学评价是贯穿教师教学和幼儿学习的整个过程、持续进行的活动。其次，评价不是对幼儿进行单独语言和认知技能的测评，而是将焦点放在知识的应用和想法的呈现上，所以，本阶段教学评价更多样本材料源于教学过程，如幼儿对话记录、教师观察记录、幼儿活动记录等。最后，本阶段开展全语言教学评价依旧是为了更好地支持幼儿学习，在评价过程中教师基本按照从观察记录搜集材料，到分析幼儿语言表现，再到反思个人教学并修正教学计划、方法的顺序，对教师自身及幼儿的语言发展完成评价。

一、培养幼儿沟通与交流能力方案的实施效果

（一）胜任全语言教师角色

1. 教学态度趋于理性

本阶段全语言小组教师的教学态度逐渐从稳定趋于理性。这里的"理性"，是指在本阶段教学过程中，小组教师能够自信、冷静地面对幼儿语言学习中的各种状况，能

够快速了解幼儿的语言问题，并且依据全语言教学原则制订支持幼儿语言发展的可行性计划。简而言之，通过长期在全语言教育理念下的学习与实践，本阶段教师在教学方面更加自信，在支持、引导幼儿语音发展方面更有经验和方法。正如教研活动中 W 老师所说："这个阶段的教学开展得更顺手了，一方面是自己看到幼儿的语言水平一点一点地提高，真的更加相信全语言教育理念；另一方面是自己好像更熟练了，对怎么帮助孩子更有经验了。"L 老师说："现在不像刚开始那么焦虑了，发现幼儿有学习困难时，也知道如何引导了，觉得现在更知道怎么教学了。"伴随本阶段幼儿表达、交流能力的提高，教师不仅更加相信全语言教育理念，也对自己的教学方法更加胸有成竹。

在支持、引导幼儿沟通、表达，以及增强语言规则意识方面，本阶段小组教师也制定了多种成功方案，有效提高了幼儿的语言能力。对于初期幼儿语言水平呈两极分化的现象，小组教师一方面接纳幼儿的个体差异，另一方面也在积极尝试不同的引导方式，寻求突破现象的方法。例如，在解决幼儿语言水平两极分化的问题上，前期小组教师通过观察，发现幼儿在放松的环境、活动中更乐于与教师和同伴讨论、交流，于是小组教师在显性教学活动中为幼儿提供了更多小组讨论的机会，并且幼儿可以随意选择坐在谁的旁边，座位较为随机。后期，教师通过观察发现同伴间相互交流对幼儿语言能力的提高具有正向促进作用，幼儿语言水平两极分化的情况有所好转。在本阶段，教师不仅能仔细观察幼儿表现，及时发现幼儿学习上的困难，还能从幼儿角度出发为幼儿寻求解决路径。因此，与以往相比，本阶段教师对全语言教学原则的把握更加准确，解决教学问题的能力逐渐提升，教学经验不断丰富，无论是对待幼儿学习还是自身教学都更加理性。

2. 尊重并接纳幼儿

全语言教学原则中明确指出要以幼儿为中心，教师应信任、尊重并赋权于幼儿。随着语言教学的深入开展，幼儿表达的机会增多，讨论、交流的意愿不断增强，同时，在活动过程中幼儿的个体差异性也逐渐明显。面对幼儿语言能力的变化，教师始终能够以尊重、宽容、接纳的态度看待幼儿的差异性，并且通过调整教学方法、提供交流机会、肯定幼儿进步等多种方式，促进幼儿参与讨论、交流，提高个人语言使用能力，并建立使用语言的信心。小组教师认为，只要尊重、支持幼儿，他们的语言水平就会提高。Z 老师说："以前看到个别幼儿不开口说话，就特别着急，自己好像也没信心了，现在不一样了，是真的觉得幼儿是语言学习的'高手'，只不过有的快、有的慢，他们都能说得很好。"L 老师也认为，"其实孩子们的进步很明显，不要和其他幼儿去比较，而是和他自己比，你就引导他、鼓励他，他就会进步"。X 老师说："有的孩子快，有的孩子慢一点，要有耐心，给幼儿时间和机会，越到后面就越好，真的，有时候我觉得都挺吃惊，他们说得挺好的。"

《指南》中明确指出"幼儿的发展是一个持续、渐进的过程，同时也表现出一定的阶段性特征。每个幼儿在沿着相似进程发展的过程中，各自的发展速度和到达某一水平的时间不完全相同"，所以教师更应在教学中尊重幼儿发展的个体差异。小组教师从全语言教学初期了解认识到尊重、接纳幼儿，再到本阶段能够真正在教学中做到不以一把"尺子"衡量所有幼儿，是教学态度转变、教学能力提高的体现。同时，幼儿语言能力的进步，也不断促进小组教师在教学态度和教学实践方面遵循尊重、接纳幼儿语言发展的个体差异原则，支持、引导幼儿从已有的语言能力向更好的水平发展。

3. 教学反思与合作

在本阶段教学过程中，小组教师已能够针对幼儿观察材料开展自评与反思，并且能够通过全语言教学小组共同探讨、寻找最优解决方案。以往教学中，小组教研是推动教师自评、反思的重要环节，教师反思、改进个人教学的能力较弱。但在本阶段教学中，教师已逐渐具有独立发现问题、反思教学不足的能力，独立解决教学问题的能力增强。例如，W 老师说："在教学中，我发现孩子们比以前更爱听故事了，但课堂的时间有限，不能总给孩子讲故事。我又不想失去给孩子提供语言材料的机会，所以我会在睡觉的时候给他们用手机或者音响放故事听。"这一活动被一直延续下来，故事内容较为随机，有经典童话故事、藏族民间故事、成语故事等。幼儿对故事的兴趣也越来越高。本阶段每名教师在教学过程中普遍能通过细致观察记录幼儿行为和语言水平，反思个人教学方法，根据幼儿语言发展特点及时调整教学方案，给予幼儿引导和支持，帮助幼儿提高讨论交流能力。

同时，本阶段教师合作意识增强，以往教师在自我评价、问题探讨时都较为保守，但经历较长时间的教研、合作，小组教师已形成相互联系、相互支持的教学有机体。小组教师在教研中，无论是分享教学经验，还是寻求问题的新突破，都更加主动、客观且积极。Z 老师说："全语言教学小组好像已经成为解决个人教学困难的'智囊团'，以前有些不好意思说，现在真的觉得就是在讨论的过程中自己的教学能力提高了。"L 老师说："没有小组的时候我们关系好，现在有了小组我们关系更好了！教学上有什么问题都相互说，讨论讨论。"M 老师说："在这个团体里一起和老师解决教学问题、相互评价，自己的教学能力也增长了不少。"所以，本阶段教师在教学中不仅能够客观评价自身的教学问题，寻找支持幼儿语言发展的教学方法，还能从小组教研中汲取营养、共同合作，提高个人的教学能力。

（二）更加真实的全语言教学情境

"真实"是全语言的本质，全语言教育理念下的语言学习焦点是在真实语言事件中包含的意义。对于"真实"，《指南》中也明确提出，应"最大限度地支持和满足幼儿通过直接感知、实际操作和亲身体验获取经验的需要"，以幼儿能够理解并符合幼儿学习特点的方式引导幼儿发展。所以，针对本阶段培养幼儿沟通与交流能力的教学目标，教师为幼儿提供了更多真实情境下使用语言、聆听他人交流的机会，从而提高幼儿使用语言的能力。

本阶段教师为幼儿提供的真实情境，一方面是在显性教学活动中为幼儿提供真实、完整的语言情境或活动情境，另一方面是为幼儿提供能满足幼儿亲身体验、直接参与、获得经验的集体活动。在显性教学活动中，以语言教学为例，教师通过完整的童话故事、幼儿绘本等语言材料，为幼儿营造真实、完整的故事情节，在情节中体会角色间的交流与表达，理解语言包含的意义，以便丰富幼儿语言内容，提高幼儿的理解和表达能力。正如 M 老师所说："幼儿喜欢故事的原因，一个是现在能听懂的多了，另一个是故事为孩子创造了逼真的情节。"Z 老师说："在阅读活动中，孩子们也在学习表达，什么'跟我来''看我的'都是故事里的语言；当然，阅读也促进他们相互交流，像'你看这个''你看他的房子被吹走了'等等。"在集体教学活动中，教师为幼儿提供更多真听、真看、真感受的机会，帮助幼儿在参与活动的过程中自然而然地沟通、交流、交往，以便丰富幼儿的个人语言经验。

在更加真实的语言情境中，幼儿的交流意愿明显增强，表达能力和理解能力也不断提高，个人使用语言的能力也不断提升。Z1 老师说："是夏日郊游、参观小学等集体活动丰富了幼儿的经验，所以他们在表达的时候更加具体生动，讨论的问题也更有意义，像'蝌蚪长大了会是谁''毕业了还能不能见到老师'等。"W 老师说："是孩子们真的看到了，所以让他们描述的时候，他们就有话说，记得当时问他们一路上都看到了什么，'油菜花、蒲公英和格桑花''蓝天、大山还有绿草'，都说的很好。"因此，更加真实的情境不仅为幼儿提供了聆听、观察和积累语言内容的机会，也为幼儿提供了使用语言和积累语言的机会。

（三）幼儿语言沟通与交流能力得到发展

本阶段语言教学是在前一阶段语言教学的基础上提高幼儿的沟通与交流能力。由于在前一阶段幼儿的语言表达能力和理解能力都有所提高，且表达意愿较强，在本阶段教学中教师利用合作学习、集体活动等教学形式为幼儿提供更多使用语言的机会，利用语言教学活动、阅读活动扩大幼儿词汇量并丰富其语言内容，从而为幼儿语言能力发展提供引导、示范和支持。同时，引导幼儿在沟通与交流时掌握基本的语言规则，并利用谈话、阅读等活动帮助幼儿在实践中运用掌握对话礼仪。因此，本阶段幼儿通过参与课堂讨论、实地考察、亲身参观等活动，已能积极主动地参与同伴、师幼间的对话交流，能在对话过程中遵守基本的语言规则，使用国家通用语言沟通与交流的能力逐渐提高。

1. 国家通用语言表达能力进一步提高

在前一阶段语言教学的基础上，本阶段幼儿国家通用语言表达能力得到进一步提高。在显性教学中，幼儿已能够模仿或使用故事中的语言回答问题，能在教师引导下完成简单的故事复述，并且在表达个人观点、想法时，语言的完整性更强，语言内容也更加丰富。W 老师认为，"在这个阶段刚开始的时候，幼儿表达的意愿挺强烈的，但表达的内容还比较简单，也有一些幼儿很少表达。越往后参与讨论的幼儿就越多，表达的句子也长了，词也多了"。X 老师认为，"幼儿回答问题时的表达让我发现他们在进步，开始的时候，回答的语言都很简单，但后期幼儿回答的语言变长了，比如'我想当小学生。我就要成为小学生了。我可以和姐姐一起去上学了！'不仅能够使用长句，而且语意更加完整"。通过继续对 B-AX，G-ZM6，G-BJ1，B-ZX3 四名较有代表性的幼儿进行语言表达观察记录，发现本阶段幼儿的表达能力普遍有所提升，如表 6-8 所列。特别是在本阶段后期，G-ZM6 的语言能力进步较快，在使用语言表达个人想法时描述具体，情感真挚。语言水平较弱的 B-ZX3，本阶段之初虽有表达意愿，但理解和表达能力都较为薄弱，随着课堂学习的语言积累和一日生活中的表达练习，在本阶段末期，他的表达能力明显提高，表达语句逐渐完整。

表 6-8　幼儿课堂互动观察记录

姓名	课堂互动内容	
B-AX	故事教学《小蝌蚪找妈妈》	Z1 教师："小蝌蚪的妈妈是谁呢？" B-AX："老师，就是青蛙。我妈妈都告诉我了，蝌蚪长大就是青蛙！"（骄傲而坚定地回应老师）
	龙舟制作	Z1 老师："你下一步要做什么？" B-AX："我要把它们拼起来啊，你可以帮我吗？"（回答流利，且反问教师）
	谈话活动	Z1 老师提问："你们想对老师说什么呢？" B-AX："老师，你是妈妈吗？……你给我讲故事、陪我玩……嗯……给我盖被子。谢谢你！"
G-ZM6	故事教学《小蝌蚪找妈妈》	Z1 老师："小蝌蚪的妈妈是谁呢？" G-ZM6："是青蛙。"（很腼腆地说）
	龙舟制作	Z1 老师："你下一步要做什么？" G-ZM6："我要蓝色的，画……（涂了几下，笔不出水）。哦~这个没有水了，那就这个。"（拿起深蓝色，继续涂）

表6-8（续）

姓名	课堂互动内容	
G-ZM6	谈话活动	Z1 老师："你们想对老师说什么呢？" G-ZM6："老师，你每天照顾我们，给我们上课、讲故事、叠被子、带我们玩……，我们还不听话，发脾气，你太辛苦了！老师谢谢你！"（边说边流着眼泪）
G-BJ1	故事教学《小蝌蚪找妈妈》	Z1 老师："小蝌蚪的妈妈是谁呢？"（G-BJ1 腼腆地笑，但没有回答问题）
	龙舟制作	Z1 老师："你下一步要做什么？" G-BJ1："就是这样，（努力拼着）可是它会掉。"（教师鼓励她再试一次）
	谈话活动	Z1 老师："你们想对老师说什么呢？" G-BJ1："老师，谢谢你，你辛苦了！我想和你拍照片！"
B-ZX3	故事教学《小蝌蚪找妈妈》	Z1 老师："小蝌蚪的妈妈是谁呢？"（B-ZX3 腼腆地笑，但没有回答问题）
	龙舟制作	Z1 老师："你下一步要做什么？" B-ZX3："没有这个……"（少了一块拼版，他在认真地找）
	谈话活动	Z1 老师："你们想对老师说什么呢？" B-ZX3："谢谢老师！"

在隐性教学活动中，幼儿在真实、宽松、自由的情境中能主动与教师、同伴就一个问题进行讨论交流，能在对话过程中提出疑问或反问，也能对一个情境进行描述。例如，本阶段中期，部分幼儿在室内自由活动中，选择前往美劳角画画，他们在完成作品后，还能够清晰叙述自己的创作意图，如表6-9所列。正如 Z 老师所说："集体活动、户外活动的时候其实都在说，讨论怎么玩啊、你追我啊，现在基本都能说了，以前不说话的幼儿现在也说了，所以给他们机会相互交流，是在促进孩子表达。" X 老师也表示："我也觉得越到后面，孩子们的表达能力越好。有时候户外活动时，他们也会给我讲他们在家和哥哥姐姐做游戏、一起吃冰激凌等生活中的事情，这种情况以前

都不会有。"由此可见，无论是在显性教学活动中还是在隐性教学活动中，幼儿使用语言的能力不断提高，语言表达中句子的完整性不断增强，表达内容的丰富程度也不断提升。

表6-9　幼儿图画记录表

图画	创作意图
B-NM2 	"老师，这个是我爸爸，这个是我妈妈，这个是我。我们在一起玩，玩得很开心。"
G-JJ 	"夏天，蜜蜂爸爸、蜜蜂妈妈还有小蜜蜂出去采蜜。还有很多花都开了，蜜蜂飞得很开心。"
G-YZ3 	"这是我画的，小朋友在家门口玩，他的好朋友一会儿就来了，他们一起放气球。"

2. 国家通用语言沟通与交流能力提高

在本阶段，教师利用显性教学、隐性教学等多种活动，为幼儿提供更多聆听、观察同伴，以及同伴、师幼间沟通与交流的机会，为幼儿营造宽松、真实的语言情境，促进幼儿在活动中交流、交往。随着国家通用语言教学活动的深入，幼儿交流的主动性不断提高，幼儿与同伴、教师交流的频率更高，同时逐渐掌握了一些简单的交流技巧，如反问、邀请、反驳等。观察教学活动可以看出，本阶段幼儿整体使用语言的态度更加积极，使用语言的能力也不断提升。

显性教学活动中，幼儿能就一个话题进行深入的讨论，对于其他幼儿说错的地方能及时发现并反驳，对于回答不全面的地方能及时补充。正如实地考察活动"山下的夏天"中，幼儿在河水里发现了蝌蚪，就"蝌蚪长大了会变成谁"这一问题展开讨论，并且邀请教师加入，幼儿在沟通中表达清晰，能提出自己的猜测和疑问。以语言教学为例，本阶段幼儿复述故事的能力普遍提高，多数幼儿能在教师问题、图像引导下完成复述。对于《孙悟空打妖怪》《是谁嗯嗯在我头上》《母鸡螺丝去散步》《小蝌蚪找妈妈》等幼儿喜欢的文学作品，部分幼儿已能独立完成简单复述或讲述。在其他课堂教学活动中，幼儿同样能通过使用国家通用语言一起讨论、相互帮助完成课堂任务。例如，在"龙舟制作"的手工活动中，幼儿能够通过交流寻求教师或同伴帮助，如"这个怎么弄？你能帮我吗？""老师，你来"等；也能够在讨论中学习制作方法完成作品，如"我的木板进不去""你要这样""你的反了"等。

隐性教学活动中，幼儿在宽松的环境中更乐于与同伴讨论和交流，并在参与活动、游戏的过程中自然而然地讨论和交流，幼儿更容易积累语言材料和交流经验，所以本阶段幼儿的沟通交流能力有明显的提高。L 老师说："其实像在户外活动或者集体游戏，或者早餐时间，孩子们就很自然地开始聊天，随着他们语言水平的提高，交流越来越频繁、越来越自然。"此外，隐性教学活动中幼儿有机会参与实践、亲身感受，丰富个人生活经验，而这些生活经验将为幼儿沟通与交流提供更多话题。例如，在"参观小学"活动中，幼儿参观小学校园、了解小学生生活时，有的孩子说"我姐姐就在这里上小学"，有的孩子说"我哥哥也在这里，他都三年级了！"有的孩子讨论"这里的教室真多""这里的操场比幼儿园大"，这些话题和语言都是在真实情境下发生的，幼儿的交流也更加自然而有意义。

3. 幼儿印刷品概念和语言规则意识增强

本阶段幼儿印刷品概念得到进一步发展，对话交流的规则意识也不断增强。幼儿已树立印刷品概念，在附录一印刷品概念行为观察表第 10~11 项和第 13~16 项的评价内容中进步较为明显。通过观察能够发现，基本全部幼儿都曾表达对阅读和图书的喜爱，在阅读活动中喜欢借阅图书的幼儿也明显增多，但部分幼儿对印刷品概念的认识还有发展空间，如图 6-2 所示。与第二阶段幼儿印刷品概念评估结果相比，前 9 项内容幼儿都已掌握，不能完成第 10~16 项的幼儿人数有明显下降，如图 6-3 所示。首先，本阶段通过教师对阅读活动及绘本故事学习的引导，幼儿已能够通过阅读掌握文意，利用故事线索进行情节预测，同时大部分幼儿能对个人预测进行自我监控，少部分幼儿虽能进行情节预测，但还不能纠正错误，如图 6-4 所示。其次，在阅读过程中仍然有部分幼儿不能自主复述故事，或在复述故事的时候不能联系自己的生活，如图 6-5 和图 6-6 所示。本阶段教学中，部分幼儿语言能力较弱，还不能独立复述故事，或在复述过程中不能联系自己的生活经验，但普遍能在教师提问时或通过观察图片完成复述，或与同伴一起完成故事复述。

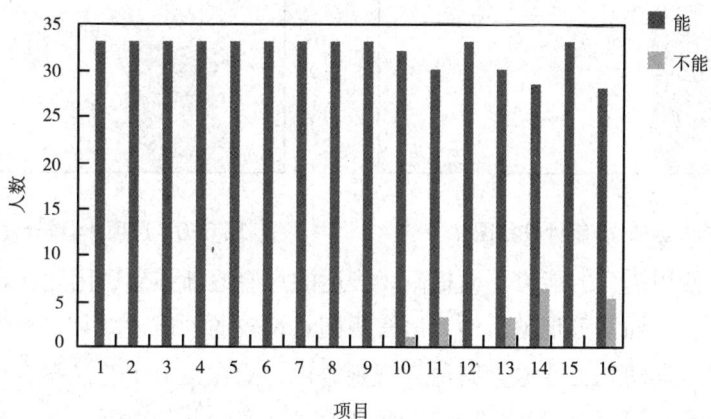

图 6-2　印刷品概念评估人数统计图

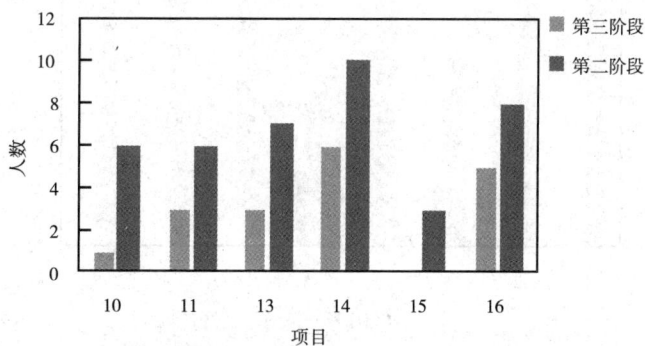

图 6-3　不能完成第 10~11 项和第 13~16 项的幼儿人数对比图

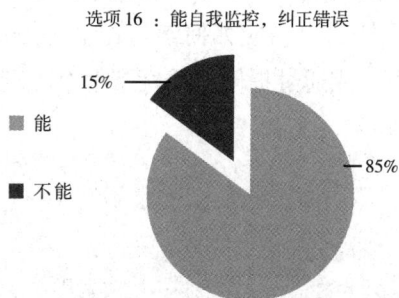

图 6-4　选项 16 统计饼状图

选项13：复述故事，能够推测故事，回应故事

选项14：复述故事，能联系自己的生活

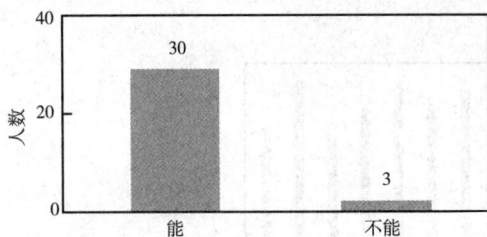

图 6-5　选项 13 统计柱状图

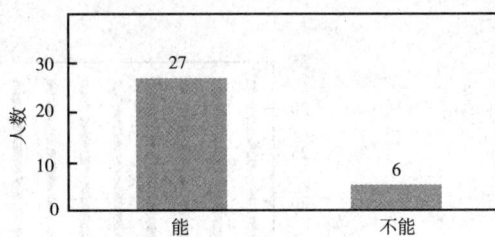

图 6-6　选项 14 统计柱状图

由于幼儿使用语言的能力不断提高，表达的意愿逐渐强烈，因此在本阶段教学初期往往存在抢答、插话等现象，幼儿语言规则意识较弱。通过教师在教学中的要求与引导，本阶段后期幼儿已普遍具有语言规则意识，能在交流中轮流发言、不随意打断别人讲话，以及使用语言参与讨论等。教师通过观察幼儿的对话行为，参照语言规则意识行为观察表（见附录一）对幼儿进行本项内容考察，考察内容涉及 8 项，评价结果见图 6-7。

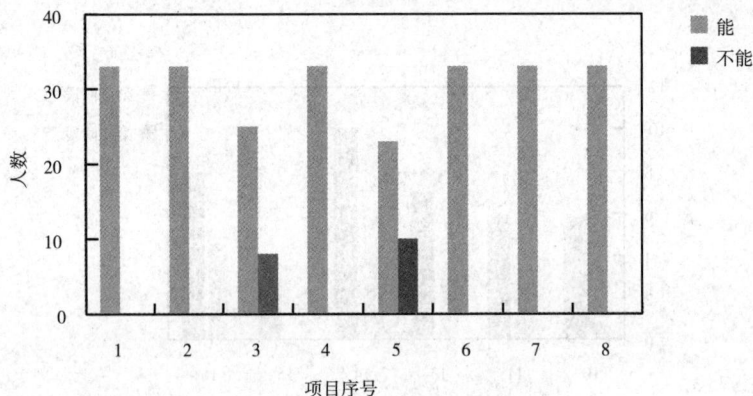

图 6-7　幼儿语言规则意识考察结果图

通过观察可以看出，本阶段末期，幼儿普遍能够建立语言规则意识。幼儿普遍能在教学过程中认真聆听他人发言，在发言时控制个人声音，知道交流需要轮流进行，对于他人讲错或漏讲的部分能及时回应，给予反驳或补充。同时，能够就一个话题与同伴或老师展开讨论，并且知道自己应如何参与讨论。但在第 3 项和第 5 项考察中，发现部分幼儿还不能及时回应或通过提问、质疑帮助个人理解，如图 6-8 和图 6-9 所示。

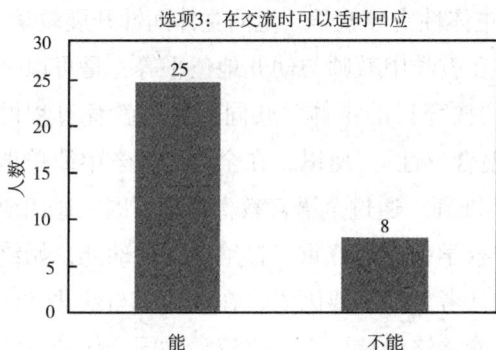

图6-8　语言规则意识观察选项3统计图　　图6-9　语言规则意识观察选项5统计图

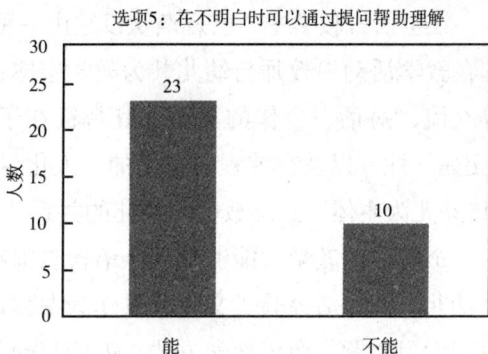

综上所述，通过本阶段教学，教师更加信任全语言教育理念，实现教师角色转换，并能够熟练运用教学原则；幼儿通过本阶段语言学习，沟通与交流能力普遍提高，且具有基本的语言规则意识。在教师方面，本阶段末期，教师已能在教学中根据教学原则、幼儿实际情况和已有教学经验制订教学计划或修正教学方法，已具备独自发现教学问题、解决教学问题及反思个人教学的能力，逐渐从普通教师成为真正的全语言教师。在幼儿方面，显性教学活动不断完善幼儿的印刷品概念，提高个人阅读理解能力，帮助幼儿积累语言材料，并树立语言规则意识。在隐性教学活动中，幼儿不断使用语言达成个人意愿、交流个人想法，并积累语言使用的经验，提高个人沟通表达能力。因此，无论是教师还是幼儿，通过本阶段教学都有较明显的进步。

二、培养幼儿沟通与交流能力的教学反思

本阶段在培养幼儿语言沟通与交流能力方案的实施过程中，在教师、课程设计和教学实施方面都已在前一阶段的教学基础之上进行调整，幼儿的国家通用语言沟通与交流能力已普遍提高，但在国家通用语言教学实践过程中，仍有一些教学不足或经验值得全语言教学小组教师反思，进而对全语言教师、课程设计及教学实施中的不足之处做出调整，也为国家通用语言教学实践积累有益经验。

（一）教师方面

在本阶段教学中，教师角色更加趋向做语言材料、学习材料的提供者，幼儿学习的观察者、参与者、引导者，以及幼儿语言教学的研究者。幼儿作为本阶段教学活动的中心，对于学习材料、学习方式的选择仍然具有主动权。但通过对本阶段及以往教学的反思，不难发现教师不完全是幼儿的跟随者，并非全部教学活动都由幼儿控制。事实上，在全语言教学课堂中，教师与幼儿共为教学主体，课程内容的确定、教学方式的选择及具体活动的开展，都是在教师与幼儿协商下完成的，两者并非控制与被控制、主导与被主导的关系。

在全语言教学中，已逐渐从以往由一种主体性主导教学，走向主体间性开展教学，即在教学活动中教师与幼儿共为教学主体，在教学中教师与幼儿地位平等，是可以平等交流、对话、合作的关系，其特征在于"教育目的主体'共同'性、教育过程的'交往'性，以及在课程设置上的'人化—整合'性"。所以，在全语言教学中简单地"以幼儿为主体"总结教师与幼儿的关系并不准确。通过全语言教育理念下国家通用语言三个阶段的教学，能够发现全语言教师在教学中更加尊重、接纳、支持幼儿，始终将幼儿个人生活经验、文化背景作为课程设计考量的主要因素，在活动中与幼儿共同发现学习主题、商议教学方式，教师与幼儿能始终保持以平等交流、共同合作的方式完成教学与学习。

准确地说，在全语言教学中，教师与幼儿共为教学主体，在教学地位上是平等的，是一种主体间性的教学关系，教师在教学过程中起到协助、支援、监督、鼓励和催化作用，绝非控制幼儿学习。在主体间性的教育关系下，教师与幼儿都更具有主动性，教师成为幼儿学习中积极的参与者、细致的观察者，以及有力的支持者和引导者；同时幼儿更加积极地参与语言材料、学习主题、学习方式的选择，乐于通过沟通商议的方式确定学习内容，也敢于尝试实践个人所学。

（二）课程设计方面

由于本阶段幼儿语言理解和表达能力提高、交流意愿不断增强，因此在课程设计中为幼儿设计了更多交流的活动，如谈话活动、集体活动等，从而帮助幼儿在真实情境中获得个人经验，促进幼儿自然而然地沟通与交流。因此，本阶段课程设计在遵循以往"整合""跨学科"等全语言课程观的基础上，更加强调课程的"整合"与"真实"原则，即让幼儿在完整、真实的语言情境中参与教学活动，学习与个体生活经验高度相关的语言。

1."整合"是幼儿语言发展的重要原则

全语言教育理念认为"整合"是语言发展和顺利完成语言学习的重要原则，幼儿的听、说、读、写能力是共同发展的，所以，在语言教学过程中，不仅需要关注幼儿的听、说能力，还应关注幼儿对文字的兴趣。《指南》中也明确指出教师要"引导幼儿体会标识、文字符号的用途""把幼儿讲过的事情用文字记录下来，并念给他听，使幼儿知道说的话可以用文字记录下来，从中体会文字的用途""鼓励幼儿学习书写自己的名字"等，帮助幼儿建立对书写的兴趣。事实上，在本阶段教学中，幼儿对文字符号的兴趣仍然在持续发展，部分幼儿开始关注自己名字的书写，或要求教师记录自己的语言，而幼儿出现以上书写行为并不是由教师教授的，而是在全语言教学中自然发生的。

如本阶段末期，部分幼儿已能够书写自己的姓名，而鼓励幼儿关注自己名字的活动已持续整个全语言教学三个阶段。幼儿在签到过程中自主萌发仿写名字的意愿，并在教师的鼓励下逐渐发展书写能力。在美术活动中，教师鼓励幼儿表达自己的创作意图，并为幼儿记录形成文字，帮助幼儿强化文字具有表达功能的意识。幼儿对于将语言记录成文字的过程感到兴奋，并在后期类似活动中主动要求教师帮忙记录。因此，本阶段幼儿不仅更愿意表达、交流，也对文字符号非常感兴趣，这恰恰反映出幼儿的语言发展是听、说、读、写能力全面、综合发展，教师在关注幼儿口头语言发展的同时，关注幼儿语言发展的"整体"性，帮助幼儿提高语言能力、感受语言学习的实用性和语言学习的乐趣。

2.“真实”是全语言教学的本质

全语言课程强调相关、真实、功能、沉浸，即教学活动是与学习者相关，对学习者而言是真实的、具有功能性的，并且有机会充分地沉浸于所做的活动之中。

《指南》中明确指出，"要珍视游戏和生活的独特价值，创设丰富的教育环境，合理安排一日生活，最大限度地支持和满足幼儿通过直接感知、实际操作和亲身体验获取经验的需要"，从而以符合幼儿学习特点的教学方式引导幼儿发展。本阶段幼儿思维特点仍是以具体形象思维为主，在课程中利用一日生活和集体活动等隐性课程，丰富幼儿的亲身体验和实际操作经验，为幼儿营造真实、宽松的交流环境，提供自然而然的交流机会和充足的交流时间。

例如，在户外活动中，幼儿在游戏过程中讨论输赢、邀请新的成员加入或商量更换游戏，这些交流与讨论都真实、自然地发生在活动过程中，并不需要教师教授。再如，幼儿在实地考察中看到蝌蚪，由此展开想抓蝌蚪、想观察蝌蚪及"蝌蚪长大会变成谁"等一系列讨论话题，幼儿的语言能力在真实情境的需要下不断发展，幼儿共同游戏、交往的需要也成为幼儿沟通与交流能力发展的催化剂。因此，以培养幼儿沟通与交流能力为教学目标的课程设计，更应为幼儿提供真实的语言情境，丰富幼儿的个人经验，从而为幼儿沟通与交流制造丰富的话题、充足的交流机会和时间，以便在真实需求下发展幼儿的语言能力，促进幼儿个人语言经验的积累。

（三）教学实施方面

1.同伴交流促进幼儿语言发展

通过本阶段教学，全语言教学小组教师普遍发现，同伴交流对幼儿语言学习具有促进作用。通过对幼儿一日生活的观察，Z1 老师和 W 老师都发现，自"六一"活动后，B–AX 身边的几个好朋友（B–RZ，B–NM2，B–ZX2）在语言表达能力和交流能力方面都有明显的提高，他们相处的时间比较多，B–AX 与大家游戏时多用国家通用语言交流，所以身边好朋友的语言发展较快。在本阶段课堂教学中，教师常利用小组合作开展讨论、学习、手工制作等活动，从而给幼儿更多交流、交往的机会。在隐性教学活动中，教师也常常鼓励幼儿在游戏、观察过程中相互讨论，从而为幼儿间互相聆听、讨论、观察和模仿提供机会和时间。在小组学习中，参与合作学习的每名幼儿都与小组其他成员息息相关。例如，手工制作"龙舟"时，幼儿相互讨论该如何拼接，相互帮助完成作品；在集体"参观小学"活动中，幼儿相互讨论小学的教室、操场；在班内区角活动中，幼儿拼搭积木，讨论自己的火车将开往兰州，或自己的城堡里住着公主；等等。这些同伴间的讨论、交流自然而然地发生在每次共同学习中。

通过本阶段的教学观察，小组教师发现幼儿与同伴交流时更加轻松，回应更加积极，语言表达更加随意，幼儿与同伴交流更容易感受快乐。正如 W 老师所说："有时候孩子和我们说话还是多少有些紧张，这可能与我们整个民族尊敬老师的习俗有关，但他们和同学在一起，尤其是玩游戏或参加集体活动的时候，真的是在聊天、交流。他们彼此之间会相互模仿语言，如参加户外活动时一个孩子说'你来我们比赛跑步'，与他一起的孩子很快也会这样说，所以同伴间的语言影响力是很大的。"所以，在本阶段教学中，教师不仅要利用小组学习和隐性教学活动为幼儿创造更多同伴交流的机会，同时要在教学中利用非固定座位的方式促进非固定伙伴的交流与讨论，从而在课堂活动中促进幼儿间同伴交流和语言发展。如 L 老师所说："你看有的孩子和老师说话不多，但在小组讨论、课间活动、户外活动的时候就说个不停，就像 B-ZX2，他和 G-ZM7 在一起坐了一段时间，表达好了，也能交流了。"由此可见，同伴间的交流、交往可以促进幼儿沟通与交流能力的发展。在教学过程中，教师可以利用同伴交流缩小幼儿语言水平差异，帮助幼儿在轻松的氛围下讨论交流。

2. 集体活动有利于幼儿沟通交流

首先，本阶段的隐性教学活动中曾多次开展集体活动，通过集体活动帮助幼儿在真实情境中亲身参与，积累个人直接经验，促进幼儿与教师、同伴讨论和交流。"真实"是全语言的本质，幼儿在集体活动中亲身经历、亲手制作获得个人经验，同时在活动中能够有机会观察成人和同伴间的沟通，体会沟通与交流在现实生活中的功能，从而积累个人语言经验。其次，集体活动可以为幼儿提供更多沟通与交流的机会和时间，幼儿在活动过程中使用语言的动机往往是自发的，即有实际沟通的需要和意愿。例如，幼儿在毕业活动中表达对教师的感谢，在"六一"活动中为教师介绍家乡的特色美食，以及在实地考察活动中与教师讨论"蝌蚪"，这些话题都来源于活动过程，同时，师幼之间、同伴之间的交流更加自然、轻松。由此可见，集体活动不仅可以为幼儿提供充足的讨论话题，营造轻松、真实的交流氛围，还能为幼儿提供丰富的讨论、交流机会，从而帮助幼儿在参与活动的过程中观察、聆听他人交流，并尝试与他人交流，扩展个人词汇量，积累个人语言经验。

3. 利用多媒体满足幼儿聆听需求

首先，随着幼儿语言能力的发展，本阶段幼儿对文学作品的兴趣更高，喜欢听教师讲故事，也喜欢自主阅读绘本。本阶段教师抓住幼儿语言发展这一特质，在午休前利用蓝牙音响为幼儿播放生活故事、童话故事或藏族民间故事，从而帮助幼儿积累语言材料。其次，在区角活动中，针对部分幼儿聆听故事的需求，教师也会利用蓝牙音响为幼儿播放有声故事。通过本阶段教学观察，教师发现幼儿不仅聆听故事的意愿提高，而且能够在聆听过程中默默记住故事情节或故事中的对话语言。例如，在聆听《丑小鸭》的故事后，个别幼儿会表演丑小鸭变成白天鹅的情节并复述故事语言；再如，部分男生在听过《黑猫警长》的有声故事后，会模仿黑猫警长说"不许动""快去追"等。最后，幼儿语言能力的发展是具有整体性的，当幼儿口头语言进步时，更愿意聆听故事或他人的对话，从而为自己表达交流积累语言材料。同时，幼儿听、说、读、写能力是相互影响的，幼儿会将聆听、积累的语言材料运用在个人表达、交流之中。由此可见，教师可以利用多媒体满足幼儿聆听故事的意愿，促进幼儿语言能力的全面提高。

第七章 结论与建议

近年来，随着全国大力推广普及国家通用语言，民族地区幼儿园逐渐成为幼儿在语言关键期学会国家通用语言的主渠道。要想在民族地区幼儿园取得推广国家通用语言工作的突破性进展，还需依靠民族地区幼儿园教学活动，将推广国家通用语言与民族地区幼儿园语言教学活动相结合。本书所述研究对甘南藏族自治州 X 县 BL 镇 BL 双语幼儿园开展为期一学年的全语言教育理念下国家通用语言教学，是为了通过行动、观察、材料收集与分析，呈现研究者在全语言教育理念下民族地区幼儿国家通用语言教学过程中所面临的问题并探讨相应的解决方法，以及幼儿在这一过程中语言能力的提升。本章分为两节：第一节根据全语言教育理念下国家通用语言教学的三个阶段研究，进一步总结本书所述研究的效果，并探索全语言教育理念下国家通用语言教学模式；第二节针对全语言教育理念下国家通用语言教学提出具体可操作建议。

第一节 结 论

BL 双语幼儿园地处少数民族偏远地区，一方面，当地幼儿身处纯母语环境，国家通用语言学习缺少语言环境；另一方面，民族地区幼儿园教师在国家通用语言教学方面缺少教学方法论指导和教学经验。针对 BL 双语幼儿园具体情况，研究者尝试运用全语言教育理念组建全语言教学小组，对 BL 双语幼儿园大（1）班幼儿开展国家通用语言教学。著者与全语言教学小组教师通过讨论制定隐性课程和显性课程对幼儿开展教学活动，并评价每阶段教学效果，总结促进幼儿语言能力发展的有效教学方法和有益经验。本节将通过全语言教师、全语言教室改造和教学实施效果三方面总结全语言教育理念下国家通用语言教学研究效果，并通过实践结论与理论反思探讨民族地区国家通用语言教学模式。

一、全语言教育理念下民族地区幼儿园国家通用语言教学三方共同体

在全语言教育理念下，民族地区幼儿园国家通用语言教学中需要构建政府、园所和教师的三方共同体。推进民族地区幼儿园国家通用语言教学实践，始终离不开政府、园所和教师的共同协调。在国家大力推广普及国家通用语言的大背景下，BL 镇作为甘肃省 "9+1 精准扶贫教育专项支持计划" 和 "一市一方案、一县一清单、一户一对

策、一生一办法"教育扶贫体系中重点扶持对象，依据省内具体文件，重点围绕3—6岁学前幼儿和18—45周岁青壮年农牧民开展推广国家通用语言工作。首先，BL镇政府是大力推广国家通用语言工作的强大推力，并主要负责对国家通用语言推广工作的具体方案计划、管理、监督工作。BL镇政府将幼儿园作为3—6岁学前幼儿推广国家通用语言的主要单位，自2018年开始高度关注幼儿园国家通用语言情况，曾要求组建国家通用语言推广小组、办公室，认真开展推广国家通用语言活动。其次，BL双语幼儿园对国家通用语言教学工作起到支持、引导和促进作用。BL双语幼儿园先后组建国家通用语言推广小组、国家通用语言办公室，并将国家通用语言教学纳入园内教学任务。最后，BL双语幼儿园教师是推广国家通用语言工作的具体执行者。教师在开展教学中，不仅肩负国家通用语言推广普及的重任，还需要研究教学、设计教学和实施教学，将语言政策落到实处，真正提高幼儿国家通用语言水平。国家通用语言教学工作是政府、园所和教师三者联动的有机整体，其共同目标在于提高幼儿国家通用语言水平。由此可见，BL双语幼儿园国家通用语言教学不仅离不开政府对推广国家通用语言工作的执行监督，以及园所对推广国家通用语言工作的支持、促进、指导，也离不开教师的教学实践。三者是提高幼儿国家通用语言能力的有机整体，国家通用语言教学实施三方关系图如图7-1所示。

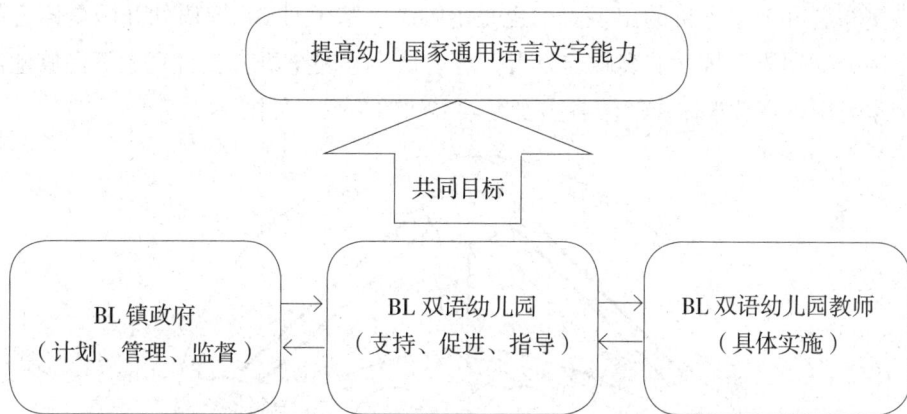

图7-1 国家通用语言教学实施三方关系图

三方共同体的确立，可以为全语言教育理念下国家通用语言教学提供多方支持，为国家通用语言教学的顺利开展提供保障。园所和教师是开展国家通用语言教学工作的指导者和实施者，在如何开展国家通用语言教学、开展怎样的国家通用语言教学方面具有主观能动作用。开展全语言教育理念下国家通用语言教学，是BL双语幼儿园的自主选择，无论是园所还是教师，都应为其顺利开展提供支持，并为教学改革做出努力。通常全语言教育理念的实施由一线教师发起，但为了保证全语言教育理念在国家通用语言教学中顺利实施，必须得到幼儿园领导和一线教师的共同支持。一方面，全语言教育理念下的语言教学有别于传统语言教学，全语言教室的布置、语言材料的采购都需要得到幼儿园领导的支持。同时，幼儿园对全语言教育理念下国家通用语言教学也起着监督促进作用，从而为教师教研和专业知识学习注入强劲动力。另一方面，全语言教育理念下国家通用语言教学的实施离不开教师团队和教师个人的支持。全语言教育理念下的语言教学改革并非一蹴而就的，而是需要从理论出发开展到教学实践，再到经历教学反思再重返实践多次且长期的教学历程。在实施过程中，教师与教学小组需要不断完善个人的理论知识、提高个人教学能力、持续修正个人教学方案，并不断充实全语言教室，从而支持全语言教学改革的开展。因此，在全语言教育理念下开展国家通用语言教学，需要幼儿园领导、教学小组及教师个人的支撑，从组建全语言教学小组、改造全语言教室、丰富图书等语言材料开始，不断改进国家通用语言教学模式，提高幼儿国家通用语言能力。

二、全语言教育理念下民族地区幼儿园国家通用语言教学主要因素结构关系

在全语言教育理念下开展国家通用语言教学，促进幼儿国家通用语言能力发展，既能帮助幼儿提升其整体语言能力，也是对以往国家通用语言教学的全面改革。教师与幼儿作为全语言教育理念下国家通用语言教学的共同主体，既是开展教学、课程设计、教室布置和教学评价的出发点，也是落脚点。基于对 BL 双语幼儿园全语言教育理念下国家通用语言教学的实践与思考，著者认为开展全语言教育理念下民族地区幼儿园国家通用语言教学需要厘清各主要因素之间的关系，如图 7-2 所示。

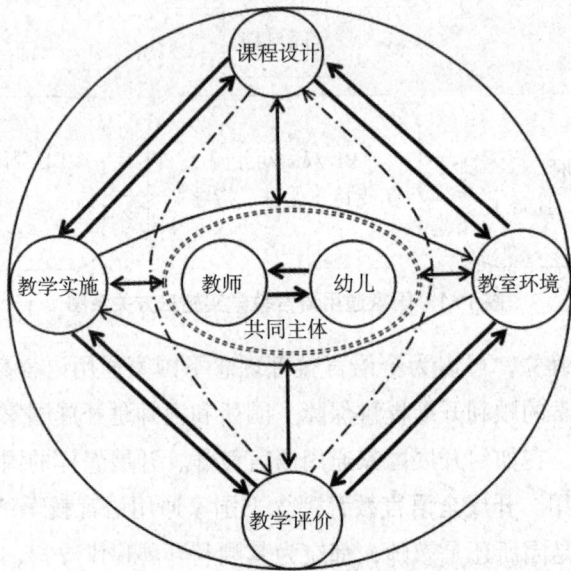

图 7-2　全语言教育理念下国家通用语言教学主要因素结构关系图

图 7-2 的外圈代表全语言教育理念，圈内是在全语言教育理念下，国家通用语言

教学中主要因素及其相互关系。在全语言教育理念下，国家通用语言教学中各主要因素的目标指向都是幼儿，都是以促进幼儿国家通用语言能力发展为目标。教师与幼儿作为全语言教育理念下国家通用语言教学的共同主体，彼此之间地位平等，在语言学习方面可以相互沟通与交流。一方面，在教学中教师始终尊重幼儿语言发展的个体差异，关照幼儿的文化背景和生活经验，同时，教师不仅是幼儿语言学习的引导者，更是其支持者和合作者。另一方面，幼儿在全语言教育理念下能够充分发挥主观能动性，对学什么、怎么学拥有选择权，从而大大激发了幼儿的学习兴趣。

在课程设置方面，本书所述研究将全语言教育理念下国家通用语言课程分为显性课程和隐性课程，显性课程以主题形式整合健康教育、语言教育、科学教育、艺术教育和社会教育五大领域内容，由教师制订大致的课程计划并与幼儿讨论，最终根据幼儿的学习兴趣、语言能力和生活经验确定具体的教学内容；隐性课程更多依托一日生活中的真实情境，培养幼儿语言功能意识，促进幼儿沟通与表达。所以，全语言教育理念下的语言课程设计是在幼儿和教师共同协作下确定的，课程整合了多个学科、课堂教学和一日生活中的语言学习，从而为幼儿提供更加丰富的语言材料，帮助幼儿从多方面积累个人语言经验。在教室环境创设方面，全语言教育理念认为教师应为幼儿提供语言材料丰富且能激发幼儿语言探索意愿的教室环境，从而帮助幼儿探索、发现、掌握语言的符号特征、语音和语意。同时，教室的语言材料应是幼儿感兴趣且与幼儿高度相关的，如课程涉及的教学内容、幼儿的作品等都可以作为布置全语言教室的材料。在教学活动中，教师需要根据幼儿的语言发展水平选择适宜的教学材料，把握从易到难、从简到繁的规律和尊重幼儿兴趣、生活经验、文化背景的原则开展教学。最后，利用教学评价总结、反思每阶段的教学效果，为促进教师成长、完善课程设置、确定教学方法、优化教室环境提供依据，从而有效促进幼儿国家通用语言能力发展。

历经三个阶段全语言教育理念下国家通用语言行动研究及反思，著者认为在各主要因素相互作用下，全语言教育理念下的国家通用语言教学具有以下特征。

（一）多层次性

全语言教育理念下国家通用语言理念教学具有多层次性。全语言教育理念下的语言教学是一个复杂的过程，不仅因为全语言是教学各元素相互作用的过程，还因教学对象具有不同的语言水平、生活经验和文化背景等，以及教学方式、内容和教室环境布置的不同。全语言教学各主要元素相互作用呈现出的复杂性，决定了全语言教育理念下国家通用语言教学具有多层次性特征。基于全语言教育理念开展国家通用语言教学前，教师需要认真学习全语言理论并重塑全语言教室。

在教学过程中，首先，教师应根据幼儿语言水平、兴趣爱好、生活经验及文化背景设计教学，并通过与幼儿讨论沟通最终确定教学内容。其次，教师应在过程中认真观察幼儿表现，以便及时给予幼儿支持和鼓励，同时应做好记录，为教学评价留下材料。最后，在每个阶段的教学末期，都应针对本阶段教学开展教学评价，从而为下一阶段的教学提供改进方向。随着国家通用语言教学活动的深入，全语言教师将逐渐成熟，全语言教室将趋于完善，幼儿国家通用语言能力也将不断提升。可见，在全语言教育理念下开展国家通用语言教学是多层次且复杂的系统过程。

（二）整体性

全语言教学中各主要因素相互作用、相互促进、共同发展，在语言教学过程中缺一不可，具有整体性。全语言教学是各因素协同发展的系统过程，某一因素的变化将促使其他因素的变化，所以，在开展教学过程中，教师应从幼儿、课程、教学实施等整合因素考虑，促进幼儿国家通用语言学习。以全语言教育主要对象（幼儿）为例，课程设置、教学内容及方式、教室环境及评价内容都将随着幼儿的语言水平发展而变化，幼儿也是全语言教学的主体，在使用何种语言、学习什么材料等方面具有选择权。所以，在国家通用语言教学中，全语言各主要因素呈现整体且动态的特征。此外，就单个主要因素而言，其内容也具有整合性：如课程设置既是隐性教学与显性教学的整合，也是语言教学与各科教学的整合；教学评价是质性评价与标准化评价的整合；等等。因此，全语言教育理念下开展国家通用语言教学，各主要因素内部及各主要因素之间都具有整体性。

（三）长期性

全语言教育理念下国家通用语言教学具有长期性特征。

一方面，全语言教育理念下国家通用语言教学是不断促进幼儿语言能力发展，激发幼儿沟通表达，以及培养幼儿对阅读、文字符号兴趣的教学过程。幼儿国家通用语言能力的培养需要持续的语言教学和引导，它并非简单的单一技巧传授，而是分阶段、分步骤的渐进过程，所以全语言教育理念下国家通用语言教学具有语言教学的长期性、持续性特征。正如本书所述研究中开展全语言教育理念下国家通用语言教学以前，幼儿国家通用语言水平普遍处于听不懂、不会说的状态，历经一学年国家通用语言教学，幼儿已普遍能够使用国家通用语言进行日常交流。幼儿语言能力的发展过程是长期、渐进的，因此需要持续的国家通用语言教学。

另一方面，全语言教育理念下国家通用语言教学是不断反思、完善、再反思的过程，需要教师随着幼儿语言能力的发展不断调整教学，以寻求适宜幼儿语言发展最优路径的探索过程，所以，全语言教育理念下国家通用语言教学具有长期性、持续性。全语言教育理念下的语言教学并非统一、不变的，而是一项持续改进的教学研究，因此，全语言教师根据不同的教学对象，应不断反思、修正教学方案，从而探索促进幼儿国家通用语言能力提升的有效路径。

三、全语言教育理念下民族地区幼儿园国家通用语言教学模式构建

本书所述研究是基于 BL 双语幼儿园国家通用语言教学实际情况，以及该园幼儿国家通用语言能力，在全语言教育理念下探索符合当地幼儿国家通用语言水平、文化背景和生活经验的国家通用语言教学策略，从而解决当前 BL 双语幼儿园在国家通用语言教学中教师专业能力差异较大、缺少教学理论指导和参考用书导致幼儿国家通用语言能力薄弱的困难。著者通过反思整个行动研究过程，结合全语言教育理念，总结全语言教育理念下国家通用语言教学的模式框架。

（一）全语言教育理念下国家通用语言教学的课程模式

"整合"是全语言课程的首要原则。它不仅包括语言教学中听、说、读、写的整合，还包括将语言学习与所有领域的学习经验相整合，使语言的学习内含于在所有的学习经验中。全语言教育理念下国家通用语言教学的课程设置将显性课程与隐性课程相整合，同时将语言教学课程与各学科课程相整合，如图 7-3 所示。

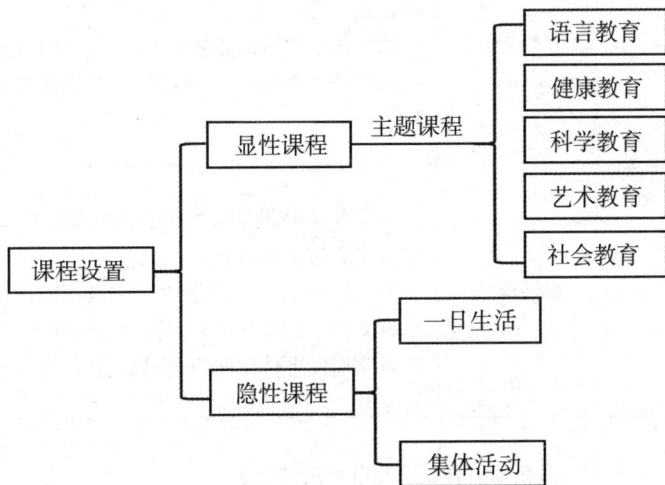

图 7-3　全语言教育理念下国家通用语言教学课程设置图

在显性课程中，以主题教学形式将语言教育、健康教育、科学教育、艺术教育和社会教育相整合，同时将阅读活动贯穿于整个教学之中，从而在课堂教学中分阶段、有步骤地为幼儿提供语言材料，并逐渐完善幼儿印刷品概念，增强幼儿对阅读、图书、文字符号的探索欲望。在隐性教学活动中，将一日生活与集体活动相整合，能让幼儿在观察成人交流、积累个人语言经验的同时，有更多参与讨论的机会和时间，从而培养其使用国家通用语言的习惯，激发对阅读的兴趣。全语言教育理念下国家通用语言教学利用整合的课程设置为幼儿提供完整的语言经验，从而帮助幼儿积累语言材料、

语言经验、阅读技巧，提高幼儿语言的理解和表达能力，培养幼儿使用国家通用语言的习惯和阅读兴趣。

（二）全语言教育理念下国家通用语言的教学模式

根据本书所述研究的行动、反思和总结，著者具体针对三个阶段的教学目标、改造内容、教学内容、教学方式和评价内容进行总结，概括为全语言教育理念下国家通用语言教学的模式框架，具体内容如表 7-1 所列。

表 7-1　全语言教育理念下国家通用语言教学的模式框架

阶段	要素	内容	
第一阶段	教学目标	培养幼儿口头语言和书面语言的功能意识； 帮助幼儿建立印刷品概念	
	改造内容	组建全语言教学小组，培养全语言教师； 重塑全语言教室，完善区角，充实语言文字环境	
	教学内容	显性课程	主题课程，每一主题包含学前五大领域内容及实地考察； 语言教学材料以儿歌、手指谣、幼儿诗为主； 利用绘本阅读、图书角阅读帮助幼儿初步建立印刷品概念
		隐性课程	一日生活帮助幼儿掌握指令性语言，促进幼儿在真实情境中表达个人需求； 区角游戏为幼儿创设生活中真实的情境，激发幼儿对语言功能、语音、语意、符号的探索； 日常偶发事件帮助幼儿积累语言材料
	教学方式	以教师引导、幼儿自主探索为主； 以教师讲授、幼儿模仿为辅； 多采用游戏开展语言教学，并认真观察幼儿，及时给予支持、引导和鼓励	
	评价内容	教师自评； 全语言教室内语言环境评价； 幼儿语言能力评价：幼儿主动尝试表达频次；幼儿印刷品概念水平； 利用质性材料评判幼儿是否普遍具有较强的表达意愿和尝试行为	

表 7-1（续）

阶段	要素	内容
第二阶段	教学目标	培养幼儿国家通用语言的理解能力，包含口头语言交流中对语言的理解，以及书面语言阅读中对故事内容的理解； 培养幼儿国家通用语言的表达能力，在生活学习中幼儿对个人意愿、感受、观点的口头语言表达，以及了解多元表达方式； 完善幼儿印刷品概念
	改造内容	逐渐提升教师全语言理论知识，丰富国家通用语言教学经验，完善全语言教师角色； 优化全语言教室语言文字环境，并利用幼儿作品提高教室环境与幼儿的相关性
	教学内容 显性课程	主题课程，每一主题包含学前五大领域内容、实地考察，引导幼儿表达个人观点，了解表达的方式具有多样性； 语言教学材料以大量的绘本故事为主，以儿歌、幼儿诗为辅； 利用师幼共读、小组阅读帮助幼儿完善印刷品概念，激发幼儿的阅读兴趣
	隐性课程	一日生活引导、支持幼儿使用国家通用语言表达个人需求，并为幼儿提供观察他人表达交流的机会； 区角活动利用游戏促进幼儿在真实情境中表达、沟通； 集体活动在真实情境下为幼儿提供观察他人表达的机会，并为幼儿表达提供轻松的环境和充足的时间
	教学方式	以教师引导、幼儿自主探索为主； 以教师讲授、幼儿模仿、改编为辅； 多采用绘本戏剧引导幼儿参与复述、表达； 利用集体活动激发幼儿表达欲望，从而帮助幼儿积累语言材料和使用国家通用语言的经验
	评价内容	教师自评，以及师幼共同主体地位的确立； 全语言教室内语言环境评价：教室语言环境逐渐完善； 幼儿语言能力评价：利用质性材料评判班内幼儿在显性课程和隐性课程中理解和表达能力的变化；考察幼儿表达印刷品概念水平

表 7-1（续）

阶段	要素	内容	
第三阶段	教学目标	培养幼儿国家通用语言的沟通与交流能力； 培养幼儿使用国家通用语言的习惯，以及对阅读的喜爱； 引导幼儿掌握交流礼仪	
	改造内容	提升全语言教师研究教学和解决问题的能力； 完善全语言教师角色	
	教学内容	显性课程	主题课程，每一主题包含学前五大领域内容、实地考察，引导幼儿表达个人观点、参与讨论； 语言教学材料涉及绘本故事、童话故事、幼儿散文等幼儿文学作品； 利用谈话活动促进幼儿表达； 利用师幼共读、小组阅读、自主阅读培养幼儿对阅读、图书的喜爱
		隐性课程	一日生活培养幼儿使用国家通用语言的习惯，为幼儿使用长句表达提供支持； 集体活动丰富幼儿生活经验，激发幼儿探索、表达沟通欲望，并为幼儿表达提供轻松的环境和充足的时间
	教学方式	以教师引导、幼儿合作学习为主，促进幼儿主动表达； 课堂教学以问题为导向，在幼儿和教师合作、探索下完成学习	
	评价内容	教师自评； 全语言教室内语言环境评价； 幼儿语言能力评价：利用质性材料评判班内幼儿在显性课程和隐性课程中交流能力的变化及互动的效果；持续考察幼儿表达印刷品概念水平； 评价幼儿交流礼仪方面的意识	

第二节 建 议

全语言是一种教育哲学观，在教育方面有较为明确的课程观和教学原则，但并非给予教师直接的教学方法论指导。全语言教育理念的实践不是理论方法的完全复制和实施，而是根据教学对象的灵活运用。因此，在全语言教育理念下针对民族地区幼儿开展国家通用语言教学，在课程设置、教学实施等方面都具有特殊性。本书所述研究历经一学年教学历程，在为 BL 双语幼儿园幼儿开展国家通用语言教学的过程中，著者从持续的教学、反思与修正再教学的行动中，逐渐成为全语言教学的实践者、教学活动的规划者、支持幼儿语言发展的协同者，以及语言教学的研究者。本节将从教师、教室环境、课程设置、教学实施和教学评价五个方面总结以往三个阶段的教学经验，对全语言教育理念下开展国家通用语言教学提出具体的实施建议。

一、教师方面

国家通用语言教学中，教师在推动教学改革、参与教学实践、促进幼儿语言发展等方面具有不可替代的作用，既是全语言教育理念下国家通用语言教学的一线实践者，也是国家通用语言教学的掌舵者。事实上，当教师深入教学、置身于幼儿之间时，其角色是多样且不断转换的。在教学实践中，教师的角色基本可以分为教学实践中的角色和教学设计中的角色两类，教师与幼儿在教学中应是地位平等、能够对话合作的关系。

（一）教学实践中的教师角色

在国家通用语言教学中，教师需要为幼儿提供大量丰富的语言材料，同时在教学过程中仔细观察幼儿的表现，参与并引导幼儿的语言活动，为幼儿解决语言学习中出现的困难及时给予支持。

1. 在语言材料提供方面

建议教师为幼儿选取真实且与幼儿相关、多样的语言材料，同时为幼儿提供充足的话题和交流机会。其一，增添幼儿生活中常见或具有使用意义的语言材料，如菜单、说明书、报纸、标语、包装袋等，这些材料往往在幼儿的生活中出现，但容易被教师忽略。真实且与幼儿相关的语言材料，不仅有利于幼儿联系个人生活经验并产生学习兴趣，还有利于幼儿认识到语言具有传递意义、解释说明等功能。其二，丰富幼儿所学文学作品的种类。语言学习初期可以让幼儿多接触儿歌、幼儿诗、手指谣等语言材料，中后期可以利用绘本故事、童话故事、幼儿散文等题材丰富幼儿阅读经验，培养幼儿对文学作品的兴趣。同时，可以利用绘本故事帮助幼儿掌握阅读技巧，养成自主阅读的习惯。其三，为幼儿使用国家通用语言提供更多话题、机会与时间。在教学中提供讨论话题和创造交流机会都是较为隐性的语言资源，所以在教学策略中容易被教师忽略。从本书所述研究末期教学中可以发现，随着教师在隐性和显性教学活动中不断为幼儿提供讨论话题和交流机会，幼儿使用国家通用语言的机会不断增加，使用国家通用语言的能力也不断增强。

2. 在观察、协同、引导幼儿语言学习方面

首先，教师应是一个优秀的观察者，通过对显性和隐性教学活动中幼儿语言学习、使用的细致观察，抓住幼儿语言学习的兴趣、困难及时引导、促进幼儿语言发展。在教学中，教师需要更加认真、细致地观察幼儿，并形成有效记录。一方面，观察幼儿语言行为有利于适时给予幼儿支持和引导；另一方面，教师应观察幼儿在语言学习中

的表现及变化，为客观真实地评价幼儿提供材料，也为个人教学改进提供依据。其次，教师作为幼儿语言学习的协同者、引导者，应真正接纳并尊重幼儿语言学习的差异性，帮助幼儿在原有的语言水平基础上不断发展。同时，在为幼儿语言发展提供支持的过程中应注意适度原则。在幼儿尝试使用语言初期，存在语言表达不完整、组织语言过程较长的问题，教师不应急于代替幼儿说出答案，而应耐心等待幼儿表达并给予肯定。

（二）教学设计中的教师角色

在全语言教育理念下实施国家通用语言教学过程中，教师不仅是教学计划的实施者，也是课程方向的设计者。教师需要在教学实践过程中发现问题、修正问题。所以，教师在教学中也是理论的学习者和教学的研究者。通过三个阶段的语言教学，教师已逐渐养成学习和讨论教学理论的习惯，并且已具备在教学中发现问题并独立解决问题的能力。

在全语言教学中，教师的许多教学知识往往来源于其他教师、学者、课堂实践或教研活动，全语言教师应是处处留心的学习者。首先，根据日常观察、记录及与他人讨论，总结个人在教学中的经验，逐渐形成个人教学的默会知识。其次，全语言教育理念还需要教师不断提高个人专业知识和专业能力。一方面，全语言教师在实践过程中应多次反复阅读理论著作，正如孔子的"温故而知新"，这不仅可以提高个人专业能力，而且可以促进个人教学持续改进。另一方面，教师需要不断吸收先进的教学方法及有益的教学经验，并将其应用于个人教学，从而促进个人专业成长和教学能力的提升。

与此同时，全语言教师还应是幼儿、教学的研究者。在本书所述研究中，小组教师以教室为研究场域，以幼儿为研究对象，并从观察记录中提出新的教学策略，从而建构语言学习和教学的理论。对于 BL 双语幼儿园国家通用语言的教学，它既具有幼儿语言教学的共性，如以主题教学为单位开展教学、尽可能多地为幼儿提供亲身参与的机会等；也具有当地学前幼儿语言教学的特殊性，如幼儿身处于纯母语环境较少接触国家通用语言、幼儿在经历长假后语言出现倒退迹象等。作为全语言教师，不仅要熟悉全语言教学的基本原则，还需要研究幼儿、研究教学，将全语言教学原则灵活应用于个人教学实践。对于教学中出现的特殊问题，教师要能以研究者的视角反思、研究并修正，从而解决教学问题，为幼儿语言学习提供更好的支持和引导。

（三）平等合作的教学关系

通过三个阶段语言教学的实施与反思，著者认为，在全语言教学过程中教师与幼儿共为教学主体，二者地位平等，在教学实践中要平等交流、互相合作。例如，课程内容的确定、教学方式的选择及具体活动的开展，都是在教师与幼儿协商下完成的，二者并非控制与被控制、主导与被主导的关系，而是逐渐走向主体间性的教学关系。

教学中主体间性的主要特征在于"教育目的主体'共同'性、教育过程的'交往'性，以及在课程设置上的'人化—整合'性"。主体间性视域下所建立的状态是一种"师生在教育教学过程中共在、共长、共享的和谐状态"。这也恰恰反映了全语言教学中的师幼关系特征：在教学中，全语言教师与幼儿共为主体，教师在制定课程内容、把握教学方向的同时，幼儿有权更改或增加教学内容，并且在活动中幼儿能与教师共同商议教学方式。在整个教学过程中，教师应始终尊重、接纳幼儿的差异性，并将幼儿个人生活经验、文化背景作为课程设计考量的主要因素，二者能始终以平等交流、共同合作的方式完成语言学习。因此，在全语言教学中，教师与幼儿的关系是一种地位平等、相互尊重、互相交流且能共同合作的良好师生关系。

二、教室环境

全语言教室是全方位反映全语言的语言、学习、教学和课程观的场域，应具有促进幼儿语言探究和语言使用的功能。古德曼指出，对于幼儿来说，他们对语言、文字知识的发展源于对环境文字的探索。全语言教室在硬教学环境和软教学环境方面都应具有促进幼儿语言功能意识、激发语言探索和语言使用的能力。硬教学环境是指具有丰富的环境文字、阅读和绘画材料，软教学环境是指教师具有全语言教学观。以下是关于全语言教室教学环境创设的两点建议。

（一）全语言教室的环境布置

在全语言教室环境布置方面，一方面，教师需要利用学习区角丰富室内语言文字环境。在规划教室环境时，应根据教学目标、幼儿语言发展水平及幼儿的生活经验、文化背景有目的地布置区角。在区角内应注重对环境文字的布置，如标明图书角的阅读规则、明确角色扮演区名称及区角用品标识、张贴构建区游戏规则等。区角的布置应与幼儿真实生活经验相接近，如本书所述研究中的"超市"区，"超市"内的物品及价格都与当地商店货物和价格类似，帮助幼儿在真实情境中获得语言经验。另一方面，教师可以利用主题墙、墙面装饰丰富教室文字环境。教室环境中语言材料的投放应对幼儿具有吸引力，是幼儿感兴趣的主题、游戏或与教学相关的内容。教师可以将日常信息（如签到信息、作息时间表等）公布于墙面，或利用幼儿熟悉且喜爱的主题布置主题墙，在墙面中应注意个别说明、指示牌、物件名称等文字标语，从而引起幼儿对文字符号的关注，激发幼儿的语言探索欲望，帮助幼儿建立语言功能意识。

（二）全语言教室的语言材料选择

全语言教室内的语言材料应是完整、有意义且具有真实功能的。其一，教室内语言材料应是完整、多元、丰富的。在图书角，教师需要为幼儿提供丰富且适合幼儿阅读的图书。由于需要逐步培养幼儿的自主阅读能力，图书角的图书主要以绘本故事为主，故事内容涉及经典童话、科普故事、生活故事等，并且教师应定时更新图书。其二，语言材料应具有真实的功能性。教师需要为幼儿提供现实生活中常见的语言材料，如菜单、包装纸、说明书等，这些语言材料多数来源于真实生活，且具有真实的功能意义，让幼儿在阅读、观察过程中体会文字符号具有传递信息、解释说明等实际功能。其三，应保持教室文字环境和语言材料与幼儿生活及个体经验高度相关。教师可以利用幼儿喜欢的绘本故事或感兴趣的教学内容装饰主题墙，也可以利用幼儿作品装饰教室，从而为幼儿日常交流、讨论提供更多话题。

三、课程设置

古德曼指出，"全语言课程不应只是语言课程，只针对语言学习而设置，它应是为语言发展，也为培养思考和学习能力而设计的课程"，即促进不同领域知识和经验的获得，促进各领域相关语言学习和思考能力的发展。与此同时，全语言教育理念认为，任何学习材料若不能与幼儿过去生活中的重要经验连接或不能引发幼儿的兴趣，则是空泛无意义的学习。所以，全语言教育理念下国家通用语言教学的课程设置需要重视课程的整合与真实原则。

（一）语言活动与其他活动的整合

全语言教育理念下国家通用语言教学的课程设置应以主题方式组织教学内容，但主题单元的内容是由幼儿与教师协商制定的。教学内容不仅有语言教学，还会涉及科学教育、艺术教育等领域。以第三阶段主题"快乐的夏"为例，幼儿在实地考察过程中发现蝌蚪，于是与教师讨论后共同确立语言教育内容《小蝌蚪找妈妈》，并开展科学教育内容"蝌蚪变青蛙"、数学教育活动"数蝌蚪"及社交活动"保护环境"，可见，幼儿的学习是具有完整性的。全语言教育理念下国家通用语言教学的课程完整全面，虽然同一主题下幼儿所学习的科目不同，但又相互关联，且始终贯穿着语言教学。全语言课程的整合原则，是在尊重幼儿学习的前提下进行跨学科完整学习，这不仅能够帮助幼儿建立语言功能意识，还能够帮助幼儿积累相关领域的语言材料。

（二）隐性课程与显性课程的整合

在语言教学的显性课程中，幼儿能够从简单的语言材料开始积累词汇、短语、儿歌、短诗，能够在阅读活动中建立印刷品概念，能够逐渐尝试参与讨论、复述故事和自主阅读；在隐性课程中，幼儿因个人需求使用语言，在生活中观察成人或同伴间的语言交流，开始探索环境中文字符号的意义，逐渐建立语言功能意识，在真实情境中积累语言经验，提高语言使用能力。生活即教育，一日生活中幼儿在真实情境中获取语言经验，隐性课程中的语言教学多数指向生活的目的，真实有意义，具有功能性，能激发学生学习动机且资源多样。所以，全语言教育理念下国家通用语言教学的课程设置应兼顾隐性课程与显性课程，促进幼儿获得完整、真实、有意义的语言经验。

（三）听、说、读、写的整合

幼儿语言发展是听、说、读、写的协同发展和相互支持。起初，教师通过布置全语言教室为幼儿提供真实的语言情境，促进幼儿建立语言功能意识，让幼儿逐渐建立对文字符号的兴趣和使用语言的欲望。随着教学的深入，教师在鼓励幼儿表达的同时，利用阅读活动和集体活动帮助幼儿在"读"和"听"的过程中扩充个人语言材料库，提高幼儿的表达能力、阅读能力。最终，教师为幼儿提供更多交流的机会和多重表达机会，如谈话活动、绘画涂鸦、共读活动等，以提高幼儿的沟通表达能力，也让幼儿的语言功能意识、印刷品概念及对文字符号的探索欲望得到进一步发展。虽然全语言教育理念下国家通用语言教学的课程分为三个阶段，但每个阶段中幼儿听、说、读、写能力的培养都是统一且相互促进的，良好的聆听与阅读能促进幼儿口头表达、涂鸦表达和对文字符号的探索；反之，在语言探索与表达过程中又能够提高幼儿的聆听和阅读理解能力。因此，在开展国家通用语言教学中应注意听、说、读、写的整合。

四、教学实施

实践全语言教育理念的过程中，不仅需要参照全语言教学原则，还需要根据幼儿现实语言水平灵活运用的原则，开展适合当地幼儿学情的语言教学。著者从教学小组不断教学、反思、修正、再教学的过程中，将有效促进幼儿语言发展的教学方法进行归纳与总结。

（一）语言游戏是提高幼儿学习兴趣的助力器

游戏行为往往具有重复的、不完整的、夸张的、重组的特点，因此，在教学中尝试利用语言游戏不仅有利于幼儿认知水平的提高，而且有利于幼儿国家通用语言能力的发展。

首先，语言游戏可以将抽象的语言具体化，这不仅有助于幼儿符号表征能力的逐渐成熟，也有利于加深幼儿对语言文字的理解。对于儿歌、幼儿诗，可以加入肢体动作，在提升儿歌、幼儿诗趣味性的同时，加深幼儿对儿歌、幼儿诗内容的理解和记忆；对于故事、童话，教师可以邀请幼儿参与情境表演，通过表演帮助幼儿理解语言内容，掌握语用和对话技巧。

其次，语言游戏能够提高幼儿语言重复的自主性。语言游戏是有趣多变的，也是幼儿喜欢参与的游戏形式。在幼儿不断重复游戏语言的过程中，幼儿的游戏语言会从不灵活逐渐走向灵活，从而为幼儿纠正发音，掌握字词、短语及准确表达打下基础。在国家通用语言教学中往往可以看到，当幼儿身处游戏或对文学作品中部分语言极为感兴趣时，会不断重复游戏语言或故事对白，在反复"听"和"说"的过程中便可以提高自身语言能力。同时，幼儿在参与游戏时会自觉或不自觉地纠正语音，探索并掌握部分语用和对话技巧。

（二）语言情境是提高幼儿表达意愿的前提

语言是幼儿参与社会生活的重要工具，教师需要利用课堂教学和一日生活帮助幼儿发现语言具有多重功能；利用真实的语言情境，增强幼儿语言功能意识，激发幼儿尝试表达、交流的意愿。在教学中，教师不仅需要在一日生活中利用真实情境，还需要在课堂教学中为幼儿创设真实情境，促进幼儿表达个人意愿及在情境中积累语言材料。

在真实的生活情境中，现实需求会促使幼儿主动沟通并表达想法，此时是激发幼儿使用语言、学习语言的最佳时机。例如，早餐时幼儿想多要一块面包，入园时向教师问好，等等。在隐性教学活动中，教师可以在真实情境中多与幼儿讨论，开展有意义的学习。例如，在进餐过程中，教师可以为幼儿介绍当天的食物，讨论食物的外形、颜色、味道；在实地考察中，根据考察地点讨论所见所闻；在户外活动中，教师参与幼儿游戏，与幼儿讨论游戏；等等。

在课堂教学中，教师可以为幼儿创设情境，丰富幼儿语言材料，积累幼儿使用国家通用语言的经验。在语言课堂中，教师可以利用完整的故事情节为幼儿创设真实的情境，让幼儿在故事情境之中聆听角色对话、体会语言功能。同时，可以利用戏剧形式，满足幼儿参与游戏戏剧、尝试表达的欲望。可见，教师需要在教学中利用和创设真实的语言情境，支持幼儿进行有意义的语言学习，提升幼儿参与实践及尝试表达的意愿。

（三）尊重、接纳幼儿的个体差异，是激发幼儿语言探索的开关

面对幼儿在国家通用语言学习中出现的不同问题及语言能力上的差异，教师应保持尊重和接纳的态度，给予幼儿发自内心的肯定和鼓励，从而帮助幼儿建立国家通用语言学习的信心和尝试表达的勇气。民族地区幼儿大多性格腼腆且十分在意教师对自己的评价，正如本书所述研究中的幼儿普遍渴望得到教师的关注与肯定，但又羞于与教师沟通和交流。所以，在民族地区幼儿园开展国家通用语言教学，教师应尊重、接纳幼儿的个体差异并及时给予鼓励。

在教学中尊重、接纳幼儿的个体差异包含两层含义。一方面，在教学中，教师观

察幼儿语言水平，但不将幼儿的语言能力做横向对比，注重幼儿语意的传递而非专注于语言结构或语用的准确，尊重幼儿语言发展差异并给予幼儿鼓励和引导。语言学习初期，幼儿尝试使用语言，教师应接纳幼儿表达的不完整并及时给予鼓励，从而培养幼儿继续探索、使用语言的信心、意愿和习惯。另一方面，对于个别语言能力发展较慢的幼儿，教师应提供更多支持，并为其语言学习寻求更优教学方案，逐渐缩小幼儿间的语言水平差异。在教学中，教师应在鼓励幼儿使用国家通用语言的同时，利用真实情境中的互动交流为幼儿示范正确的语音、语用和口头表达，丰富幼儿的语言经验，提高幼儿使用国家通用语言的能力。

（四）集体活动与合作学习，是促进幼儿交流、交往的有效途径

幼儿的学习以直接经验为基础。在全语言教育理念下开展国家通用语言教学，需要教师为幼儿提供真实的情境，促进幼儿通过直接感知、实际操作和亲身体验获取真实、有意义的语言经验。在显性教学中，教师可以利用合作学习的方式为幼儿提供同伴之间、师幼之间交流与讨论的机会。幼儿在相互交流、讨论过程中，使用国家通用语言参与讨论的意愿更为强烈，从而有利于帮助其观察、模仿同伴的语言表达，提升其使用国家通用语言的能力。在隐性教学活动中，集体活动不仅可以为幼儿创设轻松、自由的交流环境及充足的交流时间，还能够为幼儿交流提供丰富的话题，帮助幼儿在真实情境中自然而然地参与沟通、进行表达，从而丰富幼儿使用国家通用语言的经验，扩大其词汇量，激发个人讨论、交流的欲望。因此，教师在教学过程中，要善于利用集体活动和合作学习，促进幼儿使用国家通用语言沟通与交流。

（五）信息技术是开阔教学视野和提高抗风险能力的有力保障

随着信息技术与教学的深度融合，利用信息技术辅助国家通用语言教学不仅可以帮助幼儿拓宽眼界，提供真实的语言情境和丰富的语言材料，还可以有效提高教学的抗风险能力。首先，信息技术可以作为日常教学的辅助手段，为幼儿提供更丰富的语言材料，营造充实的语言环境。充实的语言环境既是帮助幼儿认识语言具有功能性的必要条件，也是帮助幼儿积累语言材料、促使幼儿使用国家通用语言的有利条件。其次，信息技术能够打破时间和空间限制，为幼儿提供优质的学习资源。网络微课、优质短视频等可以有效突破教学条件不足导致的教学局限，开拓幼儿视野，加强民族地区幼儿与外界的联系。同时，可以为教师学习先进教学理念、提高个人专业理论知识水平提供有利条件。最后，信息技术的辅助可以有效提高国家通用语言教学的抗风险能力。民族地区幼儿语言学习环境较为薄弱，较长的假期将使幼儿长期处于纯母语环境，从而降低幼儿国家通用语言使用的频率，或造成幼儿国家通用语言学习效果的倒退。如果在长假期间，教师利用短视频、微课堂等信息技术推送或开展国家通用语言

教学资源，帮助幼儿创设良好的语言环境，将大大降低幼儿国家通用语言学习效果倒退的风险。因此，将信息技术与国家通用语言教学相融合，有利于开阔民族地区幼儿视野，提高教学抗风险能力。

五、教学评价

古德曼等全语言学者指出，评价不是某一个课程单元完成后实施的独立事件，而是课程的一部分，与教学齐头并进且持续交互。全语言教育理念下国家通用语言教学中，教学评价是面向全部因素，始终贯穿于整个教学过程之中的评价。因此，针对全语言教育理念下国家通用语言教学评价提出以下两点建议。

首先，全语言教育理念下国家通用语言教学需要明确教学评价的目的。全语言教学评价的目的在于客观反映幼儿学习效果，帮助教师寻找教学问题，促进教师修正个人教学设计，提高个人教学能力，进而实现提升幼儿语言能力的目标。在国家通用语言教学中，教师不应过度关注评价结果，更不应将幼儿个人的评价结果进行横向比较，而是应根据评价结果分析、反思个人教学并为幼儿语言学习提供更加个性化的教学方案。在评价过程中，教师应基本按照从观察记录搜集材料，到分析幼儿语言表现，再到反思个人教学并修正教学计划、方法的顺序，完成对教师自身及幼儿语言能力的评价，总结个人教学中的盲区、不足和优点，并结合反思内容制订下一阶段的教学计划。

其次，全语言教育理念下国家通用语言教学应注重过程性评价。全语言教育评价不是对幼儿进行单独语言技能和认知技能的测评，而是将焦点放在知识的应用和想法的呈现上，所以，教学评价中大多样本材料源于教学过程，也更关注过程性评价。国家通用语言的教学评价，是始终贯穿于教师教学和幼儿学习整个过程的一项持续性材料收集和评价总结的活动。因此，教师在开展教学评价时，应广泛收集幼儿过程性语言表现材料，从而客观描述教师、教学、幼儿、环境变化及教学效果。

参考文献

[1] 史大胜.美国儿童早期阅读教学研究:以康州大哈特福德地区为个案[M].北京:北京师范大学出版社,2011.

[2] 董艳.文化环境与双语教育[M].北京:民族出版社,2002.

[3] 宋虎平.行动研究[M].北京:教育科学出版社,2003.

[4] 陈鹤琴.陈鹤琴教育思想读本:儿童语言教育[M].南京:南京师范大学出版社,2013.

[5] 周兢.学前儿童语言学习与发展核心经验[M].2版.南京:南京师范大学出版社,2015.

[6] 托宾,薛烨,唐泽真弓.重访三种文化中的幼儿园[M].朱家雄,薛烨,译.上海:华东师范大学出版社,2014.

[7] 苏德.特色与质量:民族幼儿教育研究[M].北京:中央民族大学出版社,2014.

[8] 庞丽娟,洪秀敏.中国学前教育发展报告:农村学前教育[M].北京:北京师范大学出版社,2013.

[9] 爱德华兹,甘第尼,福尔曼.儿童的一百种语言[M].罗雅芬,连英式,金乃琪,译.南京:南京师范大学出版社,2006.

[10] 伊莱亚森,詹金斯.美国幼儿教育课程实践指南[M].李敏谊,付咏梅,刘利伟,等译.北京:机械工业出版社,2015.

附　录

附录一　行为观察表

印刷品概念行为观察表 [①]

姓名 ＿＿＿＿＿　日期 ＿＿＿＿＿　观察者 ＿＿＿＿＿

＿＿＿1. 可以找到书的封面；

＿＿＿2. 可以找到书的封底；

＿＿＿3. 可以找出书名；

＿＿＿4. 知道作者为何意；

＿＿＿5. 知道插画作者为何意；

＿＿＿6. 可以指出何为字；

＿＿＿7. 可以指出何为插画；

＿＿＿8. 知道读书的正确顺序；

＿＿＿9. 能够模仿阅读；

＿＿＿10. 喜欢阅读也喜欢读书；

＿＿＿11. 喜欢借阅图书；

＿＿＿12. 能够仔细聆听故事；

＿＿＿13. 复述故事，能够推测故事、回应故事；

＿＿＿14. 复述故事，能联系自己的生活；

＿＿＿15. 能根据文意阅读，会利用故事线索做预测；

＿＿＿16. 能自我监控，纠正错误。

---

① 改编自 Goodman K.S., Bird L.B., Goodman Y.M. 撰写的著作 *The whole language catalog*: forms for authentic assessment(New York：SRA/Macnillan, 1994)。

语言规则意识行为观察表

姓名 _____ 日期 _____ 观察者 _____

_____1. 能够利用语言加入正在进行的对话活动；

_____2. 知道如何参与讨论事物；

_____3. 在交流中可以适时回应；

_____4. 明白交流时声音不可以过大；

_____5. 在不明白时可以通过提问帮助理解；

_____6. 知道交流是轮流进行的；

_____7. 能等别人说完再接话；

_____8. 能够就一个话题讨论。

附录二 BL双语幼儿园幼儿听、说、读、写行为资料收集要求及方法

一、收集内容

（1）观察记录单。

（2）保存幼儿在同一日生活中自然展现出的听、说、读、写行为。（记录幼儿对话语言、幼儿作品等）

二、观察的目的①

（1）观察幼儿采用什么样的步骤、方法进行听、说、读、写活动。

（2）了解幼儿如何使用语言表达自己对符号、文字、图书等阅读材料的理解。

（3）观察幼儿通常用什么方式来沟通和表达。（如口语、绘画、肢体动作、书写工具、拼字游戏、表演游戏等）

（4）了解幼儿如何借助环境中的材料进行听、说、读、写活动。

（5）了解幼儿在听、说、读、写活动中与周围同伴、教师的社会互动状况如何。

---

① 改编自迪希特米勒、雅布隆、马斯登等撰写的《作品取样系统：教室里的真实性表现评价》(廖凤瑞、陈姿兰译，南京师范大学出版社，2009年)。

三、观察时可采用的行动策略[①]

（1）提问：鼓励幼儿详细描述他们的观点。

（2）倾听：仔细倾听幼儿描述自己如何做决定及解决问题。

（3）倾听：仔细倾听幼儿与别人非正式的聊天或集体讨论。

（4）观察：注意观察幼儿做游戏、使用读写材料或与其他幼儿进行听、说、读、写活动时的表达。

（5）谈话：与幼儿讨论他们对符号、文字、图书等阅读材料的理解，或一起讨论幼儿自己的读写作品。

---

① 改编自迪希特米勒、雅布隆、马斯登等撰写的《作品取样系统：教室里的真实性表现评价》(廖凤瑞、陈姿兰译，南京师范大学出版社，2009 年)。